万卷方法

案例研究：设计与方法

Case Study Research: Design and Methods 5Ed

原书第**5**版

罗伯特·K.殷（Robert K.Yin） 著

周海涛　史少杰　译

重庆大学出版社

Authorized translation from the English language edition, entitled CASE STUDY RESEARCH: DESIGN AND METHODS, 5rd edition by Robert K. Yin, published by Sage Publications, Inc., Copyright © 2014 by Sage Publications, Inc.

All rights reserved. No part of this book may be reproduced or utilized in any form or by any means, electronic or mechanical, including photocopying, recording, or by any information storage and retrieval system, without permission in writing from the publisher. CHINESE SIMPLIFIED language edition published by CHONGQING UNIVERSITY PRESS, Copyright © 2014 by Chongqing University Press.

案例研究:设计与方法,第 5 版,作者:罗伯特·K.殷。原书英文版由 Sage 出版公司出版。原书版权属 Sage 出版公司。

本书简体中文版专有出版权由 Sage 出版公司授予重庆大学出版社,未经出版者书面许可,不得以任何形式复制。

版贸核渝字(2013)第 315 号。

图书在版编目(CIP)数据

案例研究:设计与方法:原书第 5 版 / (美) 罗伯特·K.殷 (Robert K. Yin) 著;周海涛,史少杰译. — 重庆:重庆大学出版社,2017.1(2023.11 重印)
(万卷方法)
书名原文:Case Study Research: Design and Methods
ISBN 978-7-5689-0381-3

Ⅰ.①案… Ⅱ.①罗…②周…③史… Ⅲ.①社会科学—研究方法 Ⅳ.①C3

中国版本图书馆 CIP 数据核字(2017)第 006942 号

案例研究:设计与方法
(原书第 5 版)

罗伯特·K.殷(Robert K. Yin) 著
周海涛 史少杰 译
责任编辑:向文平 版式设计:向文平
责任校对:关德强 责任印制:张 策

*

重庆大学出版社出版发行
出版人:陈晓阳
社址:重庆市沙坪坝区大学城西路 21 号
邮编:401331
电话:(023)88617190 88617185(中小学)
传真:(023)88617186 88617166
网址:http://www.cqup.com.cn
邮箱:fxk@cqup.com.cn(营销中心)
全国新华书店经销
重庆市国丰印务有限责任公司印刷

*

开本:940mm×1360mm 1/32 印张:9.625 字数:267 千
2017 年 2 月第 1 版 2023 年 11 月第 7 次印刷
ISBN 978-7-5689-0381-3 定价:38.00 元

简要目录

详细目录

作者简介

罗伯特·K.殷(Robert K. Yin)是 COSMOS 公司的总裁。COS-MOS 公司主要从事应用研究。在过去几十年中,该公司成功完成了联邦、州、地方机构以及私人基金会委托的几百个研究项目,本书所引述的案例大部分源自这些项目。

除了 COSMOS 之外,殷博士还协助许多其他研究组织培训专业团队或者设计研究。近期正在与世界银行和联合国开发计划署的评估团队开展合作。此外,他还指导哥本哈根大学的博士生。目前,殷博士是美国国际服务学校(华盛顿地区)的著名驻校学者,之前是美国审计署(U.S.Government Accountability Office)研究方法分部的访问学者。

殷博士发表和出版了 100 多篇期刊论文、报告和书籍。他的第一本有关案例研究方法的专著《案例研究:设计与方法》,2014 年发行了第 5 版。姊妹书《案例研究方法的应用》(2012 年发行了第 3 版)。他还主编过 2 本案例研究的文集(Yin,2004、2005)。殷博士以优异的成绩毕业于哈佛大学历史系,获得学士学位,后就读于麻省理工学院,获得脑与认知科学专业的博士学位。

序

　　很荣幸能为这本著作作序。本书精要地介绍了一种有效的研究方法,该方法将使研究者以有别于实验研究的方法,达成与实验法同样具有科学性的研究目标。

　　我越来越相信,科学研究方法的核心并不是实验本身,而是"似是而非的竞争性假设"一语所蕴含的研究思路。该思路能以"展现证据"作为解决问题的起点,也能以"提出假设"作为研究的开始。而且,该思路并不是以实证主义者(或后实证主义者)那种漠视前后关联的方式展现假设或证据,而是在复杂的、广泛的但对科学研究至关重要的前后关联中提出假设和呈现证据。

　　该研究方法包括提出相关证据的明确假设,并分析假设与其证据有多少一致性。该方法还包括寻求外在的有关主要证据的竞争性解释的说服力。随着竞争性假设的减少,其说服力通常会下降。所谓竞争性假设,就是从其他证据中寻找其所蕴含的另类关联,并检视其合理性。这两种方法从本质上来说,可能都是永远无法穷尽的。研究者要开展多少次的探索,取决于研究者的时间及期望达到的严谨程度。通过这种方法,研究者能够在基础性证据不足的情况下,照样达成一致意见,并完成研究任务。然而,这种成熟的科学研究方法却被逻辑实证主义者所忽视,在社会科学研究方面(无论是质性研究还是量化研究)的应用也不够广泛。

　　这种对竞争性假设进行去芜存菁的研究方法,具有人类学研究求真求实的特点,体现在解释学家施莱尔马赫(Schleiermacher)、狄尔泰(Dilthey)、赫斯特(Hirst)、哈贝马斯(Habermas)以及当代学者对古代文体的阐释中。同样,你也能从历史学家对某一特定事件进行猜测、自然科学家对某一因果法则进行判断中,看到该方法的应用。但遗憾的是,社会科学领域正在用解释学的名义,放弃了目的的合法性,放弃了争论。因此,除了罗伯特·K.殷先生所介绍的量化的准实验性的案例研究方法之外,社会科学家还应该学会人文学者追求真实性的案例研究方法,该方法不用量化的证据,以及显著性测试,但同样能够说明问题,得出科学结论。

就竞争性假设类型来说,可供社会科学家仿效的范式有两种。基于所受的教育,我们很容易就会联想到农学实验、心理实验、医疗与药物实验,以及统计学家的数学模型等采用的随机性实验模式。采取随机性实验的主旨在于控制无限多的、不清楚是什么的竞争性假设。随机实验永远无法完全控制这些竞争性假设,但会把它们的影响控制在统计模型所估计水准的范围之内。

另一种范式,也是较陈旧的范式,可溯源于物理学实验室。该范式以隔离及控制为特点:绝缘的、铅皮遮蔽的墙,受到控制的气压、温度、湿度及抽成真空,等等。这种研究范式只控制相对较少的变量,检视相对较少的竞争性假设。虽然控制永远达不到精确的程度,但研究者会设法把它们控制在一定范围内,至于控制哪一个变量,取决于研究者当时着重排除哪一项因素。之后,研究者会回过头来,反思一下,找出哪几项变量应该受到控制。

本书所介绍的案例研究法,按一般的说法,即"准实验法",与第二种方式更为相似,因为每一个竞争性假设都要明确界定,且受到严格控制。由于竞争性假设的数量受到限制,研究者所从事的实验室之外的研究,所要达到的严谨性和一致性程度通常都不够高。不可复制性(以及无法变换方式去排除特定的竞争性假设)是问题的一部分。我们应该尽其所能地采用单一事件案例研究(该事件不可被重复),并且把握机会,有意识地进行可以重复的案例研究。

鉴于罗伯特·K.殷先生的经历(实验心理学博士,著有十几本该领域的著作),他对案例研究法的科学性的坚持就不难理解了。此类经历及职业选择通常伴随着对非实验室实验法的模糊性的排斥。我相信殷先生的转变,源自于他在实验室中研究最难以精确化的刺激的那段经历,也就是"人的表情研究"及其关于模式和脉络在研究中的作用的认识。

　　这一可贵的经历并没有使罗伯特·K.殷先生囿于经典社会科学案例研究,反而使他逐渐成为非实验室社会科学研究方法论领域的一个先驱者。就我个人所知,目前尚不存在堪与本书相比肩的著作。这本书解决了一个长期困扰社会科学家们的问题,我相信这本书将成为社会科学研究方法论学科中的标准教材。

唐纳德·T.坎贝尔(Donald T.Campbell)

伯利恒,宾夕法尼亚(Bethlehem, Pennsylvania)

前　言

自该书的第一版(1984)开始,你和其他读者愈加认可案例研究是一种有价值的研究方法。从广义上讲,这种不断深化的认知至少有三种可察觉的标志性形式。

对案例研究认识的不断深化

一个标志是"案例研究"这一术语频繁出现在出版物中。虽然算不上权威预测,但谷歌 Ngram 浏览器对该词在已出版书籍中的频率进行了统计(Michel et al.,2010)。① Ngram 浏览器对"案例研究"和其他三个相近词汇"调查研究"、"实验设计"和"随机抽样"的引用情况进行比较,图 1 显示了 1980—2008 年的情况。尽管绝对水平仍低于其他词汇,但在这一时期——大致与本书第 1 版和第 5 版间隔的 30 年吻合——"案例研究"的频率呈明显上升的趋势。正如所有社会科学研究所首选的"黄金标准"(gold standard),"案例研究"近十年的上升趋势高于"随机抽样设计",这一趋势可

---

① 统计基于出版物中给定字或词的出现次数。不幸的是,Ngram Viewer 不标明某一时期图书的数量,因此网站没有提供 1980—2008 年的书籍数量。总体上,Ngram Viewer 声称已积累了已出版书籍的 4%(Michel et al.,2010)。

能令你感到惊讶(我也一样)。① 如频率趋势分析所示,案例研究在各种研究中的地位显然会日益突出。

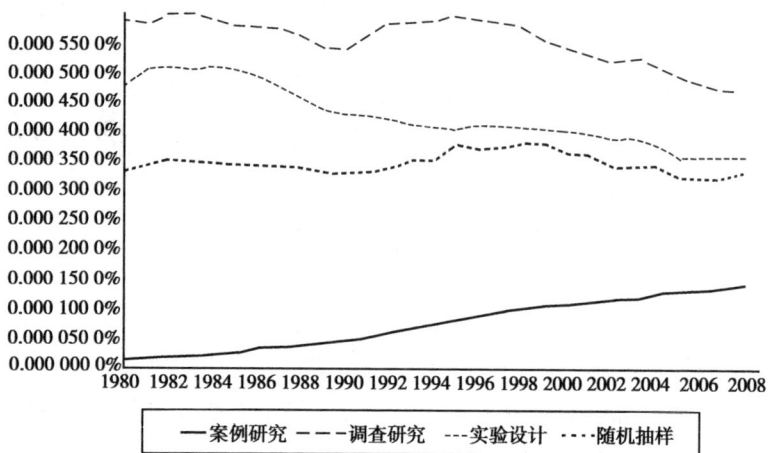

图1 四个方法学词汇在出版书籍中出现的频率,1980—2008 年

来源:谷歌 Ngram 浏览器(http://books.google.com/ngrams),2012 年 3 月。

　　正式记录案例研究方法的综合性参考著作的出现,是案例研究的第二种认可形式。案例研究的两大作品于 2006 年面世:四卷转载于学术期刊的关于案例研究的优秀论文汇编,共 1 580 页(David,2006a);两卷案例研究百科全书(Mills, Durepos, Wiebe, 2010a)。

　　优秀论文汇编囊括了"整个 20 世纪"期间发表的"关于案例研究最重要的文章"(David,2006b,第 xxiii 页)。这几卷书共转载的论文有 86 篇,涵盖了"广泛的学科和领域"(Wiebe,2006b,第 xxiii 页)。这些文章中很大一部分首次发表于 20 世纪 20 年代和 30 年代,这四卷作品的出版使得当代作者能够一睹这些案例研究经典。

　　案例研究百科全书有两个独立部分,共 8.5×11 卷,包含 357 项条目,约 1 100 页(Mills,Durepos,Wiebe,2010b,第 xxxiii 页)。在编

---

① 黄金标准的推崇者曾发表了一篇标题中含有"案例研究"的文章(Cook & Foray,2007)。但读者不应将此文作为案例研究的例子。该文主要是作者对一系列事件的解释(而叙述这些事件显然不能用量化方法),并没有呈现足够的证据支持这些解释。(这种阐述或许是重要的,但能否将其视为案例研究尚无定论。)

制百科全书过程中,众编辑希望该书能够成为"激发和提升案例研究兴趣的宝贵资源"(Michel et al.,2010b,第 xxxiii 页)。因此,该百科全书为了解案例研究提供了又一丰厚资源。

第三种更广泛的认知,在于特定领域关于案例研究的出版物。本书中表 1.1(第 1 章)展示了 12 个领域的出版物样本。这些作品反映了案例研究的产生及其对社会科学领域(学科和专业)众多研究课题所作出的贡献。这些大量、多样的作品,加深和拓展了学者对案例研究的了解。

本书的各个版本促进了大家对案例研究的认识。更重要的是,如前言所述,本书一以贯之的目标在于引导读者和其他研究者、学生有效地开展案例研究。

本书特色

本书有以下几大特色:第一,它既呈现了案例研究方法应用范围的广泛性和开创的学术财富,又作了详细、实用的说明。其他书籍,未能如本书一样全面又深入地介绍案例研究方法。因此,本书的前几版被用作案例研究者入门的完备教材。在其显著的特色中,本书:

- 给出案例研究方法的操作性定义,指出它与其他社会科学研究方法的不同(第 1 章);
- 就案例研究的设计进行了广泛讨论(第 2 章);
- 不断拓展案例研究方法,并将其展现给读者(第 5 章)。

上述三个特色很重要,因为人们在进行案例研究时,最大的挑战往往是研究设计和分析。在第 2 章和第 5 章之间,还有两大重要章节,全面探讨了研究准备(第 3 章)和材料收集(第 4 章)问题。第 6 章全面讨论了所要撰写的书面和口头案例研究报告,对全文进行了总结。

第二，本书简明概述了大量不同学术和专业领域的案例研究，这些概述分布在各章的文本框里。每个文本框收录一个或多个已经发表的案例研究，用来阐明相关论点。引用的案例将带领你亲密接触已有的、（通常是）典型的案例研究。引用的案例大部分取自同时代人的作品，便于读者检索到原文。不过，为避免与案例研究的"根基（roots）"失去关联，本书也援引较早年代的作品，有些可能已经绝版，但仍值得我们重新认识。本书几个版本文本框的素材有所不同，有些被替换了，有些是新补充的。目前第5版有50个文本框，收录了50多个不同的已发表案例。附录A和B中含有另八个文本框呈现的案例研究，附录C中有所有文本框中案例研究的索引。

第三，本书有几大技术特色。这些特色从1984年第一版开始就已显现，逐渐成为各章的主题。一类主题强调在选择案例研究时，合理界定研究问题的重要性。在构建问题框架时，要考虑问题界定对研究方法选择的直接影响，以避免问题的类型与所选方法的类型不匹配。同样的，问题框架会影响案例研究的设计和对研究结果的概括。马里奥·斯默尔（Mario Small, 2009）在一篇优秀文章中对这些问题进行了讨论，值得一读。

另一类主题的来源类似一个矛盾：案例研究和实验之间的平行。平行，一方面指在进行多次实验时使用复制策略——这一策略同样适用于多案例研究；另一方面指对实验进行总结时，使用分析归纳策略——该策略同样适用于案例研究。虽然在其他作品中很少提及这一话题（上述所引用的马里奥文章除外），本书在一开始就指出这一平行关系，并说明它在案例研究设计中的用途。

再一类主题是案例研究过程中，无论是研究设计、证据收集、数据分析，还是研究阶段的解释，要确认和考虑其他竞争性解释理论的重要性。关注这些竞争性解释理论，尤其是学会如何判别并跨越一般与方法假象相关的实质性竞争解释理论（Yin, 2000b），是案例研究过程的关键。唐纳德·坎贝尔（Donald Campbell）在序中指出了本书的核心和其他重视竞争性解释理论的重要作品，例如保罗·罗森鲍母（Paul Rosenbaum, 2002）关于非实验研究设计的作

品。但是，大部分方法类的作品才逐渐开始涉及社会科学研究的
这一方面。

使用指南

除了技术方法方面的特点，本书还有一些旨在使本书更实用
的特色。第一，在作者前言之后和每一章开始之前都有一个总体
的六圆结构直观图。每个圆代表每一章的正文。直观图表明案例
研究是一种"线性的、反复的过程"，是整个研究过程的基本路线
图，有助于每一章节之间的承接。每章开篇有一个摘要和"小贴
士"。"小贴士"将每章的核心内容，以问题和答案的形式呈现给读
者。读者可以根据"小贴士"迅速获知这一章节的难易程度。容易
理解的"小贴士"，说明本章节仅需简单浏览。相反，令人困惑、费
解的"小贴士"，则说明该章节需要仔细阅读。

第二，本书有大量"实战演练"。每一章节后面紧跟着与之最相
关的练习。这些练习呈现一种值得解决的方法论情境或者方法问
题。无论这些练习被用作实际课堂的一部分，还是正式作业，都比不
上在处理这些状况或问题时获得的高度满足感重要。

第三，附录 C 中包括 50 个文本框中的案例和正文引述的其他
案例，如果你对某一议题感兴趣，可以快速查阅该议题的案例。

第四，在某种程度上保留了本书第 4 版评论者建议的基础上，
每章的标题和副标题都得到了调整，排版也更便于读者理解每一
章节的流程和结构。此外，为使读者更轻松地把握整本书的流程，
找到特定议题，目录比之前版本更详细地列出了所有标题。

本版新特色

笔者在撰写第 5 版时遇到了双重挑战：由于读者对以前版本
的喜爱，本书的主要特色和组织结构需要保留，但是鉴于自第 4 版

之后案例研究的进步,本书的内容又必须扩充和改进。但愿结果也是双重的:比较熟悉第4版的读者,感觉第5版变化不大,但新加入的材料以及对主题更加详细的介绍是显而易见的。

拓宽广度,加大深度

正文中新加入的大部分新材料不仅没有扰乱之前版本的原有组织形式,而且易于查找。附录A和附录B中的材料收录了案例研究在心理学和评价学两个领域的简要说明,拓展了本书内容的宽度。尽管和前4个版本一样,第5版正文也提供了心理学和评价学这两个领域零散的参考文献,但这两个领域案例研究使用量的增长表明,有必要在本书结尾对其分别作重点介绍。

位于相关章节末尾的7个"辅导材料"拓展了本书的深度。每个"辅导材料"就正文中的主题进行更详尽的(如果不是更深入的)讨论。"辅导材料"应审阅者的要求,在文本中增加了所选议题的信息,以帮助目标远大的案例研究者。这些辅导材料探索了主题的复杂性——但仍不够深入——并为读者的进一步查询提供了一些重要的参考文献。之所以将"辅导材料"与正文分开,主要考虑正文已经阐明了中心议题的基本思想。因此,如果研究者已经掌握了某一议题,或者不想过于复杂,可以轻松略过"辅导材料"部分。幸运的是,辅导材料的这一用途对原书的紧凑性——评论者认为这是本书的一个主要优点——影响较小。

第5版的其他变化

除了上述讨论的新材料之外,第5版还得益于大量的修订和改写(每一个句子都被重新审查过)。这些改动旨在使本书尽量清晰简洁——尽管增加了新材料——从而使社会科学研究新手们在熟悉案例研究过程中感到得心应手。除此之外,更多实用说明如下:

- 以相对主义认识论(解释学认识论)和现实主义认识论为指导,在开展案例研究时,更加重视:
  —进行介绍性讨论(第1章);

——说明任何一种认识论都可激发现场访谈(第3章);

——将"事实(facts)"改为"发现(findings)",以适应一种选择:将现场参与者的多重现实作为相关研究发现(第4章和其他地方);

——选择在案例研究报告中呈现参与者的观点(第6章)。

● 严密界定"案例研究"(第1章),更加清晰地定义"案例"(第2章);

● 更深入地讨论案例研究的归纳策略——"分析性归纳"(第2章)。

● 增添其他新名词:

——个案研究中,"独特(unique)"和"典型(typical)"改为"特殊(unusual)"和"一般(common)",强化了本书不将案例研究视为任何更大范围或人群中一个样本的立场(第2章);

——案例研究草案中,将"案例研究问题(case study questions)"(原先对"资料收集中问题"的不恰当提法)改为"资料收集问题(data collection questions)"。因为前者不是仅指资料收集的问题,它还包括整个案例研究的问题,这样就减少了困惑(第3章)。

● 深入讨论研究伦理以及人类受试者的保护程序(第3章)。

● 在资料收集程序部分(第4章):

——对访谈资料的收集方法和过程等进行深入讨论;

——首次提出将"备忘录"作为收集资料的辅助手段;

——通过电子设备和社交媒体网站搜集证据时所需注意的新材料。

● 标题下面新加入的讨论"分析原始资料",更强调感性的资料分析策略(第5章)。

● 利用新图表,拓展了逻辑模型使用方法的讨论(图5.4和图5.5)。

● 认为写作"天赋"对报告撰写无碍,并能提高案例研究报告的撰写质量(第6章):

——采纳本书审阅者的建议,讨论了以前案例研究报告中重视不够的方法论和文献综述部分;

——案例研究报告和纪实写作之间并行不悖的新方法;

——重新排列第 6 章各部分,使顺序更合乎逻辑。

- 扩大覆盖范围,广泛引用一系列案例研究:

——某一具体学科专业领域的案例研究方法论作品(见第 1 章表 1.1);

——文本框中的 9 个新案例研究,5 个介绍原先重视程度不够的议题——国际事务的案例研究(见文本框 4、7D、26、37 和 49,以及辅导材料 6.1 中的第 6 个此类案例)。

- 与案例研究(但不是更广泛的社会科学研究)直接相关的简要条款术语表。

- 更新、扩充整篇引文,大幅增加了末尾参考文献数量。

鉴于第 5 版中的这些特色,本书没有变动的一处值得再提一次:唐纳德·坎贝尔的那富有洞察力的序言。他在三十多年前写下的那些精练的语句,仍然是点评社会科学方法的杰作。在当今的研究热潮中,坎贝尔的作品仍然颇具新意,并且合乎时宜。他在序言中对案例研究的定位,与本书的论述十分吻合。本书有这样的序言,我仍深感荣幸。本书再版时,我会一直这样向他表示感谢(Yin,2000b)。

总体而言,案例研究的不断发展对第 5 版的修订产生了深刻的影响。例如,新加入的材料增添了一些更难理解的案例研究相关概念。所以,在这里提醒读者,该版本比先前几版"更难"了。不过,如果能成功运用本版中的技术和指导,将会比过去更好地实施案例研究。本书一如既往的宗旨是,在前几代学者的基础上,改进我们社会科学研究的方法和实践。只有这样,每一代人才能做出自己的特色,进而形成自己的竞争优势。

致　谢

　　多年来，本书的初版和不断更新的再版，得益于许多人的建议和支持。我无法列出一个不断增加的名单，向多年以前就给予我帮助的那些人表示感谢。伦纳德·比克曼（Leonard Bickman）教授和迪博拉·罗格（Debra Rog）教授向我约稿，要将本书的原初手稿收录进新版的"应用社会科学研究方法丛书"。经他们校审，该"丛书"成为 Sage 出版公司最有影响力的作品之一。他们给我提供这样的机会，并在完成初稿的过程中给予我宝贵的反馈意见和鼓励，我将永存感激。同样，在本书只有几个较早版本时，我的同事，如麻省理工学院城市研究与规划系的拉里·萨斯坎德（Larry Susskind）、美利坚大学计算机科学系的纳内特·莱文森（Nanette Levinson）、丹麦奥尔胡斯商学院的埃里克·马卢（Eric Maaloe）等，都为我提供了在不同环境中讲授和探讨案例研究的机会。

　　许多大学和研究机构的很多研究同仁以互补的方式参与案例研究研讨会，这类研讨会是 COSMOS 公司项目的一部分。无论是在研讨会上提出，还是在邮件中，人们对如何利用案例研究解决某一议题的不断追问，常常是无心插柳，激发我们产生新的见解。同样，COSMOS 公司的员工和顾问一直致力于无数案例研究项目，创造一个令人兴奋的学习环境，这个环境似乎无休止地发展，一直向尚未开发的新境地延伸，尽管这一历程已逾三十几载。这些年来，COSMOS 公司员工中的达奈拉·戴维斯（Darnella Davis）博士和（目前）安吉拉·韦叶（Angela Ware）最为活跃，感谢他们富有启发性的问题以及为应用研究发展所作出的贡献。

　　这个学习环境也包括 COSMOS 公司之外的合作。近年来，一直与苏卡·普姆-杰克逊（Sukai Prom-Jackson）博士和法布里奇奥·费洛尼（Fabrizio Felloni）以及他们同事一起在联合国开发计划署做评估，与哥本哈根大学的本·内森（Iben Nathan）教授以及她的几个博士生也有互动。你们在如此多样的现代化环境中，继续为案例研究保留一席之地，我非常感谢。

时光飞逝，转眼到了准备印制本书第5版的时候。Sage出版公司邀请了几位人士，分享了他们使用本书第4版的经历。谢谢四位审阅人宝贵的评论：金门大学的李·罗宾斯（Lee Robbins）博士、芝加哥州立大学的乔恩·帕特森（Jon Patterson）博士、东卡罗莱纳大学的乔伊·C.菲利普斯（Joy C. Phillips）和宾利大学的迈克·F.鲁夫（Michael F. Ruff）。虽然我不能一一回应他们的意见，但希望他们知道，根据他们的建议，我对新版进行了修改和更新。

这些年来，Sage出版公司负责研究方法的编辑们也给我提供了很大的帮助，使得本书对读者更加有用，也更加具有实用性。在最近的这次编辑中，我很荣幸先与维姬·奈特（Vicki Knight）和凯瑟琳·奇尔顿（Catherine Chilton）合作。维姬是Sage出版公司整个研究方法系列书籍的组稿编辑，她运用自己积累的渊博知识，对文稿进行修改。然后由凯瑟琳将最终的文稿变成了一本富有特色的书。正如你所想，我们都在努力使第5版富有特色，而不仅仅是前几个版本的翻新之作。但同前几个版本一样，此书所有文责将仍由本人独立承担。

与此同时，我想用第4版前言中的一段话来结束新版前言。在里面，我提到，任何人对案例研究方法——甚至所有社会科学研究方法——产生的任何顿悟，实际上都有更深的思想渊源。我的思想火花，萌芽于本科阶段所受的历史学教育和研究生阶段所受的实验心理学教育。历史和史学使我初步认识到，方法论在社会科学中至关重要的作用。在麻省理工学院学习期间，独特的脑与认知科学基础研究使我明白：只有在理论指导下合乎逻辑的实证研究才能取得进展；相反，如果把实证研究仅作为机械的资料收集过程，那么研究不会取得任何突破。这一心得成为进行案例研究的基本原则。因此，我将此书献给在麻省理工学院的老师，是他成功地将上述思想传递给我，也正是在他的指导下，我完成了那篇关于面部识别的学位论文。虽说如果他还健在，我想他也很难认出现在之我与过去之我的相似之处了。

案例研究:一个线性的、反复的过程

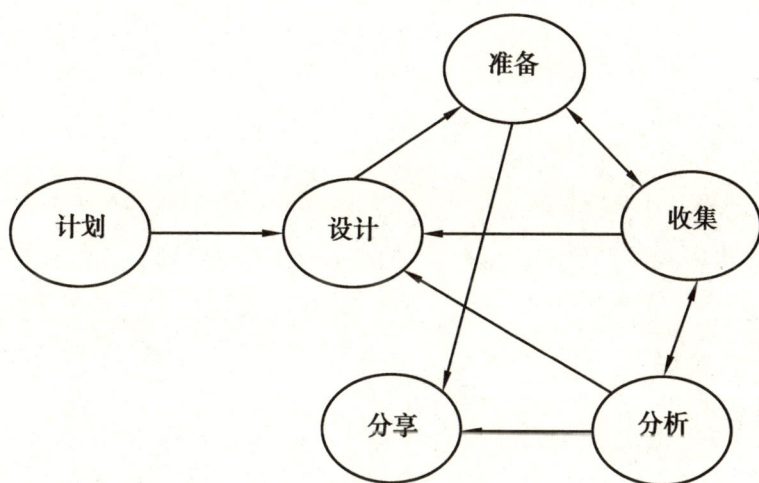

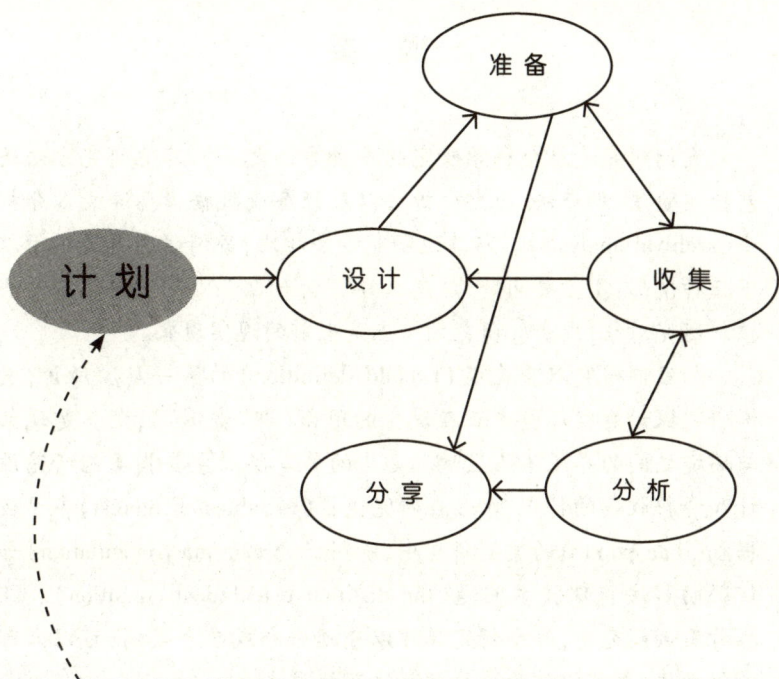

```
                        准 备

                          ↑        ↑
                          |          |
   计 划  ──→    设 计  ←──  收 集
      ↑                  ↓        ↑
      |                  |          ↓
      |               分 享  ←──  分 析
```

第 1 章

计　划

→ 对比其他研究方法，辨别案例研究方法的使用情境

→ 理解案例研究的双重定义

→ 澄清对案例研究的传统误解

→ 确定是否进行案例研究

摘　要

　　案例研究是社会科学研究的多种方法之一。其他研究方法还包括实验法、调查法、历史分析法以及经济或数据模型等文本分析法(archival analysis)。与其他研究方法相比，案例研究更适用于以下三种情形：①主要问题为"怎么样""为什么"；②研究者几乎无法控制研究对象；或者③研究的重点是当前的现实现象。

　　如案例研究双重定义(twofold definition)的第一层次所说，案例研究探讨真实环境中正在发生的现象(即"案例")，尤其是现象与环境之间的界限不明显时。定义的第二层次主要指案例研究设计和资料收集的特点，比如在研究变量(variables of interest)多于数据点(data points)的案例研究中，资料三角形(data triangulation)如何帮助解决特殊技术问题(the distinctive technical condition)。在各种案例研究中，每个研究既可以包括一个或多个案例，可以只有量化数据，也可以作为进行评测的有效方法。

　　做好案例研究意味着要解决案例研究的五个经典(tradtional)问题——严格地开展研究，避免与教学案例混淆，学会归纳所需结论，谨慎把握努力程度，以及理解案例研究的比较优势。虽然传统观念中，案例研究是一种"软"研究方法，但应对了上述挑战，使其变成一种"硬"研究。

1

导　论：
如何把握何处、何时运用案例研究方法

作为一种研究方法的案例研究

开展案例研究

对于绝大多数社会科学家来说，采用案例研究法进行学术探索，仍是最具有挑战性的活动之一。本书的目标是帮助你——不管是资深的社会科学家，还是初入此道的后起之秀——来应对这一挑战。你的目的是设计周密的研究方案，客观地收集、呈现和分析数据，更深层次的目的，则是在完成研究之后，撰写出具有说服力的文章、报告、著作或进行口头报告。

不要低估了你将面临的挑战。你可能准备集中精力设计和开展案例研究，但其他人可能提倡用其他研究方法。同样，大量的联邦研究经费或其他研究资助，可能青睐的是其他方法而不是案例研究。因此，你要准备好回应一些无法避免的问题。

首先，你必须解释、展示你自己如何致力于一条严谨的方法论路径。这一路径一开始就需要你作全面透彻的文献综述，并在深思熟虑后确定研究问题或目标。在研究过程中，还需要你遵循一

个正式的、明确的研究程序。本书按照这条路径,给予研究者一些指导。案例研究的一些步骤也是各类研究方法的重要步骤,如保证效度、保留"证据链"和调查检验"对立的竞争性解释"。过去30年来,诸多学者和学生的经验表明,运用本书可以帮助你获得成功。

其次,你要了解并坦率地承认案例研究方法的优势与不足。案例研究方法,与其他研究方法一样,具有各自的优势和不足。尽管有些人只看到某种单一的研究方法,本书相信,正如自然科学领域盛行多种科学方法,不同的社会科学方法也契合社会科学不同主题的研究需求和研究问题。例如,在自然科学领域,天文学作为一门科学,却不依赖实验研究方法;工程学和地理学也是如此(Scriven,2009)。同样,神经心理学和神经解剖学的研究,也不依赖于统计学方法。本章随后将阐述不同社会科学研究方法的优势。

小贴士

我怎么知道,是否要使用案例研究法?

其实没有固定公式。你的选择,主要取决于你的研究问题。如果你的研究问题是寻求对一些既有现象的解释(例如一些社会现象如何形成,如何运行?),那么选择案例研究是很贴切的。如果你的研究问题需要对某一社会现象作纵深描述,那么案例研究方法也是贴切的。请思考还有什么原因,使你运用或不运用案例研究方法?

案例研究方法在不同领域的特点

作为一种研究方法,案例研究可以被用于许多领域。个案分析可以使我们增进对于个人、组织、机构、社会、政治及其他相关领域的了解。毫无疑问,案例研究已经成为心理学、社会学、政治学、人类学、社会工作、商业、医护和社区规划方面的常用工具。附录A描述了案例研究在心理学领域的漫长而奇特的演进史程。案例研究甚至还被用于经济学领域。在研究调查某一产业的产业结构或某行政区域的经济状况时,都可能用到案例研究法。

人们之所以会采用案例研究法,是因为它能够帮助人们全面了解复杂的社会现象。总而言之,案例研究可以使研究者原汁原味地保留现实生活有意义的特征——譬如,个人生命周期、小团体行为、组织管理过程、社区变化、学校办学表现、国际关系以及产业发展,等等。

本书阐述了案例研究作为一种研究方法的特别之处,并帮助你处理一些较有难度的问题,而这些问题在现有的其他著作中并未被提及。例如,至今笔者还常被学生或同仁问道:①如何选择需要研究的"案例"?②如何确定需要收集的相关资料?③收集完相关资料之后,如何对其进行处理?本书不但回答了上述问题,而且涵盖了包括方案设计、资料收集、证据分析、报告撰写在内的其他所有环节。

然而,本书并不准备涵盖案例研究的所有用途。例如,本书并不想给那些将案例研究用作教学手段的人提供帮助。案例研究曾是法律、商业、医学及公共政策领域中常用的教学方式(参见 Llewellyn,1948;Stein,1952;Towl,1969;Windsor & Greanias,1983),现在几乎所有的学科领域,包括自然科学,都使用这种教学方法。用于教学目的时,案例研究并不需要完整或准确地再现事件的实际发生过程,相反,它只需构建供学生讨论、辩论的框架。评判用于教学的案例研究(通常是单案例研究,一般不会涉及多案例研究)是否成功的标准,与作为研究工具的案例研究的判别标准相差很大(如 Caulley & Dowdy,1987)。教学用的案例研究无须严谨客观地呈现实证资料,但作为研究方法的案例研究对此有极其严格的要求。

同样,本书也并不准备探讨用于行为记录的案例研究。医疗病历本、社会救济档案及其他形式的档案常被用于治疗、司法审判或社会救济,以及其他一些基于档案记录的工作,例如儿童监护测评(如 Vertu,2011)。尽管创建案例记录或案例评价遵循相似的步骤,看似是有目的的案例研究,但事实上,这种用于实务操作的案例研究与用作研究工具的案例研究的标准是截然不同的(Bromley, 1986)。

相反,本书的基本假设是:案例研究作为一种研究方法,普遍用于社会科学类学科和应用专业。如表 1.1 中列举的 12 个领域,以及各领域案例研究的作品实例。(未列出的其他两类作品为:讨论各种研究方法的一般性方法论文章,即使含有案例研究方法;关于案例研究但未针对特定领域的文章。)

表 1.1 特定领域案例研究方法作品示例

领域	示例作品
学科	
人类学和民族志	Burawoy, 1991
政治科学	George & Bennett, 2004; Gerring, 2004
心理学	Bromely, 1986; Campbell, 1975
社会学	Feagin, Orum & Sjoberg, 1991; Hamel, 1992; Mitchell, 1983; Platt, 1992
专业	
会计	Bruns, 1989
商务及国际商务	Dul & Hak, 2008; Gibebert, Ruigrok & Wicki, 2008; Johnston, Leach & Liu, 2000; Meyer, 2001; Piekkari, Welch & Paavilainen, 2009; Vissak, 2010
教育	Yin, 2006a
评估	U.S. Government Accountability Office, 1990
市场营销	Beverland & Lindgreen, 2010
护理与公共卫生	Baxter & Jack, 2008
公共管理	Agranoff & Radin, 1991
社会工作	Gilgun, 1994; Lee, Mishna & Bennenstuhl, 2010

作为一名社会科学工作者,你很想知道如何设计和操作单案例研究或多案例研究,借此来探索某一研究课题。你也许正在进行案例研究,也许案例研究仅仅是混合研究方法中的一种方法(参

见第 2 章）。总之,本书探讨了方案设计和开展案例研究的一系列步骤,包括启动和设计案例研究、收集案例研究资料、分析资料以及撰写研究报告。

案例研究与社会科学领域中
其他研究方法之比较

研究某一社会科学问题时,你在什么情况下采用案例研究?为什么采用案例研究? 为什么你没有考虑采用实验研究法,或者是调查法、历史分析法? 你为什么不像分析经济趋势数据模型或学生在校表现一样去分析档案记录材料?

上述方法分别代表着不同的研究思路。每种研究思路都有其特定的实证资料收集与分析方法,都要遵循其特定的逻辑,也都有其长处与不足。为了能够使案例研究发挥其最大作用,你必须准确了解各种研究方法之间的异同。

各种方法之间的关系:无高低之分

一种常常出现的错误认识是认为各种研究思路都有其等级性。到目前为止,尚有很多社会科学家深信,案例研究只适合用于研究活动的探索阶段,调查法和历史分析法适用于描述阶段,而实验法则是解释事物间因果关系的唯一手段。这种等级观念又反过来强化了这种印象:案例研究法充其量不过是一种初级研究方法,不适合用于描述或者验证某一命题。

然而,这种等级观念其实是很值得怀疑的。用实验法来处理探索性问题的做法早已存在,而在某些亚学科领域如史料编纂中,对因果关系进行解释也常常是历史学家的思考方向。同样,案例研究方法不仅仅是一种解释性策略。一些最经典的、最著名的案例研究,都是解释性的(如亚利森(Allison)和泽利科(Zelikow)的《决策的本质:古巴导弹危机的解释》,1999,简介见文本框 1)。同样,社会学、政治学等主要学科领域中也有一些著名的描述性案例研究(见文本框2的两个例子)。其他的解释性案例研究实例,包括大学改革方案、社区毒品预防团体和小型企业,在本书的姊妹书中有详细介绍(Yin,2012,第7—9章)。本书同样收录了关于教育领导、住宅区犯罪预防和社区团体发展的描述性案例研究实例(Yin,2012,第4—6章)。因此,区分不同的研究方法和各种方法的优缺点,必须摆脱等级排序的成见。

文本框1

一本采用解释性单案例研究(single-case study)方法的畅销著作

40多年来,格瑞汉姆·亚利森(Graham Allison)的《1962年古巴导弹危机》(出版于1971年)一直是政治学领域中的畅销书。这一著作采用单案例研究的方法分析了当年的古巴导弹危机——在那次危机中,美苏争霸几乎引起一次核毁灭。在该著作中,作者提出了三个相互冲突却又相辅相成的理论,并用其解释这一危机,这些理论即,苏联和美国都以如下三种身份参与了危机:(1)理性的参与者;(2)复杂的官僚体系;(3)政治利益驱动下的人群。亚里森比较了每一理论对整个危机过程的解释作用:为什么苏联首先在古巴部署攻击性(而不是防卫性)武器,为什么美国对于导弹部署采取的反应是封锁、禁运(而不是空袭或进攻古巴),以及为什么苏联最终撤回了导弹。

该案例表明,单案例研究不但具有描述与探索功能,而且还有解释功能。此外,作者将研究发现与冷战后外交政策和国际政治研究中的其他流行解释进行了对比。这本著作的第二版(Allison & Zelikow,1999)更详细、更有力地表明,单案例研究可以成为有效解释与归纳的基本研究方法。

文本框 2
两个著名的描述性案例研究

2A. 邻里场景

数十年来，威廉·怀特（William F. Whyte）的《街角社会》（whyte，1943/1955）一直是社区社会学领域中的必修教材。这本书也是描述性案例研究的经典之作。它按时间顺序记录了人与人之间发生的各种事件，描述了一个前人未曾注意到的亚文化，并发现了一些重要现象——例如，低收入家庭中青少年的职业发展、他们为挣脱街区社会关系而做出的努力与受挫后的无助感。

这一研究一直保有很高的声誉，尽管它的研究对象是一个距今近 100 年历史的街区（Cornerville）。奇怪的是，这一著作的价值就在于它归纳出了个人奋斗、团体结构与社区社会结构中的问题，这些问题现在仍然存在。尽管其后的研究者调查的是其他不同时期的不同社区，但在后人的著作中，我们仍可以找到 Cornerville 街区的影子。

2B. 国家危机

诺伊施塔特和芬柏格的《猪流感事件：棘手疾病的决策》，是对一场大规模免疫接种活动的精彩描述，最初在 1978 年以政府报告的形式发行，之后以《从未有过的流行病》（Neustadt & Fineberg，1983）为名独立出版。该案例研究描述了杰拉尔德·福特（Gerald Ford）总统执政期间，美国面临新一轮致命的流感病毒引发传染病威胁时，400 万美国民众接受免疫接种的情景。由于该案例研究被视为透彻的、高质量的案例研究范例，在面临诸如 2008—2010 年 H1N1 等流感病毒的威胁时，当代政策制定者仍会从中学习如何应对健康危机，以及采取何种公共行动。

练习1.1 识别用于其他研究目的的不同类型案例研究

比较正确的看法应该是包容的、多元的:每种研究方法都可以服务于三种目的——探索性、描述性和解释性。因而有探索性案例研究、描述性案例研究和解释性案例研究三种类型。相应的,也有探索性实验、描述性实验和解释性实验。这些不同方法的区别不是等级高低,而是下面将要讨论的三个重要条件。但需要特别注意的是,对各种研究方法进行分类,并不意味着这些方法之间或者使用每种方法的研究界限总是很明确的。即使每种方法有各自的特点,它们之间也会有交叉、重叠之处。对各种研究方法进行对比分析的目的,是为了避免出现费力不讨好的误用——即在本该用这种研究方法的时候,你却采用了另一种不恰当的方法,导致事倍功半。

确定不同目的(非教学目的的)的三类案例研究:①解释性或因果性案例研究;②描述性案例研究;③探索性案例研究。比较这三种研究类型的适用范围,再提出一个你想进行的案例研究,看它是解释性的、描述性的,还是探索性的,为什么?

使用各种研究方法的前提条件

在决定采用某种研究方法之前所必须考虑的三个条件是:①该研究所要回答的问题的类型是什么;②研究者对研究对象及事件的控制程度如何;③研究的重心是当前发生的事,或者是过去发生的事。表1.2列出了这三个前提条件及其与五种主要研究方法(实验、调查、档案分析、历史分析、案例研究)之间的关系。在区分五种研究方法时,每个条件的重要性如下:

表1.2 不同研究方法的适用环境

研究方法	(1) 研究问题的类型	(2) 是否需要对研究 过程进行监控	(3) 研究焦点是否 集中在当前问题
实验法	怎么样? 为什么?	是	是

续表

研究方法	(1) 研究问题的类型	(2) 是否需要对研究 过程进行监控	(3) 研究焦点是否 集中在当前问题
调查法	什么人？什么事？在哪里？有多少？	否	是
档案分析法	什么人？什么事？在哪里？有多少？	否	是/否
历史分析法	怎么样？为什么？	否	否
案例研究法	怎么样？为什么？	否	是

资料来源:COSMOS 公司

(1) 研究问题类型(表 1.2 第 1 栏)

这是你要考虑的第一个条件(Hedrick,Bickman & Rog,1993)。问题类型分类的基本框架是大家熟悉的一系列问题,即"什么人(Who)""什么事(What)""在哪里(Where)""怎么样(How)""为什么(Why)"。

如果研究问题主要是"什么事"的问题,又可以分为两类。第一类"什么事"的问题是探索性的。例如,"研究一个创业型公司,我们可以学到什么经验?"这个问题的目的是提出可供进一步研究的恰当的假设与命题。这种研究当然是探索性研究。但是,前五种研究方法都可以用来处理这种探索性问题,如探索性调查(测试首次创业的能力调查)、探索性实验(测试不同企业激励机制的潜在好处),或是探索性案例研究(测试区分新创企业与资深企业家创办的企业不同点的重要性)。

"什么事"问题的第二种类型,实际上可以被表述成一连串的"有多少"或"有哪些"的问题。例如,"社区是以什么方式同化新移民的?"对于这类问题,调查或者档案研究的方法会更适合、更顺手。例如,通过设计一个简易的调查问卷,就可以列举出几种可能的结果。但是,对于这类问题,用案例研究的方法,就会事倍功半、"费力不讨好"了。

如同上述"什么事"问题的第二种类型一样，"什么人""在哪里"之类的问题（及由其衍生出来的问题——"多少个"），比如经济学研究，较适合采用调查或档案分析的研究方法。当研究的目的是描述某一现象出现的范围、程度或频率，或者是预测其未来结果时，统计调查或者档案分析的研究思路就比较有优势。研究当前流行的政治思潮（在这种情况下，抽样调查或民意调查是比较合理的方法）或诸如艾滋病等疾病的扩散（在这种情况下，对病例发病情况进行统计分析是比较合理的方法）就是典型的例子。

相反，"怎么样"和"为什么"之类的问题更富有解释性，适合处理这类问题的研究方法是案例研究法、历史法和实验法。这是因为，这类问题需要按时间顺序追溯相互关联的各种事件，并找出它们之间的联系，而不仅仅是研究它们出现的频率和范围。所以，如果要研究某个社区怎样成功应对关闭一个军事基地（当地最大的就业渠道）所带来的巨大冲击（见 Bradshaw，1999，同见第 5 章文本框 26），你不太可能采用调查的方法，也不大可能去检查档案记录，而可能会采用历史分析法，或者案例研究法。同样，如果你想知道研究者是如何（不知不觉中）偏倚其研究的，最好设计并实施一系列实验（Rosenthal，1966）。

让我们再举两个例子。如果你要研究"什么人"成为了某次恐怖袭击的受害者、恐怖袭击造成了"多少"破坏，你可能会对当地居民进行调查、查阅当地的政府记录（档案分析），或者对受影响的地区进行全面的调查。相反，如果你想知道恐怖袭击"为什么"会发生，你就必须在进行访谈之外，收集更广泛的文献资料。如果你要研究"为什么"会发生多起恐怖活动，也许你需要设计一个多案例研究。

同样，如果你想知道政府某一新措施的后果"是什么"，那你可以根据这一措施的类型，进行问卷调查或者研究经济数据。而要回答"哪些人可以从中受惠？""他们从中得到哪些好处？""他们能受惠几次？"之类的问题，不需要采用案例研究方法。但是，如果你想知道这一新措施的实施情况"怎么样"或者"为什么"进展顺利

（或者不顺利），那你就需要进行案例研究，或者进行现场实验。

　　总之，决定采用何种研究方法的第一个条件，也是最重要的条件，就是弄清楚你的研究要回答何种类型的问题。一般来说，"什么事"之类的问题可能是探索性的（这种情况下，可以采用任何一种研究思路），也可能是关于范围、程度或频率的（在这种情况下，统计调查或档案分析会更适合）。"怎么样"和"为什么"之间的问题，比较适合采用案例研究法、实验法或历史分析法。

练习 1.2　确定案例研究法的研究问题

　　找出一个你认为可以采用案例研究法进行研究的"怎么样"或"为什么"的问题，并思考：如果仅仅采用历史研究法、调查法或者实验法对其进行研究（总之不采用案例研究法），哪些问题（如果有的话）无法得到回答？案例研究法与其他研究法相比，有哪些明显的优势？

　　确定你所要研究的问题类型也许是研究中最重要的一步，所以你一定不要匆忙上路，而要留出充足的时间进行更深入的分析。其关键是要明白，研究的问题既有其"内容"（例如，我的研究对象是什么），也要有其形式（例如，我要回答的是什么问题：什么人？什么事？在哪里？为什么？怎么样？）。有些人倾向于重点思考具有实质性的重要问题（Campbell, Daft & Hulin, 1982）；而本书则认为，花些精力确定研究问题的形式很重要，它能够帮助你选择合适的研究方法。请记住，对于一些问题来说，各种研究思路可能都适用。在这种情况下，你就需要从多种研究方法中挑选出最合适的一种。最后请注意，你（或你的学术团队）可能会在没有考虑问题类型的情况下，就先入为主地偏好某种研究方法。如果出现这种情况，一定要保证你采取的研究方法与你要回答的问题类型相适合。

练习 1.3　识别其他研究方法的研究问题

找出一个只采用一种研究方法的研究案例,其研究方法可以是调查法,也可以是历史法或实验法(但绝不是案例研究法)。指出其研究问题。如果类似的主题也有过案例研究,那么该研究问题所属类别与案例研究的研究问题有无不同? 如果有,有什么不同?

---

(2)对研究对象的控制范围(见表 1.2 第 2 栏)和(3)相对于纯粹的历史事件,研究对象的时代性质(表 1.2 第 3 栏)

假设某一研究所要回答的问题类型是"怎么样"和"为什么",那么,分析研究对象的控制范围和时代特性有助于确定采用历史分析法、案例研究法或者实验法中的哪一种方法。

当研究者无法控制、无法实际接触研究对象时,历史分析法是最适合的研究方法。历史研究法最突出的特色,在于其可以用来研究已成为历史的事件——当没有相关人员能向你报告或者回忆发生过什么事的时候,你必须以原始资料、二手资料,或者传说、故事、历史文物作为主要依据。历史分析法当然可以用于研究当代发生的事件,例如口述历史(比如,Janesick,2010),在这种情况下,这种研究方法就很容易与案例研究混在一起了。

案例研究法适合用于研究发生在当代,但无法对相关因素进行控制的事件。案例研究采用的方法与历史分析法大致相同,但比历史学家多了两种资料来源:直接观察事件过程,及对历史事件的参与者进行访谈。虽然案例研究与历史分析有相同之处,但案例研究的长处在于获得资料来源渠道更多、更广泛——文件档案、物证、访谈、观察等。除此之外,在某些情况下,案例研究法可以对研究对象进行某种程度的非正式控制,比如参与性观察(第 4 章)。

最后,当研究者可以直接地、精确地、系统地控制事件过程时,才可以采用实验的方法。实验可以在实验室环境中进行,研究者能集中研究一个或两个独立的变量(假设与研究范围无关的其他变量能够被"控制");实验也可以在实验室之外的现实环境中进行,这被称为"现场实验(或社会实验)(field or social experiment)"。在这种情况下,研究者交替给受试者施加不同的刺激,例如给受试者不同的票券用于购买服务,观察受试者在各种情况下的反应(Boruch & Foley, 2000)。

广义的实验研究也包括实验者不能控制实验过程但实验设计符合实验的基本逻辑的情况。这种情况通常称为"准实验方法(quasi-experimental)"(例如,Campbel & Stanley, 1966; Cook & Campbell, 1979)或"观察研究(observational-studies)"(例如,Rosenbaum, 2002)。准实验方法甚至可以用于历史环境中。例如,对种族暴乱和私刑(见 Spilerman, 1971)感兴趣的学者就曾采用准实验方法,因为事件过程本来就具有不可控性。在这种情况下,实验法就与历史研究法有相似之处了。

评估性研究的特殊情境

在评估性的研究领域,博鲁赫和弗莱(Boruch & Foley, 2000)提出了关于一种现场实验方法——随机现场实验——非常有说服力的观点。作者认为,随机现场实验可以用于所有评估。例如,作者认为现场实验的设计既然可以评估实验室的实验设计,也可以用于评估社区提出的烦琐的立法提案的可行性。甚至已经有人开始使用这种方法从事这方面的研究。但是,应该注意这种研究设计可能存在的局限。

特别是这种研究设计可能只在某一社区内有效,并要将消费者个体或某些用户作为分析单位。这种情况是存在的,例如以增进健康的活动作为社区的干预措施,而研究关注的正是某疾病在该社区居民中的发病率。随机现场试验要指定几个社区开展增进健康的活动,并选择几个不开展此类活动的社区,然后对比不同社区居民的健康状况。

然而许多社区研究考察的目标和确切的分析单位并不在个体层面,而是在社区层面或集体层面。例如,要提升社区质量可能需要改善每家每户的经济基础(如提高住宅人口的平均就业数)。现在的情况是,尽管可以随机指定备选社区(candidate communities),但社区个数和居民人数(分析工具为双层线性模型)限制了研究后期资料分析的自由度。大多数现场实验无法保证有足够的社区参与实验,因此难以克服后期数据分析的限制。

以社区或集体作为分析单位带有局限性,了解这一点是非常重要的。因为许多公共政策的目标集中在集体层面,而非个人层面。例如,21世纪初联邦教育政策将学校绩效作为关注的焦点。虽然学校招收的学生年年不同,但学校要对学生每年的学习成绩负责。现场实验的创建和实施基础是有大量的学校而不是众多的学生,因而需要大规模的研究资源,这对该研究构成了巨大的挑战。实际上,博鲁赫(Boruch,2007)发现,大量的随机现场实验在无意中选择了错误的分析单位(个人而非集体层面),因而实验结果的有用性大打折扣。

现场实验牵涉大量集体单位(如社区、学校或组织机构),在实际操作中面临诸多挑战:

- 在现场实验完成之前,随机选定的控制组采纳了某一干预措施,而不再是"未处理"状态;
- 控制干预可能要求实验社区重组他们提供某种服务的所有方式——即一个"系统"变化,因此控制组在总体中的相对位置出现偏移(实验假定,对照组和控制组在总体中的位置是一样的);
- 对变量进行控制的机构或实体在实验过程中出现变化,导致前后不一致(随机现场实验设计要求保持前后一致,直到实验结束);
- 控制组或实验组不能继续使用同样的工具或测量指标(实验设计最终将收集来自控制组和对照组的数据,并将两组实验数据进行比较,因此必须采取相同的工具和测量指标)。

如果存在以上任何一种情况,那就不能采用随机现场实验,而必须选择其他的替代方案。

结　论

应该明白,在一些情况下你可以使用所有的研究方法(例如进行探索性研究时);在另一些情况下,两种研究方法都同样有吸引力。当然,你可以在一个研究中使用两种研究方法(例如在案例研究中用到调查法,或者在调查法中用到案例研究)。在这种情况下,各种研究方法并不相互排斥。但同时你也应该明白,在一些情景中,某一特定的研究方法明显优于其他方法。具体到案例研究法来说,它最适合用于如下情况:

- 研究的问题类型是"怎么样"和"为什么";
- 研究的对象是目前正在发生的事件;
- 研究者对于当前正在发生的事件不能进行控制或仅能进行极低程度的控制。

确定哪些是最重要的问题并准确描述问题的形式,需要研究者进行诸多前期准备。方法之一是检索有关某一课题的既有研究文献(Cooper,1984)。请注意,文献检索和综述是实现研究目的的手段,并不是像有些人所认为的那样,是研究目的。初学者也许认为,文献检索的目的是了解某一问题取得了哪些进展。而有经验的研究者检索先期研究成果的目的,则是形成对这一领域的更清晰的看法,提出更富于洞察力的新问题。

不同形式的案例研究,相同的定义

行文到此,我们尚未对案例研究的定义进行正式的界定。而且,一些经常被问到的有关案例研究的问题仍然悬而未决。例如,①当一项研究中不止一个案例时,它是否仍然称为案例研究?②案例研究中是否排斥使用定量分析? ③案例研究能否用于对某计划、方案进行评估、评价? 下面让我们对案例研究的定义进行界定,并回答上述三个问题。

作为研究方法的案例研究的定义

案例研究最常见的定义仅仅复述了案例研究所能适用的问题的类型。例如,某个研究者是如此定义案例研究的:

案例研究的本质,也即各类案例研究的核心意图,在于展现一个或一系列决策的过程:为什么作出这一决策? 决策是怎样执行的? 其结果如何? (Schramm,1971,突出部分为笔者所加)。

这一定义把"决策"问题作为案例研究的核心内容。其他类似的问题包括"个体""组织""过程""计划""社区""制度",甚至"事件"。但是,仅限于"对一个研究对象而非所需方法的关注"(Stake,2005,第443页),不足以界定作为一种研究方法的案例研究的概念。

换句话说,大多数较早的社会科学教材根本没有把案例研究当作正式的研究方法。如前所述,他们常犯的错误,是把案例研究看作其他研究方法的前期探索阶段。

另一种错误的定义,是把案例研究与民族志研究或参与性观察中的"实地考察(fieldwork)"相混淆。因而,早期教材中关于案例研究的讨论,实际上局限于对参与性观察或作为资料收集过程的实地考察的描述,未能对案例研究的定义作出进一步探讨(Kidder & Judd,1986;Nachmias,1992)。

在有关美国的方法论改进过程的思想史中,詹尼弗·普拉特(Jennifer Platt,1992)回顾了案例研究的发展过程,并解释了为什么会出现上述错误认识的原因。她将案例研究法追溯到芝加哥大学社会学院所进行的生活史研究及社会工作中的个案,解释了为什么参与性观察被当作资料收集技术,间接阻碍了人们对案例研究的进一步认知。她在1950年之前的方法论教材中找到大量案例研究引文,但在1950年至1980年期间的教材中,几乎没有找到案例研究或案例研究方法的参考文献(Platt,1992,第18页)。最后,她分析了本书第1版(1984)怎样把案例研究法与某些形式的现场调查作出明确的区分。随后她发现大约从 1980—1989 年开始，方法论教材重新探讨案例研究方法，这种研究探讨一直持续至今（同见本书前言，1980—1989 年的谷歌 Ngram 浏览器趋势分析）。用她的话说，案例研究有其"设计研究方案时必须遵循的逻辑"，是"只有所要研究的问题与其环境相适应时才会使用的方法，而不是无论什么环境下都要生搬硬套的教条"（Platt，1992，第 46 页）。

案例研究的双重定义

那么案例研究方法到底是什么？在本书第 1 版面世之前，笔者曾提出过案例研究定义的核心特点（Yin，1981a，1981b）。本书前 4 版对案例研究定义的发展，表明案例研究具有双重定义。首先，案例研究定义的核心精神在于其研究的范围：

1. 案例研究是一种实证研究

● 深入研究现实生活环境中正在发生的现象（即"案例"）；

● 尤其是待研究的现象与其所处环境背景之间的界限并不十分明显。

换句话说，采用案例研究法，是因为你想认识一个真实的案例，并认为这种认识很可能与影响这个案例的一些重要情景条件相关（Yin & Davis，2007）。

因此，定义的第一部分有助于你深度区分案例研究与其他研究方法。例如，实验法刻意把现象从环境中分割出来，只重点关注感兴趣的现象和少数几个变量（典型的做法是在实验室中对环境背景进行严格"控制"，完全忽略真实情境）。相比之下，历史研究法确实要同时处理相互关联的现象及其环境背景，但它所面对的通常都不是当前正在进行的事件。调查法可以同时考察现象及其环境，但它对环境的探讨能力是极为有限的。例如，研究者在制订调查方案时内心都在不停地掂量：为了保证回收问卷的有效性（常受被试数量影响），他们不得不忍痛割爱，拼命地限制变量的数量（即调查问卷中题目的数量）。

定义第二部分的出现，是因为现实生活中很难明确区分现象与背景条件。因此，其他方法论的特点也与案例研究的特色相关：

2. 案例研究方法

- 处理有待研究的变量比数据点（data points）还要多的特殊情况，所以①；
- 案例研究方法需要通过多种渠道收集资料，并把所有资料汇合在一起进行交叉分析，因此；
- 需要事先提出理论假设，以指导资料收集和分析，减少研究工作量，避免走弯路。

实际上，这样的双重含义，涵盖了案例研究的范围和特点，表明案例研究是一种包罗万象的研究方法——包括设计的逻辑、资料收集技术以及具体的资料分析方法。

对不同认识论取向的适用性

这种包罗万象的研究方法同样适用于不同认识论取向的研究——例如，相对于现实主义（realist）取向的相对主义（relativism）或解释学（interpretivism）取向。② 正如本书中对其的描述，案例研究似乎符合现实主义者的观点——单个事实的存在不受任何观察者的影响。但是，案例研究同样可以很好地适用于相对主义者的观点——承认多个现实有多种含义，认为研究结论受观察者影响。比如，第 2 章将讨论"理论"在案例研究设计中的重要性。如果你采用相对主义的视角，那么在设计案例研究时，你的理论很可能影响你对不同参与者想法的接纳，并且你对不同价值取向的信任程度和原因也将影响你的研究问题。

---

① 附录 A 中对案例研究变量数量多的原因进行了详细阐述。

② 这些术语是精心挑选的，尽管它们是对两种理论的简单概括。研究者有可能带入研究的其他微小观点忽略不计。史可万特（Schwandt，2007）辞典中对质性研究的简单定义，认为现实主义（realism）的特点是"认为物质的存在不依赖于我们的认识"（p.256）；相对主义（relativism）的观点"否认有永恒的真理"（p. 261）；解释学（interpretivism）是"偶尔用作所有质性研究的同义词"（p.160）。

练习 1.4　从文献中找出一个案例研究，进行分析

从文献综述中找出一个案例研究。该案例研究可以是关于任何主题的研究，但必须使用了某些实证研究方法，并呈现了一些实证（质性的或量化的）资料。为什么这是一个案例研究？对相同主题，只有使用案例研究法才能得出的研究发现，与使用其他社会科学研究方法得出的研究发现，有什么区别（如果有区别的话）？

作为研究方法的案例研究的几种变式

案例研究法的其他一些特征，对于界定案例研究并不具有关键作用。下面探讨案例研究的几种变式，同时回答本章开始提出的 3 个问题。

的确，案例研究包括单案例研究和多案例研究。尽管在一些领域（如政治学和公共管理学）中，学者试图对这两种方法进行明确的区分——譬如将个案比较法（comparative case method）作为多案例研究的一种特殊形式（Agranoff & Radin, 1991; Dion, 1998; Lijphart, 1975），但单案例研究和多案例研究实际上都是案例研究的变式（参见第 2 章）。文本框 3 是多案例研究的两个例子。

文本框 3
多案例研究：包含多重案例的案例研究

案例研究可以涵盖多个案例，并得出一套跨案例的结论。下面两个例子是有关公众利益的：评估美国的社会改革方案，总结其成功之处，以改善社会的整体生活条件。

3A. 先呈现独立的个案，再作跨案例分析的论文集

乔纳森·克雷恩（Jonathan Crane, 1998）主编了一本书，其中收录了九个社会项目，每个项目是一个单独的案例。每个案例的作者不同，并独立成章。这九个案例的共同之处在

于它们都是成功的社会改革实践,但它们关注的领域却很不一样——包括教育、营养、戒毒、学前教育以及不良少年药物治疗,等等。编者在最后一章中进行了跨案例交叉分析,旨在得出适用于其他项目的概括性结论。

3B. 一本全都是关于多案例("跨案例")分析的著作

李比斯·斯科尔(Lisbeth Schorr's, 1997)的著作分析了提高社会生活水平的主要方法,主要围绕四个政策主题来阐明:福利制度改革、加强儿童保护、教育改革和社区转型。本书列举了许多成功的改革实践,但是这些项目并不单独成章。引用文献资料的同时,作者基于案例研究,归纳出大量结论,包括成功的改革实践需要"以结果为导向"。同样,她还归纳出高效改革所具备的其他六个特征(见文本框44A和44B,第6章)。

确实,案例研究可以使用甚至可以只采用量化证据。但实际上,质性证据材料和量化证据材料之间的任何差别都不能区分各种研究方法。要知道,像某些类似例子一样,有些实验(如心理学中关于感觉的研究)和调查问题(如涉及类别而非数量的调查问卷)所依据的材料也都是质性资料,而非量化数据。同样,在历史研究中,也常常出现大量的量化证据。

与之相关的一点是,尽管案例研究一直被视为质性研究中的一种,但案例研究不仅仅是质性研究的一种形式(Creswell, 2012)。混合运用量化数据与质性资料,以及需要对"案例"进行界定,仅是案例研究突破作为一种质性研究的两种方式。再比如,案例研究并非总是进行"深度描写(thick description)"(Geertz, 1973),也不时会包含大量的观察资料,虽然这些观察资料常被看作是"质性研究"的特征。

如本书附录B所详细呈现的一样,案例研究法在评估学领域中确实有一席之地(Cronbach & Associates, 1980;Patton, 2002;美国审计署①, 1990；Stufflebeam & Shinkfield, 2007, 第 309—324 页）。
案例研究至少有四种不同用途（美国审计署, 1990），其中最重要的
用途是解释现实生活中各种因素之间假定存在的因果联系，这种
联系非常复杂以至于用实验法或调查法都无法解释。案例研究的
第二种用途，是描述某一种刺激及其所处的现实情境。案例研究
的第三种用途，是以描述的形式，列示（illustrate）某一评估活动中
的一些主题。案例研究的第四种用途，是当因果关系不够明显、因
果联系复杂多变时，对其进行探索。不管是哪一种用途，都存在一
个永恒的主题，那就是，在确定评估的问题和相关资料的类别时，
评估项目的提案者——而非研究者——起更大的决定作用。

对案例研究的传统偏见

尽管案例研究确实是一种与众不同的实证研究方法，但许多
研究者却总是对案例研究极尽轻蔑之能事。换句话说，作为一种
研究方法，案例研究一直被认为不如实验法或调查法那样令人满
意。这是为什么？

严谨吗？

人们对案例研究最大的质疑源自"案例研究需更加严谨"这种
认识。很多时候，案例研究者常常太过马虎、粗心，要么没有遵循
系统的程序，要么使用模棱两可的论据，导致研究结论失实。进行
案例研究时，要避免出现这些错误。有意思的是，其他研究方法却
很少被质疑"缺乏严谨性"，这可能是因为有关其他研究方法教材
的大量存在，已经为研究者提供了详细的说明，指导其按照特定的
程序进行研究。相比之下，除本书外，很少有方法论教材（虽然正

---

① 美国审计署（General Accounting Office, 简称 GAO）2004 年 7 月正式更名为美国政府问
责办公室（Govermet Accountability Office, 仍简称 GAO），也译为美国政府问责署或美国
政府问责局。本书为方便阅读，保持全书前后统一，沿用美国审计署的旧名。——编
者注

在增加)详细教导研究者如何设计完善的案例研究方案。

与教学案例混淆?

当然也存在这种可能,即人们混淆了教学性案例研究与研究性案例研究。在教学中,案例研究的材料是经过精心处理的,以便更有效地突出某一关键之处(Ellet,2007;Garvin,2003)。在研究性案例研究中,这样的行为是被严格禁止的。因此,如果个人之前对案例研究的接触仅限于一个或几个教学案例,这或许误导了其对案例研究作为一种研究方法的认识。

进行案例研究时,你必须尽最大的努力,真实客观地记录观察到的资料,本书正是要帮你做到这一点。常常被人们所遗忘的是,偏见也常常出现在实验过程中(Rosenthal,1966),或者任何其他研究方法的某一研究环节中,例如设计调查问卷时(Sudman & Bradburnh,1982),或者是在进行历史分析时(Gottschalk,1968)。研究中出现的问题并没有什么不同,只不过在案例研究中,这些问题出现的频率更高、更难以克服罢了。

练习 1.5   分析用于教学目的的案例研究

找出一个用于教学的案例研究(例如,商学院教材中所引用的案例),分析其与作为研究方法的案例研究相比有哪些不同之处。教学案例引述了原始材料吗?包含了论据吗?展示了资料吗?教学案例论述如何客观地收集资料了吗?教学案例的主要目的是什么?

从案例中归纳?

对于案例研究第三个常见的疑虑是,认为其不具备从研究发现中进行归纳的能力。案例研究常常被问到的一个问题是,"你怎么能单从一个案例推导出这个结论?"要回答这个问题并不容易(Kennedy,1976)。实验法也常常被质疑,"你怎么能单从一个实验中得出结论?"事实上,科学发现极少是基于一个实验的,它们通常都是对同一现象在不同条件下进行的一系列实验中得来的。

案例研究也可以采用类似的方法,但设计概念要有所不同。这在第2章有详细的讨论。最简洁的答案是:同实验研究一样,案例研究同样适用理论假设,但不能用于人口和宇宙学研究。从这个意义上说,案例研究法如同实验法一样,并不是一个"样本"。在进行案例研究时,你的目的是归纳出理论(分析归纳),而不是计算频率(统计归纳)。就像几年前三位著名社会科学家在他们所完成的单案例研究中所言,案例研究的目标是"归纳"分析,而非"列举"分析(Lipset, Trow & Coleman, 1956, 第419—420页)。①

工作量不可控?

对案例研究的第四个抱怨是,案例研究需要投入太多精力、时间,而其研究结论多表现为冗长烦琐的、不忍卒读的文档。就过去所完成的案例研究来说,这种抱怨并不为过(Feagin, Orum & Sjoberg, 1991)。但这并不表明未来的案例研究也一定如此。本书的第6章详细介绍了如何撰写案例研究报告(无论是书面报告还是口头报告),其中包括避免传统、流水账式的叙述方法。

同样,案例研究并不一定需要花费太长的时间。之所以出现这种误解,可能是因为他们把案例研究与其他某些特定的资料收集过程混淆,如民族志(O'Reilly, 2005)或参与性观察(Dewalt, 2001)。民族志通常需要进行长时间的现场调查,仔细记录观察和访谈到的现象。参与性观察同样需要投入相当多的精力进行现场调查。相比之下,案例研究作为一种研究方法,并不一定需要通过民族志观察或参与性观察收集资料。在研究某些课题时,你甚至不需要离开图书馆,仅凭电话与互联网,就能完成一个质量高、可信度高的案例研究。

比较优势?

对案例研究的第五个异议与案例研究相对不明显的比较优势有关。在21世纪的第一个十年,因随机对照实验或"真实验

---

① 然而也有例外:某一案例是如此独特、如此重要,以至于案例研究人员不想将其推广。参见史泰克(Stake, 2005)的"内部(intrinsic)"个案研究,以及劳伦斯-莱特福特(Lawrence-Lightfoot & Davis, 1997)的"肖像画(portraits)"。

(RCTs)"在教育及相关领域再度得到重视而随之突现的。这类研究之所以受推崇,是因为其目的是确定各种操作或干预的有效性(Jadad,1998)。在许多人眼中,对随机现场实验或"真实验"的重视导致案例研究受到贬低,因为案例研究(和其他非实验研究方法)不能直接解决这一问题。

文本框4

案例研究方法与量化研究方法的互补性

在国际政治研究领域,一个重要的观点是"民主国家之间几乎不会相互开战"(George & Bennett,2004,第37页)。这个观点广泛被研究者采用量化方法和案例研究方法进行研究。乔治和贝内特(George & Bennett,2004,第37—58页)研究中的一个优秀章节,用量化研究方法演示了如何检测政权与战争之间的关系,但却用案例研究方法来探讨如何审查可以解释这一关系的潜在过程。比如,其中一个比较重要的解释认为,民主国家能够通过相互之间的正式承诺解决争端,从而没有必要动用军事力量(第57页)。文献回顾了几十年来许多学者对相关研究的发展。整个研究以量化和案例研究方法为基础,证明了这些方法的互补性。

被忽视的一点是,案例研究可以提供随机控制实验无法提供的重要观点。一些方法论专家已注意到这一点,因而指出,随机控制实验虽然能够证明实验操作(或干涉)的有效性,却无法解释"如何有(无)效""为何有(无)效",而案例研究却能解释此类问题(如Shavelson & Townes,2002,第99—106页),或者"项目是否有效,如何有效"(Rogers,2004)。① 一篇评价公共项目的优秀文章的副标

---

① 学者们也指出,经典的实验常检验的是简单的因果关系,也就是说假设某一实验操作,如一种新药的使用,会产生某种作用。然而,对于许多社会科学和行为科学的研究主题来说,相关起因可能是复杂的,是多种因素相互作用的结果,而这种复杂的因果关系不是单一实验能够调查清楚的(Gorge & Bennett,2004,p.12)。

题就可以简洁地阐明。从这点看,案例研究确实有其优势。至少,案例研究可以被视为"实验研究的'助手',而非能够取而代之的研究方法"(Cook & Payne,2002)。在临床心理学领域,证实某种治疗确实会带来预期行为变化的"一系列单案例研究",也可能增强实地调研资料的作用(Veerman & Van Yperen,2007)。最后,同样地,案例研究可以很好地补充其他量化研究方法(见文本框4)。

小 结

尽管上述这些常常出现的疑虑与不满可以被减轻甚至消除,但以前的经验告诉我们,要完成一个高质量的案例研究并不容易。无法对研究者完成案例研究的能力进行筛选或测试,使得问题更加复杂。人们有办法测试出某人是否适合演奏乐器,也能够测试出某人是否达到某级数学水平,或者通过考试了解某人是否适合担任律师工作。但是,学者们并未找出能够判别某人是否具备案例研究所需要技能、技巧的测试方法。结果:

"许多人自认为他们能够设计出案例研究方案,几乎所有人都认为自己可以理解案例研究方案。由于这两种看法都是没有根据的,结果案例研究受到了许多它本不该受到的追捧"(Hoaglin、Light、McPeek、Mosteller & Stoto,1982,第134页)。

这段话摘自五个杰出统计学家所著的一本书。尽管他们来自另外一个研究领域,但奇怪的是,他们同样认识到了从事案例研究所要面临的挑战。本章简单介绍了作为研究方法的案例研究的重要性。案例研究同其他研究方法一样,是一种通过遵循一套预先设定的程序,对某一实证性课题进行研究的方式。本书的其他章节将会详细阐述进行案例研究所要遵循的程序。

本章小结

本章给出了案例研究的操作性定义,并且分析了案例研究的几种变式。本章还试图把案例研究与其他社会科学研究方法进行区分,指出在哪些情况下采用案例研究法会比其他研究方法(如调查法)更合适。在有些情况下,各种研究方法的长处和不足重叠在一起,似乎看不出哪种方法更合适。然而,本章最基本的目标,是希望你在选择一种方法进行新的社会科学研究时,能够对各种研究方法采取包容、多元的态度。

最后,本章分析了对案例研究方法的几种主要批评和质疑,并对这些批评作了回应。然而,我们在进行案例研究时,一定要努力克服各种问题,首先包括要认识到,我们中有些人根本不具备进行案例研究的技能与性格。尽管在传统观念中,案例研究被认为是一种"软性(soft)"的研究方法,也许是因为研究者并未严格遵循研究步骤,但实际上,案例研究非常难。本书提供了进行案例研究所要遵循的一系列程序,希望能使案例研究易于开展,帮你把研究做得更好。

辅导材料 1.1
关于"案例研究"定义的更多说明

本书中,"案例研究"指的是一种特殊的调查研究。这一术语与指代其他调查的术语平行,如一个"实验"、一个"问卷调查"和一段"历史"。"案例研究"是较为正式的称法(同样平行于"实验研究""问卷研究"和"历史研究"),进行案例研究所使用的方法是本书的主题。

本版第 1 章中对案例研究的定义保留了第 1 版(1984)中的陈述精华。定义包括两部分:①案例研究的范围和②特点。最早定义中的一些概念现在看来很明确,比如一个"深度(in-depth)"研究、作为研究"案例"的现象、"证据三角(triangulation of evidence)"以及"兴趣变量多于数据点(more variables of interest than data points)"。

我们很难清晰地陈述一个定义。有些参考作品(Abercrombie、Hill & Turner,2006;Schwandt,2007)给出了案例研究的简单定义,但却不完整。其他作品或许用好几页来阐述,但仍不能表达清楚(David,2006b;Mills et al 等,2010b)。本书也对定义进行了修改,以避免之前版本中出现的误解。具体如下:

1. 现象(Phenomenon)与环境(context)之间的界限不清晰(sharpness),并不代表无须区分"案例"和案例研究的基本特征——独特性(singularity);相反,第 2 章详细分析了定义"案例"时面临的挑战。

2. "深度(In-depth)"这一词汇表明有可能需要现场调研,尤其在研究正在发生的现象时,以便更加接近、了解所研究的案例。

3. "正在发生的现象(Contemporary phenomenon)"是一个广义的概念,指的是研究目前的(但并不排斥最近发生的)事件,只是不追溯已经"死亡"的过去事件,因为我们无法直接观察这些事件,并且我们没有人可以访谈(这种情况下,历史研究方法可能比较合适)。

4. "变量多于数据点(Having more variables than data points)"这一特点,是由案例及其所处环境的复杂性(所以变量较多)导致的,而案例是唯一的"数据点"。这种说法并不意味着案例研究以变量为基础(variables-based);相反,正因为变量的多样性,传统基于变量的研究方法分析案例研究资料的作用受到怀疑,因而采用整体分析方法更有利。

最后要注意的是,与其他方法相比,本书对何时使用案例研究方法的讨论更侧重于采用案例研究方法的"恰当性(niche)",这些论述并不是"案例研究(case study)"的定义。

辅导材料 1.1 参考文献

Abercrombie, N., Hill, S., & Turner, B. S. (2006). *The Penguin dictionary of sociology* (5th ed.). London: Penguin. Present a pocket dictionary, with references, of terms used in sociology.

David, M.(2006b). Editor's introduction. In M. David(Ed), *Case study research* (pp. xxiii-xlii). London: Sage. Contains nearly 100 reprints of source materials for case study research.

Mills, A. J., Durepos, G., & Wiebe, E. (2010b). Introduction. In A. J. Mills, G. Durepos, & E. Wiebe (Eds.) ,*Encyclopedia of case study research* (pp. xxxi-xxxvi). Thousand Oaks, CA: Sage. Introduces a two-volume encyclopedia devoted to case study research.

Schwandt, T. A. (2007). *The Sage dictionary of qualitative inquiry* (3rd ed.). Los Angeles: Sage. Defines terms, with references, used in qualitative research.

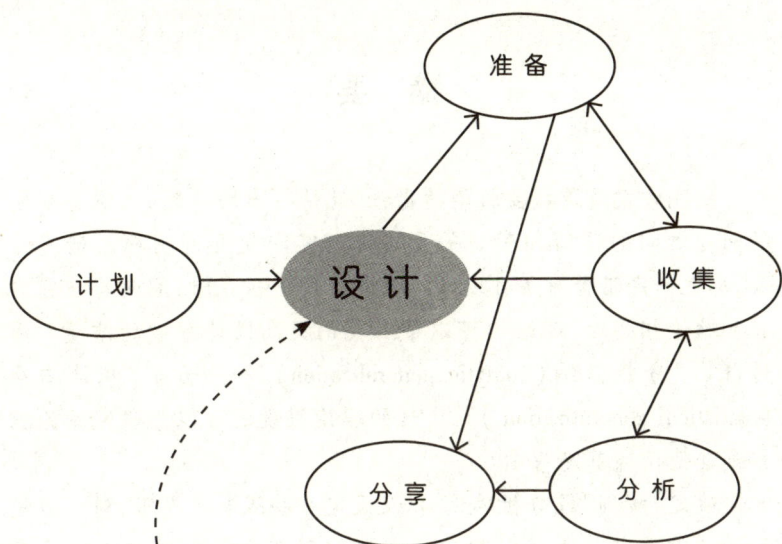

第 2 章

设 计

→ 界定分析单位、确定要研究的案例

→ 确立理论、假设和相关问题，指导案例研究、归纳结论

→ 设计案例研究（单案例或多案例、整体式或嵌入式）

→ 依据 4 个标准，检验设计，保证案例研究的质量

摘　要

研究方案是连接要收集的资料(及待得出的结论)与准备研究的问题之间的逻辑纽带。每个实证研究即使没有明确的研究方案，那也一定暗含有某种设计。在进行案例研究时，阐明与研究内容和结论相关的"理论"，可以帮助我们提高设计方案的质量。通过得出"分析归纳(analytic generalization)"——而非"统计归纳(statistical generalization)"，合理的理论假设还可以为研究结论推广到其他情境奠定基础。

确定"案例"或分析单位，以及设定一些限制或界限，对于方案设计非常关键。你可以利用社会科学研究中常用的四个测试条件，来检测你刚成型的方案的质量：① 建构效度(construct validity)，② 内在效度(internal validity)，③ 外在效度(external validity)，④ 信度(reliability)。

具体的案例研究设计主要有四种类型，这四种类型形成一个2×2矩阵。第一个"2"指单案例研究和多案例研究；第二个"2"指整体型设计和嵌入型设计，可以与单案例研究或多案例研究结合运用。在多案例研究中，无论是整体型设计或嵌入型设计，选择案例必须按照同一逻辑，而不是随机抽取。虽然单案例研究可以获得珍贵的结论，但大部分多案例研究效果比单案例研究效果要好。与单案例研究相比，即使双案例研究也是很值得一试的选择。案例研究可以与其他研究方法一起使用，作为混合型研究的一部分。

2

案例研究方案的设计：

选定案例，确立研究的逻辑

设计案例研究的一般方法

就选择研究方法而言，第 1 章已经告诉我们在什么样的情况下应采用案例研究而不是其他方法。接下来的任务就是案例研究设计。如同其他研究设计一样，你需要设计一个研究计划或方案。

制订研究方案要求精细化。与其他研究方法不同的是，全面、标准的案例研究设计程序尚未成为一门成熟的"学科"。在生物学、心理学等领域，已经出版了大量的教材，阐明进行研究设计时需要考虑的因素，比如如何进行分组，如何选择不同的刺激或实验环境，以及如何测量研究对象的各种反应等(Cochran & Cox, 1957; Fisher, 1935, 引自 Cochran & Cox, 1957; Sideowiski, 1966)。但指导案例研究设计的教材迄今尚未出现。实验室实验中前面每一步骤的选择都反映出与研究问题之间的重要逻辑关系。同样，案例研究领域也没有形成通用的设计方案——譬如，调查法已经形成了诸如追踪调查(panel studies)之类获得广泛认同、可资借鉴的通用研究方案(见 Kidder & Judd, 1986, 第 6 章)。

一个常常出现的错误认识是，认为案例研究方案仅是其他研究方案(如准实验法)的一个子集或变式(Campbell & Stanley, 1966;Cook & Campbell,1979)。长期以来,学者们错误地认为,案例研究仅仅是准实验设计(一次性、仅用于后测的一种设计——Campbell & Stanley,1966,第6—7页)的一个类别。这种错误认识残留至今,最终在一本有关准实验设计的专著修订本中,原作者对其进行了纠正:

> 正常实施的案例研究确实不应该被贬低,它不应该被错误理解成单组的、仅用于后测的实验设计(Campbell,1979,第96页)。

换句话说,一次性的、仅用于后测的准实验设计仍被看作是有缺陷的,但人们已经认识到案例研究是不同于准实验设计的。实际上,案例研究是一种不同的研究方法,有其特定的研究设计。

不幸的是,设计案例研究方案所要遵循的规范尚未形成。因此,本章就是要阐述本书的前一版出版以来方法论领域的新发展,并讲述设计单案例研究和多案例研究方案的基本套路。尽管这些基本套路都还需要在未来的实践中不断地加以修正、完善,但我相信这些并不成熟的套路能够帮助你更容易地设计出更周密,在方法论上更完善的案例研究方案。

小贴士

我应该怎样为自己的研究选择案例?

不管是通过找人访谈、查阅文件或记录,或者进行现场观察,你需要获取大量案例资料的途径。如果你有获得若干案例资料的途径,那么就要选择其中最能说明你的研究问题的案例。如果没有这种途径,你就该考虑转换研究问题,寻找能够获得资料的新案例。

你认为资料获取十分重要吗?

研究设计的界定

每一类实证研究都有其隐含的(如果不是明确的)研究设计。就其最本质的意义来说,研究设计是用实证资料把需要研究的问题与最终结论连接起来的逻辑顺序。用通俗的话来说,研究设计是从"这里"到"那里"的逻辑步骤,"这里"指需要回答的一系列问题,"那里"指得出的结论(答案)。在"这里"与"那里"之间也许可以有几个主要步骤,包括收集和分析相关资料。作为一种概括性的界定,有一本书把研究设计界定为这样一种计划:

这种计划能够指导研究者按步骤收集、分析并解释资料。研究设计是一种进行论证的逻辑模式,它能使研究者对研究中各变量之间的因果关系进行推论。(Nachmias,1992,第 77—78 页,突出部分为作者所加)

另外一种界定方法是,把研究设计看作研究的"蓝图",它至少应处理四个问题:要研究什么问题? 哪些资料与要研究的问题相关? 需要收集哪些资料? 如何分析结果? (Philliber,Schwab & Samsloss,1980)。

一个需要注意的问题是,研究设计不同于工作计划。研究设计的主要目的,是避免出现证据与要研究的问题无关的情形。就这一意义来说,研究设计处理的是逻辑问题(logical),而不是后勤保障问题(logistical)。举例来说,假设你要研究某一组织机构,而你要研究的问题是这一组织机构与其他组织机构之间的关系——譬如竞争和合作关系。只有当你直接收集了来自其他机构的材料——而不仅仅是你所要研究的组织机构的材料之后,你的研究问题才能算是设计周严。如果你仅仅把研究的范围局限于这一组织机构本身,你就不可能客观地了解组织机构间相互关系的实质,不可能得出准确的结论。出现这种情况,是因为你的研究设计有缺陷,而非工作计划有缺陷。如果你在一开始就进行了严密、周详的研究设计,那么这种情况就可以避免。

研究设计的要素

就案例研究法来说,进行研究设计时要特别注意五个要素:

1.要研究的问题;

2.理论假设(如果有的话);

3.分析单位;

4.连接资料与假设的逻辑;

5.解释研究结果的标准。

分析所要研究的问题

第一个要素在第 1 章中已经分析过了,不同问题的形式——"什么人""什么事""在哪里""怎么样""为什么"——能够为你选择研究方法提供一些重要的思考线索。案例研究最适合回答"怎么样"和"为什么"的问题,所以,你进行研究设计的第一步,就是准确分析你要研究的问题的性质。

更为棘手的是,确定研究问题的基本内容。许多学生一开始就受挫了。当他们发现前人已对同一问题进行了大量的研究时,他们顿时气馁。还有一些不尽如人意的选择,也尽是琐碎的问题或某一问题的次要方面。有一种方法能帮助你,即用三步法来选择研究问题。第一步,检索文献,缩小研究兴趣,聚焦到一个或两个关键话题,不要过多考虑具体的研究问题。第二步,仔细查看,甚至剖析你所感兴趣话题的已有重要研究。找出这些研究的研究问题,看看它们的结论是否带出了新的问题,是否留下尚未了结的空白问题。这可能会激发你自己的思考和想象,而你也可能因而找到自己的研究问题。第三步,阅读相同主题的相关研究成果,它们可能为你的研究问题提供支持,也可能帮助你使研究问题清晰、成形。

提出假设

作为案例研究设计的第二个要素,每个研究假设可以引导你关注研究范围之内的问题。例如,假设你要研究组织之间的合伙关系,那么你首先要提出问题:为什么几个组织会共同合作提供某种服务? 它们是怎么联合起来共同提供某种服务的? (例如,为什么电脑制造商和电脑经销商会联合起来,共同销售某种电脑产品?)这些"为什么"和"怎么样"的问题,揭示了你真正想要解答的问题,并引导你选择案例研究作为恰当的研究方法。但是,仅此还不足以指导你如何进行研究。

只有当你明确提出某种具体的假设后,你的研究才会有正确的方向。例如,你可能会认为,几个组织、企业之所以会合作,可能是因为它们可以达到互惠互利的目的。这一假设除了反映出重要的理论问题(例如,导致合作、联合的其他动机并不存在,或者并不重要)之外,还能告诉你到哪里寻找相关的证据(去界定和证明各个组织所获得特定利益)。

然而,有些研究可能无法提出假设,这也是合乎情理的。这种情形——存在于实验法、调查法或者其他类似方法中——所研究的问题属于"探索"的主题。但是,每种探索性研究也是有某种目的的。探索性研究中,研究设计需要阐明研究目的,并提出判定研究是否成功的标准,而不是在研究假设中完成这些任务。文本框5中是一个对探索性案例研究的类比。分析案例后请回答:想象一下,你应该怎么恳求伊莎贝拉女王,才能使她答应资助你从事某种探索性研究?

文本框5
"探索"与探索性研究的类比

当哥伦布晋见伊莎贝拉女王、恳求其资助自己进行新大陆"探索"时,他必须向女王汇报要求三艘航船的理由(为什么不是一艘?为什么不是五艘?),必须说明自己为什么要向西航行(为什么不是向南?为什么不是先向南再向东?)。必须提出据以判断其所见到的陆地是印度的标准(当然,他发现的新大陆后来证实并不是印度)。总之,尽管他的发现后来被证实是错误的,但他在探险之前确实已经有了方向和原则(Wilford,1992)。同理,在进行探索性案例研究之前,也要先提出类似的研究方向和原则。

界定分析单位——"案例"

第三个要素与什么是"个案(case)"这一根本问题有关——这是一个在研究开始就困扰许多研究者的问题(Ragin & Becker, 1992)。你至少需要考虑两个步骤:界定案例,限定案例的范围。

比如,在界定案例时,典型案例研究中的"个案"可能是一个单独的人(Bromley,1986,第1页)。詹尼弗·普拉特(Jennifer Platt, 1992)曾经分析过,为什么芝加哥大学社会学院早期进行的案例研究所分析的对象都是问题少年或无家可归者。你也可以想象,案例研究的对象都是临床病人、模范学生或者某类领袖。在上述情况下,案例研究的对象是单个的个人,单个的个人是就是分析的最基本单位。如果把相关的多个个人的资料都收集起来,那么就形成了多案例研究。

在分析一个人或多个人的资料时,你仍需要提出问题和相关假设,以帮助辨别收集到的有关单个人或多个人的信息。如果事前没有提出理论假设,研究者就会像无头苍蝇一样,试图把研究对象的所有资料都纳入研究范围,这当然是不现实、不可行的。例如,你可能提出,某些人之所以会如此,可能是受到了儿童时期的经历或者同伴的影响。这就大大缩小了研究的范围。但这种看似普通的议题意味着需要大量压缩相关材料。提出的假设和问题越具体,研究的范围就越小,也就越具有可行性。

当然,"案例"分析单位也可以是某一事件(event)或实体(entity)。已有案例研究涵盖了广泛的话题,包括小团体、社区、决策、方案、组织变化和一些具体事件。费津等人(Feagin et al,1991)出版的著作中记载了几个有关社会学和政治学案例研究的经典案例。

请注意,就"案例"的起点或终点来说,这几类案例中没有一个是很容易就能分得清楚的。例如,某一特定项目的案例研究可能表现为:①项目界定的变式,由于研究者的视角不同而产生的结果;②项目的要素,它在正式对项目进行定义之前就已经存在了。因此,这种对项目进行任何形式的个案分析,都会遇到界定分析单位的问题。相似的,也许你首先将一个区域,比如一个"城市",作为你的案例。但是,实际上你的研究问题和资料收集可能仅限于这个城市的旅游业、城市政策或城市政府。如果将地理范畴上的城市和城市人口界定为分析单位,研究的问题和资料收集方法也会不同。

一般的指导原则是,你对分析单位(或者个案)的尝试性界定是与你对所要研究问题的界定联系在一起的。例如,假设你要研究美国在世界经济中的角色。很多年前彼得·朱可尔(Peter Drucker,1986)曾写过一篇极具煽动性的关于世界经济基本态势演变的论文(但不是案例研究),声称在货物与服务的流动之外,还存在着独立的、重要的"资本运动"。如果你对这一主题的案例研究感兴趣,朱可尔的作品只是一个开端。你仍需要确定感兴趣的研究问题,每个问题都指向一个不同的分析单元(个案)。根据你的问题,恰当的个案可以是一个国家的经济,也可以是世界经济市场中的某一产业,可以是某一产业政策,也可以是某两国之间的货物或资本流动。每个分析单位及其相关问题、假设,都要求采取不同的案例研究方法,有其单独的设计和资料收集方法。

如果你的研究问题使你无法确定何种分析单位优于其他分析单位,那就表明你要研究的问题要么太过模糊,要么数量太多——这必然会给你的研究增添麻烦。但是,如果你已经决定采取某种分析单位,那你也不要从此一成不变。随着资料收集过程中出现的新问题、新发现,你的分析单位应该接受不间断的修订(参见本书中及本章后面部分中有关灵活性的讨论及建议)。

有时会出现这种情况:分析单位已经被前人所明确界定,但当前的研究却需要对之重新进行界定。最常见的情况是,研究者常把研究社区的案例研究与研究小群体的案例研究弄混淆(或者举另外一个例子,那就是很容易把新技术与技术小组的工作混淆,见文本框 6A)。街区这样的地理区域与族群转变、人类进步及其他社会现象之间的关系,可能明显不同于群体与族群转变、人类进步及其他社会现象之间的关系。例如,《街角社会》(Street Corner Society,作者怀特(Whyte),1943/1993);又见本书第 1 章文本框

2A)和《泰利的街角》(Tally's Corner,作者列勃(Liebow),1967;又见本章文本框9)都常常被误认为是关于都市地区街头社会的案例研究,但实际上,它们都是关于小群体的案例研究(请注意,尽管书中所研究的小群体都生活在有清晰街坊关系的小区域中,但这两本书都没有描述街区的地理状貌)。相反,文本框6B是一个很有说服力的例子,充分展示出在世界贸易领域,如何对分析单位进行更为明确、细致的界定。

文本框6
界定分析单位

6A. 什么是分析单位?

特雷西·基德(Tracy Kidder)在1981年出版的《新机器的灵魂》(*The Soul of a New Machine*)曾获得普利策奖。这本畅销书叙述了美国通用数据公司为与数字设备公司竞争而研制一种小型计算机的故事。

这本通俗易懂的书描述了通用数据公司的技术人员设计、研发新计算机的过程,故事以计算机的初步构思开始,终止于技术小组放弃对计算机的控制,转交于通用数据公司的营销团队。

这本书堪称一个优秀的案例研究。但是,本书也触及了案例研究的一个根本性问题,即界定分析单位。研究的"个案"是小型计算机呢,还是关于小团体——工程技术小组——的变动? 问题的答案非常关键,如果我们要在一个更为泛的科学领域中理解案例研究,即案例研究能否推广到技术创新领域和群体演变领域。因为本书并非学术著作,没有必要,也没有给出问题的答案。

6B. 更清楚地界定分析单位

艾拉·玛格津纳尔和马克·帕丁金(Ira Magaziner, Mark Patinkins)1989 年出版的《无声的战争:塑造美国未来的全球商战》(*The Silent War: Inside the Global Business Battles Shaping America's Future*)一书中收录了九个案例研究,每个案例都能帮助读者理解国际经济竞争的真实状况。

书中的两个案例看起来非常相似,但实际上有不同的主要分析单位。关于韩国三星企业的案例,研究的是能够让企业更具竞争性的关键政策,而理解韩国的经济发展仅仅是研究背景的一部分。案例中还包含有一个嵌入性分析单位——用三星研发微波炉的过程作为说明性的例子。另一个案例是关于新加坡和那些使其更具竞争力的重要政策。在国家案例中嵌入的分析单位是新加坡苹果计算机工厂的发展,实际上是用来说明新加坡的政策是如何影响外国投资的。

为减少在界定分析单位或"个案"时可能出现的混淆和模糊不清,本书建议研究者与同僚讨论相关案例,尽力向他解释你想回答什么问题、为什么你要选择这一特定个案或这一组个案来回答这些问题。这可以帮助你避免错误地界定案例研究的分析单位。

一旦完成了对将要研究的个案的总体界定,对分析单位进行更细致、更明确的界定——有时称作"划定案例边界(bounding the case)"——就显得非常必要。例如,假定分析单位是一个小群体,那么,就一定要明确区分小群体之内的人(案例研究的直接主题)与小群体之外的人员(案例研究的背景)。同样,假如要研究的对象是某一特定地理区域的服务,那你就要决定要研究的是哪些服务。还有,无论研究哪方面的问题,都需要明确界定研究对象的时间界限,确定研究始于什么时间点,结束于什么时间点(例如,作为案例的对象,研究涵盖其全部的生活周期,还是部分周期?)。所有关于分析单位的问题,都需要提前考虑并做出回答,这样有助于你确定资料收集的范围,特别是能将与研究主题有关的资料("现象")与案例之外的资料("背景")区分开来。

练习2.1 确定案例研究的边界

选择一个你想采用的案例研究的主题,确定研究中必须回答的几个问题或要验证的假设。这些问题或假设是否确定了案例研究的边界? 收集资料、证据需要多少时间? 能否确定相关的组织结构和地理区域? 将收集何种类型的证据? 分析过程中哪些问题享有优先权?

接下来要注意的一点是,在界定你的案例时,重要的细微问题也需要确定其空间上、时间上或其他具体方面的界限。理想的案例应当是现实生活中的某一现象,有其具体表现形式,而不是诸如话题、论点或假设之类的抽象概念。这些抽象概念在运用其他研究方法的研究中(不只案例研究),可以作为起点。为了采用案例研究法而不引起争议,需要做进一步的努力:你需要界定一个具体的、真实的"案例"来表现这个抽象概念。(有关具体的和不具体的案例研究主题,见图2.1)

连接资料与假设

第四个要素在案例研究中把握得越来越好。这也意味着马上进入案例研究的资料分析阶段。第5章详细介绍了资料分析的步骤以及各种分析技巧和选择方法。但是,在案例研究的设计阶段,你需要注意选择主要资料,并确定所选择的资料是否适合你的案例研究。只有这样,你的研究设计才能为后面的材料分析打下坚实的基础。

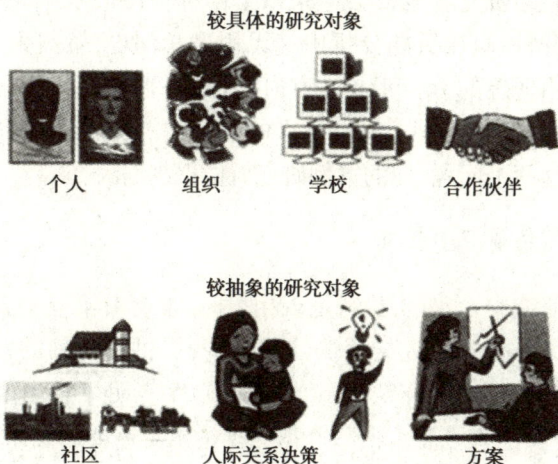

图 2.1 案例研究个案示例

来源:Clip Art © Jupiter Images.

练习 2.2 界定案例研究的分析单位(与"个案")

观察图 2.1,讨论图中的每个话题,它们代表一种不同的分析单位。找到一个已经发表的案例研究,该研究至少涵盖图中的一个话题。理解每一个话题的分析单元以及如何选择不同个案进行研究。你认为具体的分析单位是否比抽象的分析单位更易于界定? 为什么?

第 5 章中介绍的所有分析技巧——模式匹配、形成解释、时序分析、逻辑模型和跨案例综合——都是连接资料与假设(linking data to proposition)的方法。真正的分析需要你合并、计算你的案例研究资料,将其作为初始研究假设的直接反映。例如,如果知道你的研究假设全部或部分地涵盖了一个时间序列,这意味着你可能最终要运用某种时序分析。在研究设计阶段,如果你已强烈地感觉到这种可能性,那就要确保你编制的资料收集计划中有适当的时间标记。

注意,如果你在实证研究方面并无太多经验,你可能很难找到最有效的分析技巧,或很难预测所需资料并将分析工具用到极致。

即使有经验的研究者也常会记录以下两种情况的发生频率:①收集了太多资料,却在后期分析中毫无用途;②收集资料太少,以至于无法运用理想的分析工具。有时候,后一种情况甚至会使研究者退回到资料收集阶段(如果可以的话),去补充原始资料。你越能够克服这两个问题,你的案例研究就做得越好。

解释案例研究的标准

许多研究中,当分析材料是否相关时,常会对第五个要素展开讨论。统计分析为研究结果的这种阐释,提供了明确的标准。例如,按照惯例,量化研究认为 p 值小于 0.05 表明可观测的差别在"统计学意义上为显著水平",并据此推论出更重要的结果。然而,许多案例研究的分析并不依赖于数据的使用,因此需要确定其他的解释标准。

案例研究另一种重要的策略是,找到与你的研究发现相对立的竞争性解释。对竞争性解释的阐述是解释你的研究发现的一个标准:解决、拒绝的竞争性解释越多,你的研究发现越重要。这里要再次提到第5章。第5章就介绍了这种策略,以及如何全面地展开这种策略。研究设计阶段遇到的一个挑战是,你要预测并列举出重要的竞争性解释,这样你才能在收集资料时,把竞争性解释的相关信息也收集起来。如果收集完资料,你才想到竞争性解释,那它只是用作你将来的研究,而不能帮助你完成当前的研究。因此,详细说明重要的竞争性解释,是案例研究设计阶段的任务之一。

小 结

研究设计应该包括五个要素。前三个要素,即界定研究问题、研究假设和分析单位,将指导你的研究设计如何确定要收集的材料。最后两个要素,即连接资料与假设的逻辑、解释研究结果的标准,将会引导研究设计进入分析阶段,告诉你收集完资料之后该怎么做。

研究设计中理论或理论假设的作用

完成涵盖上述五个要素的工作,将有效地迫使你初步形成、提出与你要研究对象有关的理论或理论假设。在收集任何资料之前建构理论假设,是案例研究与其他方法,如民族志方法(Lincoln & Guba, 1985；Van Maanen, 1998)和扎根理论(Corbin & Strauss, 2007)的不同点之一。一般来说,采用这些相关研究方法进行研究之前,可能会避开特定的理论假设(这些方法也不需应对定义"个案"的挑战)。结果,学生们以为这些方法与案例研究可以互换,错误地认为既然采取了案例研究法,他们就可以迅速进行田野调查(例如,急于尽快地制订田野调查方案)。没有哪种建议能比这种建议更易于误导学生了。在其他的考虑之外,相关的田野调查取决于对研究对象——或者说是有关研究对象理论——的理解。

理论建构

对于案例研究法来说,在研究设计阶段进行理论建构是极为重要的。所需理论可以简单明了。例如,用案例研究法来研究一种新的管理信息系统(MIS)的实施情况,那么理论陈述可以直截了当如下:

本研究将展示,为什么只有在组织能够进行自我重构而非仅仅把新信息管理系统强加于旧组织结构之上时,管理信息系统的实施才可以获得成功。(Markus, 1983)

这一陈述表明了管理信息系统的核心——管理信息系统的成功实施需要以组织的重构为前提。

就同一案例来说,另一种有可能形成的理论陈述如下:

本研究也将展示,为什么仅仅撤换关键领导并不足以导致管理信息系统的成功实施。(Markus, 1983)

第二个陈述提出了一个对立统一的理论,即管理信息系统的实施之所以失败,是由于部分人员对变化的抵抗,而成功实施管理信息系统的唯一前提,是撤换这些人。

可以看到,这两种理论都是精心设计出来的。它们都涵盖了问题、假设、分析单位、连接资料与假设的逻辑以及解释结果的标准——研究设计所必需的五个要素。就这一意义来说,完整的研究设计应该包括关于研究对象的"理论"。

研究设计中的理论绝不应被看作是社会科学中的形式主义,也绝对没人要求你必须是一个理论大师。相反,建构理论的目的,仅仅是为你的研究提供一个详细完整的蓝图。这里所说的理论假设,用萨顿和斯道(Sutton & Staw,1995)的话说,就是"关于行为、事件、结构和思想为什么会发生的假设"(第378页)。理论假设可以呈现一系列关键问题,包括研究文献以及诸如区分不同类型教学风格或组织研究中搭档安排等实际问题。这种研究假设能够使研究设计更加完整周密,为你决定应该收集哪些资料、采用何种方法分析资料提供意想不到的帮助。正因为如此,在收集资料之前进行理论建构是案例研究的一个非常重要的环节。鲍尔·罗森鲍姆(Paul Rosenbaum)指出,一般情况下,对于所有非实验研究而言,理论越精细,意味着研究发现越可以用复杂的形式表现出来(Rosenbaum,2002,第5—6页和第277—279页)。理论建构使得研究设计更有说服力,也使你能较有深度地解释最终的资料。

然而,建构理论并不是一件容易的事,要花费不少的时间和精力(Eisenhardt,1989)。对有些领域来说,现有的研究成果也许可以为你的案例研究提供一个相当丰富的理论框架。譬如,假设你准备研究国际经济的发展,彼得·杜克尔(Peter Drucker)1986年撰写的《变化的世界经济》(The Changed World Economy)一书,提出了很多类型的理论假设,可为你提供许多启迪。杜克尔声称,世界经济已经出现了巨大的变化,初级产品(原材料)经济与工业经济已经完全分离,低人力成本与制造业的产品正在经历类似的分离过程,金融市场与货物、服务的分离也正在进行。要验证这些假设,需要进行不同的分析研究,有些人侧重于研究世界经济的解构,另一些人偏重于研究特定的产业,还有一些人则重在解释某些特定国家的贫困化。不同的研究内容必然导致分析单位的不同。杜克尔的理论框架不但可以为你的研究设计提供指导,甚至还可以帮助你收集相关资料。

在有些情况下,研究所要建构的理论会是描述性的(第1章文本框2A可以被看成另一个例子)。此时你应该侧重于考虑如下三个问题:①进行描述的目的;②对所要研究的问题进行描述的真实与完整程度;③能够被描述且具有实质意义的问题。仔细考虑这些问题,并分析回答上述问题所要遵循的原则,将有助于你在进行研究设计时建构出合适的理论基础。

对于另一些研究课题,现有的知识基础可能显得不足,可供获取的研究文献无法给你提供合适的理论框架,你也无法形成完美的理论假设。这些知识基础不会直接有助于形成合理的理论陈述,并且任何新的实证研究都可能被赋予"探索性"研究的色彩。所以,如同文本框5所述,即使探索性案例研究也要提出如下陈述:①探索什么? ②探索的目的是什么? ③判断探索是否成功的标准是什么?

总的来说,你想要研习那些成功的案例,以求更深刻地理解如何将理论运用到案例研究中。例如殷(Yin,2012,第3章)通过讨论五个真实的研究案例,展示了如何将理论运用到探索性、描述性和解释性案例研究中。

理论的几个示范性类型

一般来说,要克服建构理论的困难,你要提前做好充分准备,检索前人完成的与你的研究有关的文献(见 H.M.Cooper,1984),与教师或同僚讨论你的研究课题与设想,给自己提出挑战性的问题,例如你要研究什么,为什么你要进行这个研究,你想从研究结果学到什么东西等问题。

为更进一步做好研究设计,你应该了解与你研究相关的完整

理论。例如,前述管理信息系统的案例中,提到了管理信息系统
"实施(implementation)"理论。这仅仅是可以成为研究对象的理论
类型之一,其他常被用到的理论包括如下几类:

- 个人理论——例如,个人发展理论、认知行为理论、个性理
  论、学习和障碍理论、个人感知理论、人际互动理论等;
- 群体理论——例如,家庭功能理论、非正式群体理论、团队
  协作理论、上下级关系理论、人际关系网络理论等;
- 组织机构理论——例如,层级理论、组织结构功能理论、组
  织激励理论、组织间协作理论等;
- 社会理论——例如,城市发展理论、国际行为和国际关系理
  论、文化传统理论、科技发展理论、市场功能理论等。

有些案例也可能会同时用到几种理论。例如,决策理论
(Carroll & Johnson,1992)就涉及个体、组织、社会团体等。再比如,
对联邦、州或者地方公共政策的效果进行评估,是常见的案例研究
主题。在这种情况下,建构有关公共政策应该如何运作的理论是
研究设计的重要组成部分。贝克曼(Bichman,1987)提示,这种情
况下需区分有关政策的理论(例如,如何使教育政策更加有效)与
有关政策实施的理论(例如,如何制定有效的教育政策)。有时政
策制定者想要了解实质性的内容(例如,描述出一个高效的教育方
案),但研究者却提供管理方面内容(例如,雇用能干的领导)。如
果能在实质性理论方面给予更多的注意,这种"牛头不对马嘴"的
现象可能得以避免。

案例研究归纳中理论的作用

理论或理论假设不仅有助于你设计案例研究,还有利于你归
纳、概括个案研究的结果。本书将理论的这种作用称为"分析性归
纳(analytic generalization)",并将其与实证研究结果归纳的另一种
方法——"统计性归纳(statistical generalization)"——进行对比。
理解两种归纳方法的区别,将是你进行案例研究时最大的挑战。

让我们先讨论一种常常提到的归纳方法——统计性归纳,尽

管它与案例研究的关系最不密切。在统计性归纳中,研究者通过
收集样本的各种实证资料,然后推导出总体的某种属性。如图 2.2
所示,这种归纳被称为"第一层次推导"(Level One Inference)。①
这种归纳方法常用于调查(Fowler,1988;Lavrakas,1987)或档案资
料分析,如研究房地产和就业趋势。又如,政治民意调查中,对结
论的归纳要突破样本的限制,并将结论推广至更大范围的群体。
此外,研究人员必须严格按照质性研究的步骤,判断这种推断的
信度。

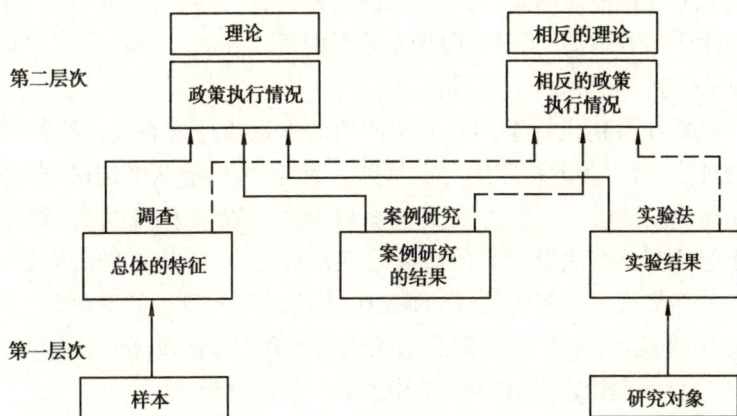

图 2.2　推导:两种层次的推导

资料来源:COSMOS 公司。

　　在案例研究中,把统计性归纳当作案例研究的归纳方法,是致
命性的错误。这是因为,你所选取的个案并不是"抽样单位"
(sampling units),数量太小,不足以代表较大的群体。

　　与将案例看作样本这一想法相反,你应该将其视为揭示一些
理论概念或原则的机会,就像实验调查者构思并实施新实验的动

----

① 图 2.2 仅仅解释了正式的研究设计,而不包括资料收集活动。对于图中的三种方法
　(实验、调查和案例研究),资料收集技术可以被称为第三层次——例如,对案例研究
　来说,第三层可能包括采用多元手段收集资料。这在本书第 4 章中有详细讨论。统计
　调查与实验法也包括同样的资料收集方法——例如,调查量表的设计与实验中刺激的
　呈现方法,等等。

机一样。① 从这种意义上讲,案例研究和实验都有突破某一案例或实验的欲望。两种研究在归纳研究发现或经验——即分析归纳时,都力求突破某一具体案例或实验情境的限制(见辅导材料 2-1)。例如,研究发现可能将"工作假说(working hypothesis)"(Cronbach,1975)这一形式用于重新解释其他具体情境现有研究的结论(即其他案例或实验),或者用于定义关注其他具体情境的新研究(即新的案例或实验)。需要注意的是,分析性归纳的目的仍然是对其他的具体情境案例进行归纳,而不仅仅是抽象理论构建。研究者还需注意的是,某一案例研究的结论、原则或经验也有可能适用于多种情形,不只局限于原始案例所代表的"类似案例"(like-cases)中严格界定的假定群体。

你在最初设计案例研究中所用的理论或理论假设,经研究发现证实,可以为分析归纳奠定基础。或者,可以单从案例研究发现中得出新的结论。换句话说,分析性归纳可以基于:①佐证、修改、拒绝或其他推演设计案例研究的理论概念;②完成案例研究后产生的新概念。重要的是,你的归纳,无论是从所设置的案例环境中发现的,还是在案例研究的结论中得出的,都必须高于具体案例(实验)的理论水平,即图 2.2 中的第二层次推导。

下面几个重要的案例研究示例将说明如何将案例研究的发现用于新情境。首先,请思考本书最初的三个案例研究(第 1 章中的文本框 1、2A 和 2B)是如何归纳结论的:

- 文本框 1:在古巴导弹危机案例中,艾莉森(Allison,1971)将其案例中的三个理论模型与其他许多情形相联系,并置于其他国家间的冲突之上,例如 20 世纪 60 年代美国和北越之间的对抗(第 258 页)。后来的版本(Allison & Zelikow,

---

① 心理学领域对实验研究是否需要量化结论的争论一直很激烈。量化观点认为,实验中的人类受试应该被看作人口样本,因此,实验结果仅限于同一人口群体。这一争论始于行为研究中对大二学生群体的过度使用(如 Cooper, McCord, & Socha, 2011; Gordon, Slade, & Schmitt, 1986; McNemar, 1946; Peterson, 2001; Sears, 1986),同时也使人们意识到大部分行为研究的受试是工业化国家的白人男性(Henrich, Heine, & Norenzayan, 2010)。但尽管如此,研究者仍欲将这些实验的结论用作"全人类的准则"(Prescott, 2002:38)。

1999)讨论这些模型与"重新思考今日美国受到的核威胁"（第397页）以及推断海外势力行为动机对美国的挑战之间的相关性。

- 文本框 2A：怀特（Whyte, 1943/1993）的研究因揭示个体表现与团体结构之间的关系而出名，并用保龄球比赛强化。在保龄球比赛中，他直接体会到团体结构对他表现的影响（"就像比我要大的某种事物控制着球"，第319页），他观察队员如何得分，模仿他们在团队的位置。后来怀特用他的评论对研究发现进行归纳，"我那时（现在依然）相信这种关系在任何地方的其他团体活动中都可以观察到"（第319页）。

- 文本框 2B：诺伊施塔特和芬伯格（Neustadt & Fineberg, 1983）提供了另一种样式，声称没有归纳，只有在公共政策课程教学中，通过对案例研究有用性的深度讨论才可以进行总结（第231—250页）。

其次，文本框7中还有四个例子。虽然这些例子都展示了如何将单个案研究的结论归纳到其他各种情况，第四个案例研究有一个独特之处：它展示了如何将一个完整的案例研究作为一篇期刊论文发表（前三个例子类似于一本书的长度）。

无论你的案例研究中有一个还是多个案例，都可以参照后面的单案例或多案例研究使用分析性归纳法。此外，本章后面关于"外部效度（external validity）"的讨论，也将深入阐述分析性归纳。在这里强调的是，你在从事案例研究时，必须使用分析性归纳，避免出现类似"案例样本"或"案例样本量小"等说法，坚决不能将单个案或多个案等同于实地调查中的对象。换句话说，在进行案例研究时，你应采取图 2.2 中所示的"第二层推导"。

同样，即使将你的案例称为"目的性取样（purposive sample）"也会导致类似的概念或术语问题。或许你想用该词的部分"目的"是说明你选择的个案能够证明你的研究假设。但是，使用"取样"这一术语仍会误导他人，使其以为这个个案是大量类似个案中的一个，再次与分析归纳混淆。最理想的方式是不提任何取样方式

(目的性或其他)。(单个案或多个案研究中,选择案例的最佳标准和用语将在本章后面"案例设计"部分讲解。)从这个意义上讲,案例研究直接平行于实验研究:很少有人将一个新实验设计为大量类似实验的(任何一种)样本,也很少有人会认为从单个实验中归纳结论的主要方式是推导到大量的类似实验上。

文本框 7
单个案研究归纳:另外 4 个例子

7A. "错误"的社会学

1986 年,航天飞机"挑战者号"这一悲剧,在电视重播飞船最后几秒中生动再现,无疑是一个独特的案例。事故的原因成为总统委员会和戴安·沃恩(Diane Vaughan,1996)研究的主题。沃恩的具体研究中讨论组织(NASA)的社会结构如何逐步退化,产生可接受的日常行为。

总统委员会认为失败的主要原因在于中层管理者的个人错误,与沃恩的解释明显不同。用沃恩的话讲,她的研究"阐明了错误的社会学"(第 xiv 页)——这些错误是系统的、有社会组织的,并渗入专业、组织、文化和结构的本质(第 415 页)。她认为,制度化生产压力(源于组织环境)导致琐碎、未经确认的、具有广泛影响的决策(p.xiv),从而使事故转化为可接受的行为。她最后的结论将归纳应用于其他各种情形。例如,她引用研究证明科学家的全球视野导致研究失真、亲密关系破裂、特定科技系统不可避免的事故。

7B. 社会阶级理论的起源

第二个例子以美国的一个小城市——扬基城(Yankee City)——的个案研究为基础,是关于揭示和标识社会阶层结构的(Warner & Lunt,1941)。这是一个典型的社会学案例研究,对社会分层理论以及理解"上层""中层""中下层"和"下层"的区别具有重要意义。这些年来,对这些概念差异的理解分析已经广泛应用于各种情形(不仅仅限于其他小城市)。

7C. 对城镇规划的促进

第三个例子是简·雅各布(Jane Jacobs)的经典之作《美国大城市的生与死》(The Death and Life of Great American Cites)。这本书大部分基于一个个案——纽约——的历程,各章节介绍了如何根据纽约的经历构建城市规划的理论原则,比如人行道和社区公园的作用、混合主要用途的必要性、对小街区的需求以及建立和拆除贫民窟的步骤等。

雅各布的书在规划领域引起了激烈争论,并有研究者在其他地方进行实证研究,以验证她在不同层面上提出的颇具启发意义的说法,确定其原则在其他具体情境的适用性。如此一来,她的书在城镇规划领域仍发挥重要作用。

7D. "被宠坏"的国家认同政府管理理论

第四个例子创造性地将厄文·高夫曼(Erving Goffman)的著名社会理论——个人耻辱管理(management of stigma by individual people)——应用于组织机构(Rivera,2008)。克罗地亚的一个田野案例研究分析了南斯拉夫战争后的分裂如何将一个国家的旅游胜地形象摧毁,之后这个国家如何利用印象管理策略成功地复兴旅游业。因而,克罗地亚展现了一个"令人兴奋的声誉管理行动案例"(第618页)。作者建议将她改进的理论模型作为"其他经历过声誉损害事件国家和组织的一个启动点,促进其对共和国代表两难境地的理解"(第615页)。如此看来,案例研究为分析归纳提供了另外一种例证。

小 结

本部分已经阐明,一个完整的案例研究设计,尽管包括前述五个要素,但仍必须受助于理论假设的建构。优秀的研究者应该进行,并充分利用理论构建,无论面对的案例研究是解释性的、描述性的,还是探索性的。在案例研究中,理论和理论假设能为制订合适的研究设计和收集所需要的研究资料提供巨大的帮助。而且相同的理论取向,也有助于你对案例研究结果进行归纳分析。

研究设计质量的判定标准

正因为研究设计必须表现为一整套符合逻辑的陈述,所以你能够通过一定的符合逻辑的检验过程,来判别某一研究设计的质量。前人提出的与这种检验有关的概念包括可靠性(trustworthiness)、可信度(credibility)、可确定性(confirmability)以及资料可靠性(data dependability)(GAO,1990)。

在评定实证社会研究的质量时,常常要用到四种检验。由于案例研究是实证社会研究的一种,所以这四种检验同样也适用于案例研究。本书一个重要创新之处在于找出了对案例研究进行这四种检验时所要采取的策略。表 2.1 列出了这四种常用的检验方法、每类检验所要采取的策略及其所处的研究阶段(在本书以后的相关章节中,将对每种策略进行详细的阐述)。

表 2.1　适用于四种检验的各种研究策略

检验	案例研究策略	策略所发生的阶段
建构效度	• 采用多元的证据来源	资料收集(第 4 章)
	• 形成证据链	资料收集(第 4 章)
	• 要求证据的主要提供者对案例研究报告草案进行检查、核实	撰写报告(第 6 章)
内在效度	• 进行模式匹配	证据分析(第 5 章)
	• 尝试进行某种解释	证据分析(第 5 章)
	• 分析与之相对立的竞争性解释	证据分析(第 5 章)
	• 使用逻辑模型	证据分析(第 5 章)
外在效度	• 用理论指导单案例研究	研究设计(第 2 章)
	• 通过重复、复制的方法进行多案例研究	研究设计(第 2 章)
信度	• 采用案例研究草案	资料收集(第 3 章)
	• 建立案例研究资料库	资料收集(第 4 章)

由于这四种检验常常被用于所有的社会科学方法中,因此许多著作已经对它们进行过详细的阐述(Kidder & Judd,1986,第26—29页)。这些检验也可以作为战略管理领域中评价大量案例研究的框架(Gibbert,Ruigork & Wicki,2008)。这四种检验是:

- 建构效度(Construct validity):对所要研究的概念形成一套正确的、具有可操作性的且成体系的研究指标;
- 内在效度(Internal validity):(仅用于解释性或因果性案例研究,不能用于描述性、探索性案例研究):从各种纷乱的假象中找出因果联系,即证明某一特定的条件将引起另一特定的结果;
- 外在效度(Validity):建立一个范畴,把研究结果归纳于该类项下;
- 信度(Reliability):表明案例研究的每一步骤,例如资料收集过程,都具有可重复性,并且如果重复这一研究,就能得到相同的结果。

上面每个概念都需要关注。需要特别注意的是,从事案例研究的学者,不仅需在研究的最初阶段关注上述概念,而且需在整个研究过程中都小心处理上述问题。就这一意义来看,"研究设计工作"实际上要远远超越最初的计划阶段。

建构效度

案例研究中的建构效度检验尤其具有争议性。那些对案例研究持批判态度的人常常称,案例研究者没能研发出一套完善的、具有可操作性的指标体系,因此在收集资料过程中常常出现个人"主观"的判断——倾向于研究者的先入之见(Flyvberg,2006;Ruddin,2006)。① 下面就以"社区变化"——常见的案例研究话题为例来说明(如 Bradshaw,1999;Keating & Krumholz,1999)。

多年来,人们对都市中的社区如何变化感到困惑不解,曾有许

---

① 本书第 3 版的一位匿名评审者曾指出,结构效度还与受访者能否正确理解所要回答的问题有关。

多学者用案例研究的方法来考察社区的各种变化,并解释其结果。然而,由于没有人能够事先明确告知何种重大事件构成所谓的"变化",读者就无法辨别某个案例研究中所记载的"重大"事件到底是能够反映社区演变的"真正"的、公认的关键事件,还是仅仅基于研究者个人看法的琐碎小事。

社区演变确实涵盖相当广泛的现象:种族冲突、房屋破败并被废弃、社区服务方式的变化、社区经济体制的转变,或者中产阶级移民的到来使社区得以再次振兴等等。人口普查或者较大区域对是否需要聚合社区也会有不同的选择(Hipp,2007)。

要通过建构效度检验,研究者必须完成两个步骤:

1. 以一些具体的概念来界定"社区变化"(并将这些概念与研究的初始目的联系起来);
2. 找到与这些概念相匹配的操作性措施(最好引用已为概念配好操作措施的已发表的研究成果)。

例如,假设你对社区变化的研究以社区犯罪趋势为焦点,这仅仅完成了第一步;第二步,你必须选择一项具体的措施作为衡量犯罪率的指标,如警察局的犯罪记录(这恰好是美国联邦调查局罪案公布署所用的标准措施)。以往文献将表明,这种措施存在必然的缺陷,如果大量的犯罪被隐瞒,或者未被警察记录在案,那么你就需要论述这种缺陷如何不会对你的社区犯罪率和社区变化研究造成偏差。

如表 2.1 所示,有三种措施可以提高案例研究的建构效度。第一个措施是采用多种证据来源,并对各种证据进行相互交叉印证。这一措施适用于资料收集阶段(见第 4 章)。第二个措施是形成证据链,它也适用于资料收集阶段(也见第 4 章)。第三个措施,是让主要的证据提供者对案例研究报告草案进行检查,核对证据的真实性(在第 6 章中详细阐述了检查的详细过程)。

内在效度

在实验和准实验领域,内在效度检验已经受到极大程度的关注(见 Campbell & Stanley,1966;Cook & Campbell,1979)。无数可能引起错误结果,降低内在效度的因素都已经被确认。由于很多教材已经充分论述过这一问题,本书在此不再赘述,仅指出两点值得注意的事项。

首先,内在效度主要与因果性(或解释性)案例研究有关。因果性案例研究的目的,是解释事件 X 是否会,以及为什么会导致事件 Y。如果实际上是另外一个事件 Z 导致了事件 Y,但研究者错误地得出是事件 X 导致了事件 Y 的结论,那么我们就可以认为,这位学者的研究设计在内在效度方面存在问题。请注意,内在效度检验并不能适用于描述性研究和探索性研究(无论是采用案例研究法,还是通过统计调查法或者实验法),因为这两类研究并不要求解释事件之间的因果关系。

其次,案例研究的内在效度检验可以扩展到推导过程这一更广泛的问题上。从根本上说,在进行案例研究时,只要无法直接观察某一事件,就需要进行一次推导。研究者将根据访谈、文件档案等,"推论"出先前发生的某一事件导致了某一特定的结果。这种推导正确吗?研究者是否考虑到了与之相对的竞争性解释或可能性?所有的证据都支持这一结论吗?论证过程是否无懈可击?只有事前预计到并回答了这些问题的研究设计,才能保证推导、论证过程严密,具有内在效度。

然而,在案例研究中,达到这一效果的具体方法却难以确认。如表 2.1 所示的四种分析方法。鉴于这些方法在案例研究的分析阶段才会应用,第 5 章中将详细讨论。这些方法包括模式匹配、构建解释、提出竞争性解释、使用逻辑模型。

外在效度

第三个检验就是要搞清楚某一案例研究,无论使用的是何种研究方法(如实验、统计调查或案例研究),其成果是否具有可归纳性,即是否可以归纳成为理论,并推广到其他案例研究中。案例研究中,这一问题直接与前面的分析性归纳和图 2.2 中的第二层推导相关。参照统计性归纳,或者与任何一种抽样类比,都会产生误导。

解决这一问题的另一种方式，就是观察案例研究中原始问题的形式。问题形式可以帮助确认或提示最佳归纳方法，即努力达到外在效度。

回顾前面，当你决定进行案例研究时，开始提出的是"怎么样"和"为什么"的问题。例如，许多描述性案例研究需要描述一个情境"怎么样"，而许多解释性案例研究要回答"为什么"出现某一情境。但是，如果某一案例研究不存在的特别明显的"怎么样"和"为什么"之类问题——譬如一个仅需要记录某一社区、城市或国家社会趋势或者某一组织就业趋势的调查（一般主要提出"是什么"这一问题），在进行分析归纳时可能会有些棘手。要想避免这一麻烦，在研究设计部分加入"怎么样"和"为什么"类型问题（以及收集其他资料）大有裨益。（或者，在上述例子中，如果调查者的研究兴趣完全在于记录社会趋势，采用其他研究方法可能会更好地实现研究目标。）

如此看来，初始研究问题的形式直接影响争取外在效度时采用的策略。这些研究问题最迟也应在案例研究的设计阶段确定好。就像前面表2.1所示，通过识别恰当的理论或理论假设，设计阶段是为论证研究的外在效度奠定基础的最佳时机。

信　度

信度检验对于许多人来说并不陌生。信度检验的目的是确保达成如下情况：如果后来的研究者完全按照先前研究者所叙述的步骤，再次进行相同的案例研究，将能得出同样的结果，总结出同样的结论。（请注意，信度检验的侧重点，在于做同样的研究，而不是在另一案例研究中"复制"某一研究的成果。）信度检验的目标是降低、减少研究中的错误和偏见。

其他研究者能够重复进行先前某案例研究的一个前提，是详细记录先前研究的每一个步骤、程序。如果没有这样的记录，你甚至无法重复自己曾经做过的工作（这是进行信度检验的另一方法）。在过去，人们对案例研究程序的记录并不全面，导致外人对于案例研究的信度产生怀疑[1]。表2.1提供了克服这一缺点的两种具体做法——使用案例研究草案解决记录问题(在第3章中讨论),以及建立案例研究资料库(在第4章中讨论)。

提高信度的一般方法,是尽可能详细地记录研究的每一个步骤,就如同有人在你背后监督着你的一举一动一样进行研究。通过记录研究过程,研究者时刻提醒自己,任何资料都要能经得起审核。就这一意义来说,审核者也是在进行信度检验,并且,如果遵循同样的程序,一定会获得同样的结果。因此,对案例研究的建议就是,细心记下每一个步骤,给后来者提供详细的信息,使之能够重复这一研究,并得到同样的结果。

小　结

用以判断案例研究设计质量的指标有四个。在进行研究设计和执行研究方案的过程中,你可以采用各种各样方法来提高这四个指标。这些方法并不都处于研究的同一阶段,有些方法出现于资料收集阶段,有些出现于证据分析阶段,另外一些处于起草研究报告阶段。本书将在后面的相关章节中详细分析这些方法。

练习2.3　界定判断研究设计质量的标准

对判断研究设计质量的四个标准进行界定:①建构效度;②内在效度;③外在效度;④信度。设计一个案例研究,并分别举例说明这四类判断研究方案质量的标准。

案例研究设计

在调查研究或实验研究中常会见到正式的研究设计,虽然传统的案例研究一般没有正式设计,但你仍然可以成功地实施一个

---

[1] 有关评审者对案例研究建议书和手稿的其他建议,请参见本书作者1999年出版的有关论著。

新的案例研究。潜在的案例研究设计可以提升你的研究质量,也会使研究更加简单易行。因此,你会发现本部分的提示对你的研究很有帮助。在图 2.3 的 2×2 模型的基础上,本部分将讨论四种研究设计。

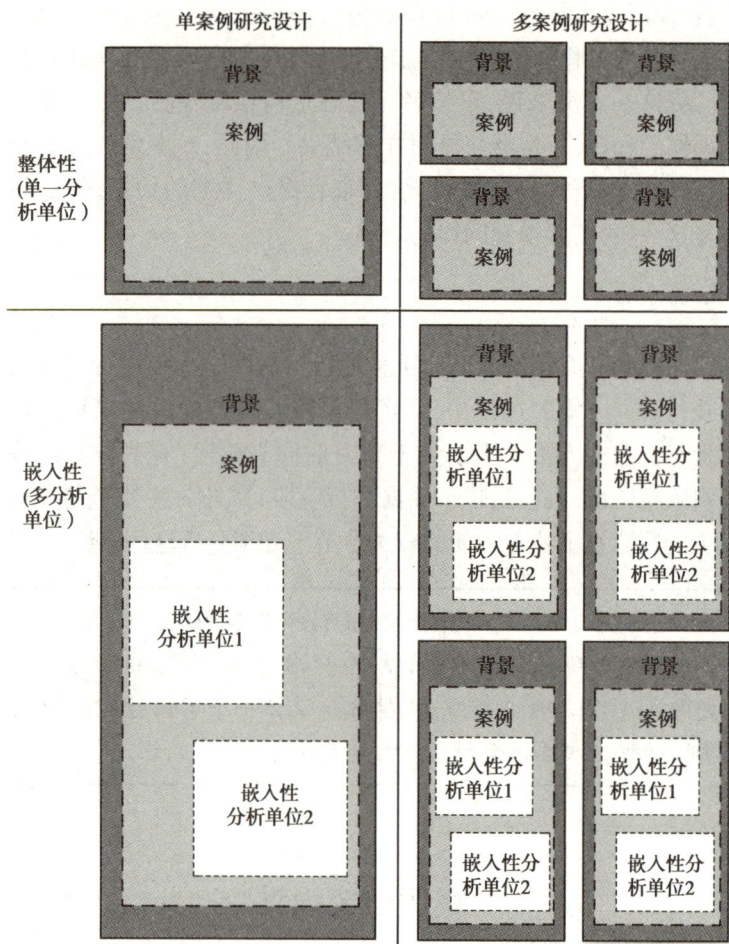

图 2.3 案例研究设计的基本类型(截图)

来源:COSMOS 公司

首先,矩阵显示每种研究设计都包括个案及其所处的情境条件,个案与情境之间的虚线表示两者之间的边界并不十分明显。

其次,矩阵显示,虽然有单案例研究和多案例研究的区别,并且反映不同的设计情境,但它们都可以有一个或多个分析单位,结果就形成四种案例研究设计:(类型 1)单案例(整体性)研究设计(single-case(holistic)design)、(类型 2)单案例(嵌入性)研究设计(single-case(embedded)design)、(类型 3)多案例(整体性)研究设计(multiple-case(holistic)design)、(类型 4)多案例(嵌入性)研究设计(multiple-case(embedded)design)。这四种研究设计的理论基础如下。

潜在的单案例研究设计是什么(类型 1 和类型 2)?

单案例研究设计的五种适用范围

案例研究设计主要分为两类:单案例研究设计和多案例研究设计。这就意味着在收集资料之前就要作出决定,选择采用一个案例还是采用多个案例来说明要研究的问题。

在某些情况下,使用单案例研究设计比较合适,下面就给出单案例研究设计的五种基本适用范围——批判性的(critical)、不寻常的(unusual)、典型性的(common)、启示性(revelatory)或者纵向的(longitudinal)个案。如前所述,单个案研究就好像是单个实验,适合进行单个实验的许多情境都同样适用于单案例研究。

此外,所选择的个案应该与你感兴趣的理论或理论假设相关。这些理论或理论假设涵盖了五种情境的实际背景。因此,单案例研究的第一个适用范围中——选择一个批判性的(critical)个案——理论或理论假设非常重要(再次提醒,类似于临界试验)。这些理论确定了一系列具体的情境,并且在这些情境中研究的理论假设被认为是正确的。然后用单案例研究来判断这个假设是否真的正确,或者是否有比这个理论更恰当的解释。就像格瑞汉姆·亚里森(1971 年)将三个理论与古巴导弹危机进行比较一样(见第 1 章文本框 2),通过对这些理论进行验证、批判或者扩展,单案例研究也可以促进知识和理论的形成和发展。单案例研究甚至有助于重新定位某一学科领域未来的研究重心(见文本框 8 中组织创新领域的例子)。

其他文本框选择单案例研究的第二种依据是个案可以呈现某一极端案例或独一无二的(extreme)案例,这个案例与理论规范或日常事件相背离。这种情形常常出现在临床心理学中。临床心理学中常常出现某种极不常见的损伤或心理失调症状,由于其极为少见,所以值得进行记录和分析。临床研究中,一种常用的研究策略要求对这些不寻常的病例进行研究,因为研究发现可能揭示病情的一般过程。这种情况下,个案研究的价值在于一大群患者而非局限于单个患者的原始症状。

文本框8
一个批判性的单个案研究案例

选择单案例研究设计而非多案例研究的一个原因是,利用单案例研究可以对一个广为接受的理论进行批驳。1971年,克罗斯(Gross)、贝尔斯顿(Berstein)和贾昆塔(Giacquinta)在他们的著作《组织创新的实施》(*Implementing Organizational Innovations*)一书中利用这种研究设计对一所学校进行了案例研究(见文本框20B)。

作者挑选这所学校作为研究对象,是因为这所学校曾有过创新的成功先例,因而不能被认为存在"创新的障碍"。根据此前风行的理论,"创新的障碍"是导致创新失败的最主要原因。克罗斯等人(1971)通过案例研究证明:这所学校也出现了创新失败,但失败的原因并不能归结于任何"创新的障碍";实施过程似乎是导致创新失败的主因。

尽管本书仅仅包含一个案例,但这本书确实成为创新理论的分水岭。在克罗斯的研究之前,学者们研究创新理论时精力主要放在认定"创新的障碍"上;在这本著作出现后,不论是对学校还是其他类型组织,学者们有关创新理论的研究重心由"创新的障碍"转为"实施创新的步骤"上。

与第二种用途相反,单个案研究的第三种用途是用于具有典型性、代表性(common)的案例。在此,研究的目的是了解某一日常事件出现的环境和条件——因为该事件反映的社会进程经验可能与某种理论意义相关。如此来说,要了解非正式商业活动所创造的潜在社会收益,街道场景和人行道上的小商贩就可以成为研究环境(如 Duneier,1999);通过研究小企业,可以了解创新和创新过程(如 Yin,2012,第9章);通过研究单个低收入城市社区的社会和体制结构,可以了解贫困和社会资本之间的关系(如 Small,2004)。

单个案研究的第四种用途是研究启示性(revelatory)案例。当研究者有机会去观察和分析先前无法研究的科学现象时,适宜采用单案例研究设计。第1章中文本框2A中怀特的《街角社会》就是一个典型的例子;另一个例子,是菲利普·布儒瓦(Philippe Bourgois,2003)对西班牙哈林(Harlem)——纽约的一个社区——分解和毒品交易市场的研究。作者获得了24个街道交易人员及其家庭的信任,并与他们建立了长期友谊,从而揭示了截至当时少有人研究的生活方式。还有一个例子,是艾略特·列堡(Elliot Liebow,1967)有关失业汉的著名个案研究——《泰莉角》(*Tally's Coner*,见文本框9)。当研究者有类似的机会可以揭示先前社会科学家难以研究的常见现象时,单个案的启示性性质证实了单案例研究的意义。

文本框9
一个启示性的单案例研究案例

还有一种情况,研究者会舍弃多案例,而选择单案例研究设计,即研究者能够进入以前无法进入的情境中,进行实证研究。这样的案例很值得研究,因为单是描述性资料也将具有启迪作用。

艾略特·列堡(Elliot Liebow)1967年有关失业汉生活的社会学研究巨著《泰莉角》,就是这样一本著作。这本书描述了一群生活在一个贫困、居于市中心社区的非裔美国人。通过与这些失业汉交朋友,作者得以了解他们的生活方式、谋生手段,尤其是他们对于失业和挫折的感受。虽然失业现象在美国许多城市中都是司空见惯的事情,但一直没有得到很好的研究。这一单案例研究展示了如何进行这类社会研究,并启迪其他学者进行更多的探索,最终引起国家政策的改变。

单个案研究的第五种适用范围是纵向(longitudinal)案例:对于两个或多个不同时间点上的同一案例进行研究。这样的研究将能揭示所要研究的案例是如何随着时间的变化而发生变化的。设定理想的时间间隔,将有助于反映出待研究案例在各个阶段的变化情况。这些时间间隔可能是预精准(pre-specified)时间,例如按照"之前"或"之后"的逻辑,提前或延后某一关键变化。另外,这些变化可能不是按照具体的时间间隔,而是按照发展历程,呈现为一段较长时间的变化趋势。在其他情况下,同一个案例可以是两个连续性案例研究的主题,例如《中镇》(*Middletown*)(Lynd,1929)和《变化中的中镇》(*Middletown in Transition*)(Lynd,1937)。无论关注的时间间隔或时间段是什么,所研究的过程仍要反映案例研究的研究假设。理想的时间间隔应该反映案例在各阶段的变化,而且所观察的过程也应该反映研究假设。

以上五种是单个案研究的适用范围。在其他情况下,单案例研究设计也可以用作多案例研究开始时的先行试验个案(pilot case)。但是,此时的单案例研究本身并不能称为完全意义上的案例研究。

不论是何种用法(单案例研究的用法不止以上五种),单案例研究设计都存在一种潜在的危险,即选择的案例与研究者最初的设计相比完全走了样。因此,单案例研究设计需要对各种潜在的可能性进行充分的估计,以降低选错案例的可能性,提高案例的说服力。为避免出现上述情况,本书的一个忠告是,在没有对研究对象的各种可能性进行充分的分析、设计之前,不要轻易着手启动案例研究程序。

整体性案例研究与嵌入性案例研究

一个案例研究可能包含一个水平以上的分析单位。当需要对一个或多个次级分析单位进行考察时,就会出现一个研究中同时并存多个分析单位的现象(见文本框10)。例如,尽管某个案例研究仅仅涉及一个组织,比如医院,但其分析单位可能包括临床治疗的结果和医院里的雇员(甚至包括对医院以前所有雇员档案的定量分析)。在评估研究中,单个案研究可能是包括众多财政资助的公共项目——每个项目都可能成为嵌入性分析单位(具体见附录B)。无论出现哪种情况,这些嵌入单位可以通过抽样技术或簇群技术选取(McClintock,1985)。不管通过什么方式选取出次级分析单位,这种研究设计都被称为嵌入性案例研究设计(见图2.3,第2类)。相反,如果在某个案例研究中,仅考察某一组织或项目的整体性质,那就会用到整体性案例研究设计(见图2.3,类型1)。

文本框 10
一个嵌入性单案例研究设计

西摩·马丁·利普塞特(Seymour Martin Lipset)、马丁·楚尔(Martin Trow)和科里曼(James Coleman)三人合著的《工会民主》(*Union Democracy*)是一本深受推崇的案例研究巨著。这一关于"国际印刷工人工会"(International Typographical Union)内部政治运动的案例研究,包括多个分析单位(见下表"资料类型")。整个工会是主要分析单位,单个会员是最小的分析单位,但其他几个中间分析单位也十分重要。在不同的分析层次中,作者使用到了从历史研究到调查分析等不同的资料收集方法。

资料类型(续文本框10)					
	整个系统	中间分析单位		个体	
分析单位类型	问题、职业资料;工会法、政策、历史文献、访谈记录	地方工会的历史及投票资料;地方工会出现的问题;地方工会规模	印刷车间工会的投票记录;引述车间工会的规模	对领导的访谈	对工会工人的访谈
国际印刷工会整体	结构、环境、行为特征	通过推导和沟通网络(结构性)			
地方工会	行为特征(兵役状况等)	行为特征、工会规模	通过推论和沟通网(结构)	结构、环境和行为特征	
车间	车间		行为特征、规模		人员分布特征
会员所处社会环境中其他中间分析单位	社会氛围,从有代表性的问题及选举结果中推导	社会氛围,从有代表性的问题及选举结果中推导			教会祈祷团主席的、朋友的品质
会员	通过推导,占主流地位的价值及兴趣	通过推导:价值观、兴趣、忠诚度(如对当地工会的忠诚度超过对国际工会的忠诚度)	通过推导:价值观、兴趣、忠诚度(如对当地车间工会的忠诚度超过了当地工会)	通过推导:价值观	行为、背景、价值观、态度

来源:Lipset,Trow,Coleman(1956,p.422)。引用经著者同意。

单案例研究设计的这两种变式都有其长处和不足。当不存在次级逻辑分析单位（logical subunit）时，或者分析案例的相关理论具有整体属性时，整体性单案例研究设计就较为有利。然而，虽然整体性研究设计能够让研究者不必对案例的细枝末节进行费时耗力的分析，但也会引起新的问题。譬如，整体性研究设计常常出现的一个典型问题是，案例将流于抽象化，缺少明确具体的证据或指标。

整体性研究设计常常引起的另一个问题，是研究者在毫无察觉的情况下，案例研究的性质在研究过程中发生漂移（shift）。研究者最初的设计可能是指向某一问题，但随着研究的进展，新的问题出现了，观察到的证据指向另一研究方向。尽管有些研究者声称这种灵活性正是案例研究的长处，但实际上对案例研究法的许多批评之声正是针对这种改变而产生的——实际执行的研究设计不适于回答先前提出的问题（见 COSMOS 公司，1983）。为了避免受到这样的指责，你必须避免出现这种预料之外的漂移；如果需要研究的相关问题确实出现了改变，那你就要重新开始，提出一个新的研究设计。对无意识漂移保持警惕性的一种方法，是提出一整套次级分析单位，也就是说，嵌入性研究设计能够使你对案例保持高度注意的一个重要工具。

然而，嵌入性研究设计同样也有其不足之处。一个常常出现的问题，是研究者往往把目光集中于次级分析单位，而未能回到主分析单位上。例如，某一公共政策可能包括多个项目，每个项目都是一个次级分析单位。在对公共政策进行评价时，本来要对公共政策层次的分析单位进行分析，但不幸却演变成对项目层次的分析（即演变为对不同项目的多个案分析）。同样，在对组织氛围的研究中，每个人都可被看作一个次级分析单位。但是，如果仅仅把关注的焦点集中在个人身上，那么这一研究就变成对个人的研究，而不再是对组织机构的研究。在这两个例子中，原计划要研究的对象（公共政策或组织氛围），不再是研究的目标，而变成了研究的背景环境。

小 结

单案例研究设计是最常用的研究设计之一,本节分析了单案例研究设计的两种变式,即整体性单案例研究设计和嵌入性单案例研究设计。总的来说,单案例研究设计适合用于如下情况:①用于对现有理论进行批驳或检验;②不常见的、独特的现象;③有代表性或典型性的事件;④启示性事件;或者⑤对同一案例进行纵向比较。

在设计和实施案例研究时的一个重要步骤是界定分析单位(或案例本身)。在开始案例研究之前,必须对分析单位进行细致的界定,并充分听取各方的建议,以确保选择的案例与准备研究的问题具有内部关联性。

由于单案例研究中可能存在次级分析单位,所以可能需要用到更复杂的(或嵌入性)案例研究设计。次级分析单位能够帮助研究者拓展研究范围并对案例进行更深入的分析,但如果给予次级分析单位过多的关注,导致忽视更大的或主要的分析单位,那么案例研究的分析方向将会出现漂移,性质出现变化。如果客观环境确实需要你对研究设计作出改变,那么你必须对此作出交代,并说明新研究设计与原有设计的关系。

潜在的多案例研究设计是什么(类型 3 和类型 4)?

案例研究可能包含多个案例,当出现这种情况时,它就是多案例研究设计。近年来,多案例设计出现的频率越来越高。一个常见的例子是学校改革(例如采用新课程方案、重新调整学期安排或者采用新的教育技术等),这种研究可能要涉及许多所学校,每所学校都参与了一项或多项教学改革。在这种情况下,每所学校都是一个单独的研究对象,包含多所学校的教育改革研究,就要用到多案例研究设计。

多案例研究设计与单案例研究设计之比较

在一些学科领域中,多案例研究法一直被看作是一种截然不同于单案例研究法的"方法"（methodology）。例如,在人类学和政治学领域,学者们对单案例研究的适用范围与比较性案例研究（也即多案例研究）的适用范围已有定论（见 Eckstein,1975;Lijphart,1975）。然而,本书认为,单案例研究设计与多案例研究设计是同一研究方法的两个变式,在经典性案例研究（即单案例研究）与多案例研究之间没有明确的分界线,它们都属于案例研究。

与单案例研究设计相比,多案例研究设计既有其长处,也有其不足。从多个案例中推导出的结论往往被认为更具说服力,因此整个研究就常常被认为更能经得起推敲（Herriot & Firestone,1983）。另外,适用单案例研究的场合通常并不适用多案例研究。根据定义,不常见的案例、批判性的案例以及启示性案例都可能适用于单案例研究。除此之外,多案例研究可能要占用如此之多的研究资源和时间,以至于超出一个学生或一个学者的研究能力范围。因此,在作出采用多案例研究设计的决策之前,一定不能有丝毫轻率。

选择多案例还可能引发一系列新问题。在此,强烈建议研究者把多案例研究看作多元实验——也即,在进行多案例研究时,要遵从"复制"法则（replication logic）。以前有一种错误的类比,即把多案例研究中的案例看作是一个调查统计中的多个访谈对象（或者一个实验中的多个实验对象）——它们需要遵从抽样法则（sampling logic）。这种类比是完全错误的。多案例研究与后两者的差别,在于它们背后的理论基础不同,多案例研究遵循的是复制法则,而后两种研究方法遵循的是抽样法则。

多案例研究遵从的是复制法则,而不是抽样法则

多案例研究所遵从的复制法则,与多元实验（multiple experiments）中的复制法则类似（见 Hersen & Barlow,1976）。例如,通过某次实验取得某项重大发现后,学者将会重复进行第二次、第三次甚至更多次相同的实验对之进行验证、检验。有些重复实验可能要一模一样地复制前次实验的所有条件,而另一些重复实验可能会有意改变某些非关键性的条件,来考察是否能得到同样的实验结果。只有通过了这种复制性实验（检验），原有的实验结果才能被认为是真实的、有说服力的，因而也才有继续进行研究和解释的价值。

多案例研究背后的原理与多元实验相同。每一个案例都要经过仔细挑选，挑选出来的案例：①要么能产生相同的结果（逐项复制，a literal replication）；②要么能由可预知的原因而产生与前一研究不同的结果（差别复制，a theoretical replication）。在一个多案例研究中合理地安排 6~10 个案例，就如同围绕同一问题设计 6~10 个实验一样，需要精心地准备。一些案例（2~3 个案例）应是逐项复制，而另一些案例（4~6 个）应是差别复制，并应分属两种不同的模式。如果所有的案例都与事前提出的理论假设相符合，那么这 6~10 个案例合在一起就能很有说服力地证明最初提出的理论假设。假如某几个案例的结果呈现相互矛盾之处，那么就应对最初的理论假设进行修改，然后再用另外几个案例，对修改后的理论假设进行检验。这一过程与科学家们处理几个相互矛盾的实验结果时所采取的方法是一样的。

复制过程的逻辑也应符合理论框架，而不是仅仅预测两个案例是否相似或是否有差别。例如，有人提出这样的中心论点（initial proposition）：当一种新型的计算机技术同时运用于公司的管理（如会计和人事）和业务（如销售和产品开发）部门时，企业的计算机应用才会增加；但当计算机技术仅应用于管理或仅应用于业务时，企业的计算机应用并不会增加。如果采用多案例研究设计来验证其理论假设，研究者应首先挑选 3~4 个同时在管理与业务中采用计算机技术的企业，来验证是否经过一段时间后计算机应用确实有所增加（这是 3~4 个逐项复制）。另外挑选 3~4 个仅在管理中使用计算机的企业，假定这几个企业的计算机应用不会增加（这是差别复制）。最后，挑选另外 3~4 个企业，这些企业仅在业务中使用计算机，同样假定这几个企业中计算机的应用也不会增加（这又是一个差别复制）。如果这三组个案的研究结果都与事前的理论假设相吻合，那么这 9~12 个案例合在一起，就证明了研究的中心论点。

文本框 11

一个多案例重复研究的例子

在 20 世纪的 60 年代和 70 年代,如何让市政当局接受研究机构提出的合理化建议一直是社会研究的热点。许多高校和研究机构都有与市政当局合作的经历,皮特·桑顿 (Peter Szanton, 1981) 的著作《建议何以难采》(*Not Well Advised* ,Szanton, 1981) 一书对这些合作行为进行了细致的分析。

这是一个极好的多个案重复性研究设计的例子。桑顿首先列举第一组共八个案例——每所高校都与市政当局有过合作,但都失败了。这八个完全相同的、重复的案例足以向读者证明,高校与市政当局合作失败是一种普遍现象。其次,作者又提供了另外一组共五个案例——五所非高校类研究机构与市政当局的合作也失败了,作者以此证明合作失败的原因与高校的学术性质无关。再次,作者列举了第三组案例,这些高校与商业公司、工程公司等市政当局之外的其他部门的合作都是成功的。最后,作者又列举了第四组共三个案例,这三个案例与政府合作都取得了圆满成功。在这三个案例中,有关高校不仅关心合理化建议的提出过程,而且关心市政当局实施建议的过程。由此,作者最终归纳出市政当局接受合理建议的特殊性之所在。

每组案例中,桑顿采用了逐项复制,而四组案例之间,则构成了差别复制。这种令人折服的研究设计能够也应该适用于其他研究领域。

多案例研究设计的另一个例子是关于城市研究的案例(见文本框 11)。在本书的姊妹书(Yin, 2012,第 11、12 和 15 章)中,你还可以找到其他三个完整的案例研究例子,它们都遵循了复制法则,分别研究的是大学管理、商业公司的转型和艾滋病预防。

实验法和案例研究法中的复制法则逻辑与统计调查中常用的抽样法则逻辑完全不同。统计调查中的抽样法则要求对总体中所有个体或潜在调查对象进行编号,然后再经由统计学程序从总体中抽取待调查的对象(样本)。从样本上采集到的统计资料也应该完全反映总体的特征。经过推导计算,还能划定研究结果的置信区间(confidence intervals),在置信区间以内,统计结果应是完全准确的。当研究者需要研究某一现象出现的频率或分布状况时,统计调查往往是最佳选择。

在案例研究中采用抽样法则将是完全错误的。首先,案例研究法并不是考察某一特定现象发生频率的最佳方法。其次,由于案例研究既需要研究现象本身,又必须研究现象的前后关联,这将会生成大量的变量。涉及的变量越多,需要考察的案例就越多,结果导致研究方案过于复杂、难以执行。

最后,如果在案例研究中被迫采用抽样法则,那么许多重要的问题将无法进行实证调查。譬如可能会出现如下局面:你正在进行一个有关美国总统的研究,目的是从领导能力的视角研究现任总统的行为。为做到忠于事实,有关领导能力的研究范围就必须涵盖几十个甚至上百个变量。考虑到美国开国至今共有44位总统,如果采用抽样法则,研究计划将过于庞大。何况,你根本无法取得44位总统的所有资料(即使能够获得44位总统的所有资料,鉴于有44个采样点,每个点上又有上百个变量,工作量必定极为庞大)。如果采用抽样法则,那么这个研究肯定无法进行下去;但是如果采用复制法则,那么这个研究就相当切实可行了。

采用复制法则进行多案例研究的过程如图2.4所示。该图显示,多案例研究设计的第一步是进行理论构建。该图还显示,在设计和收集资料的过程中,个案的选择与研究类型的界定是其中最重要的两个环节。每一个案例都是一个"完整"的研究,如果实证结果是内敛的、会聚的,那就证明其结论成立。如果某一结论成立,那就要再进行一次复制的过程,对上一个案例进行检验。每个个案和多案例研究的结果都可以,并且应该是研究报告的重点。每一个单独案例的研究报告要解释原理论假设成立(或者不成立)的理由。所有的案例合在一起,需要再次撰写多案例分析报告,报告中要阐明复制的逻辑,并解释为什么有些案例的实证结果与其理论假设相符合,而有些案例的实证结果与其理论假设不符合。

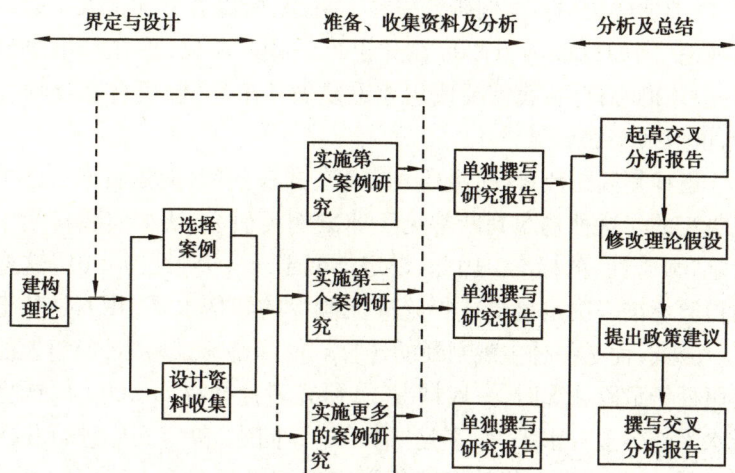

图 2.4 案例研究步骤

资料来源:COSMOS 公司

在图 2.4 中,虚线所形成的反馈环是研究中非常重要的一个环节。反馈环节呈现这样一种情况:在对某一个案例进行研究时,研究者有了重要发现(例如,某一案例与最初的设计方案不般配),这一发现要求研究者重新思考最初的理论假设。在这种情况下,一定要在进行下一个案例研究之前,重新"设计"(redesign)原有的研究方案。重新设计可能包括采用其他可替代的案例,或者改变案例研究草案(见第 3 章)。如果不修订研究方案,那么别人就会质疑你是否为了使研究结果与最初的假设达到一致而故意扭曲或忽视与之不相符合的发现。而且,别人会接着认定,为了使你的研究结果与你既定的想法(即最初的理论假设)相一致,你是选择性地采集资料,故意忽视对你不利的数据。

总体来说,图 2.4 描述了一套与抽样设计截然不同的研究思路,这种研究思路及与之形成鲜明对比的抽样方法,都是很难操作的,因此,在进行案例研究设计之前,与同侪进行深入而广泛的探讨将是十分必要的,它对你的研究将有很大的帮助。

当采用多案例研究设计时,你会遇到的另一个重要问题是,到底要列举多少个案例才能被认为是必要的,或者说是足够的。然而,由于抽样法则在案例研究中并不适用,所以有关样本大小的常用理论(例如,Lipsey,1990)在此也不适用。相反,你在作出决定时,应该扪心自问:我需要或想要重复做几个案例(既包括逐项复制,也包括差别复制)?

逐项复制的数量,并不是由某个公式决定的,而是由你自己主观决定的。这种主观判断常见于非案例类研究,比如实验科学中设定"显著性"的标准。因此,设定类似于"$p<.05$"或"$p<.01$"这样的检验标准来决定接受或拒绝虚无假设的置信水平,并不是基于某一公式,而是一种主观判断的选择。就像临床试验中,当病人的健康处于危险状况时,一般情况下,研究者选择将"$p<.000\ 1$"或更低水平作为显著水平,而不是"$p<.01$"。同样,决定到底进行几次逐项复制,取决于你想让多案例研究的结果具有多大程度的确定性。例如,如果你所要研究的问题并不要求具有很高的确定性,或者你所提出的理论假设与其他的相关理论假设之间的差别很大,不易混淆,那么你进行两到三个逐项复制就足够了。然而,如果你提出的理论假设与其他相关的理论假设差别极小、极易混淆,或者你要使你的研究具有更高的确定性,那么你可能就需要进行五六个甚至更多个逐项复制。

至于差别复制的个数,则要根据竞争性解释的重要程度而定。对立的竞争性解释越有说服力,就越需要增加案例。并且,每一个案例所得出的竞争性解释都不相同。例如,你一开始假设,暑期阅读项目提高了学生的阅读分数。逐项复制的几个案例也都验证了这一假设。与之对立的竞争性解释可能是,父母在假期中与孩子亲密合作的氛围使孩子的阅读分数得到提高。你可能得另找一个例子,其中有父母参与,但没有暑期阅读项目。你由此推断,在这一差别复制的案例中,阅读分数没有提高。以下两种理论复制可以为你的研究结论提供更多支持。

多案例研究设计的基本原理

简单地说,多案例研究设计直接来自于你对逐项复制与差别复制的理解。最简单的多案例研究设计就是选择两个或多个逐项复制的案例,就像对某项政策进行评估时,需要挑选一系列示范(exemplary)性案例与一些评估问题——比如"某一发明如何顺利实施,原因是什么"——进行比较。挑选这种类型的案例需要提前对其结果进行某种预判,有了明确的认知,多案例研究才能集中分析为什么某种结果会出现以及怎么出现之类的重要问题,才能一个案例接一个案例地进行逐项复制。①

如果你的研究包括多个差别复制,或者差别复制的数目过多,那就形成了更为复杂的多案例研究设计。例如,研究者可能会采取"双尾设计(two-tail design)"。在双尾设计中,研究者特意选取两个极端案例(譬如最好的情况和最坏的情况)进行研究。对不同类型的条件提出各种假设,再把所有的条件进行分组,同样也构成复杂的多案例研究设计。类似的研究设计有很多,它们都很复杂。这是因为研究者至少要在每一组中安排两个相互独立的案例,这样才能在组与组之间形成差别复制,在组内形成逐项复制,两者互相补充,提高研究设计的周延性。

整体性多案例研究与嵌入性多案例研究

采用多案例研究设计并不能消除或减少前述单案例研究的变式:每一个案例都可分为整体性个案或嵌入性个案。换句话说,多案例研究也可分为整体性多案例研究(见图 2.3 的类型 3)及嵌入性多案例研究(见图 2.3 的类型 4)。

采取哪种变式,取决于你所要研究的现象及研究问题的性质。嵌入性研究设计,其至需要对每一个研究节点都进行调查。例如,假设你研究的内容是相同的课程在不同护理学校的影响,那么每所学校都可以成为案例研究的对象。根据理论框架,选择九所学校作为研究对象,其中三个案例复制直接结果(逐项复制),另外六个案例则要改变条件,进行对比(差别复制)。

由于在研究中需要对每所学校的学生进行调查(或者换个做法,检查每所学校的学生档案),让他们回答某些问题,所以这是一

---

① 狭义的量化研究,选择结果已知的案例,遵循同样的设计,也叫"个案控制(case-control)"研究或"回溯性(retrospective)"研究,或"案例对照(case referent)"研究。

个有九个案例的嵌入性多案例研究设计。然而,每次统计的资料仅能用于本校,而不能把所有学校的统计资料综合在一起进行分析。也就是说,对每所学校所做的统计只能用于本案例(本校)的研究。这些资料高度量化,甚至包括统计测量,反映的是学生的态度或行为;这些资料与档案信息一起,共同说明课程在每一所学校的成功和运作情况。相反,如果一所学校的调研资料能够适用于其他学校,就无须复制设计了。事实上,这个研究现已成为一个单案例嵌入式研究,这九所学校和九所学校的学生都变成更大的分析单位的一部分。这种转变可能迫使研究者抛弃最初的多案例研究设计。新的案例研究需要再次完整地定义主要的分析单位,也可能需要大量地修订初始理论和假设。

小 结

本小节主要探讨多案例研究的适用环境。多案例研究现在越来越流行、越来越普遍,但也越来越耗费经费、时间和精力。

任何一种多案例研究设计都要遵循复制法则,而不能沿袭抽样法则。研究者在选择案例时必须十分仔细,所选案例应该如同进行多元实验一样,在研究开始之前就明确地预告其会出现相同的结果(逐项复制)或不同的结果(差别复制)。

多案例研究设计中的每一个单独的案例,既有可能是整体性案例,也有可能是嵌入性案例。在嵌入性研究设计的每一个单独的案例中,都有可能收集并分析高度量化的资料,也可能会在每个单独的案例中使用统计技术。

练习2.4　明确案例研究设计

选择本书文本框中某个案例,完整阅读该案例研究相关内容(而不仅仅是文本框中的内容)。说说这个案例研究的研究设计是什么样的? 它是怎么收集相关证据的? 又是怎么用证据回答研究前预先提出的问题的? 在论据的基础上,研究者采用了什么方法概括总结出理论? 这个研究是单个案,还是多个案? 它的分析单位是整体性的,还是嵌入性的?

有关案例研究设计选择的建议

你已经知道如何进行案例研究设计,并准备开始着手设计研究方案,下面给你提供三条建议。

采用单案例研究设计,还是多案例研究设计?

第一条建议是,尽管两种研究设计都能取得圆满的结果,但是,如果有条件(和资源)的话,你应该选择多案例研究设计,而非单案例研究设计。哪怕是你仅能完成一个只包含两个案例的“双个案”研究设计(a "two-case" case study),你成功的机会也比单案例研究设计大得多。这是因为单案例研究设计就好比“把所有鸡蛋都放在一个篮子”,很容易出现“一步走错,全盘皆输”的问题。更重要的是,从两个或更多案例中总结出来的结论会比从一个案例中总结出来的结论更扎实、更具说服力。

首先,即使只有两个案例,你也有进行逐项复制的机会。分别独立地从两个案例中得出的结论并相互印证,就如同从两个实验中分别得出结论,将比仅从一个案例(或一个实验)中得出的结论更具说服力。另一种情况是,你并不想进行逐项复制,而特意挑选两个具有较强对比性的案例。在这种研究设计中,如果两个案例都分别证明其各自最初的理论假设——这实际是一个差别复制,那么你的研究结果的效度与单案例研究设计相比,外在效度就提高了许多(Eilbert & Lafronza,2005;Hanna,2005;同见文本框12)。

一般来说,有关单案例研究的批评通常表现为学者们对于案例独特性和人为改变案例环境(例如,以不正常的方法接触主要证据提供者)的疑虑,然而,这种对单案例研究的批评最终却会变为对你从事实证研究(而不是单案例研究)的能力的怀疑。如果你的研究中包含两个案例,将能对这些批评和怀疑做出有力的反击,如果包含两个以上的案例,这种反击的效果会更好。由于有这样的好处,你至少应以包含两个案例为目标。如果你一定要使用单案例研究设计,那你应该清楚明白地说明你的理由,打消别人对你的疑虑。

文本框 12
两个"双个案"案例研究的例子

12A. 有关社区建设的两个相互对比的案例

为了研究构建社区学习能力的两种不同的策略,切斯金
(Chaskin)选择了两个案例。作者的整体概念框架(这也是
其研究的中心课题),是声称可以构建社区的学习能力的两
种方法是——通过集体合作来①加强现有的社区组织网络;
②在社区中成立一个新的组织。在充分阐述了其基本理论
框架后,切斯金分析了两个案例,分别证明每种方法的生
命力。

12B. 有关教育责任制的两种相互对比的策略

为了研究设计与执行教育责任制的两种不同方法,艾力
默、阿贝尔曼、弗尔曼(Elmore,Abelmann & Fuhrman,1997)选
择了两个案例,这两个案例具有互补性。所谓教育责任制,
是指让学校对学生的学术成就负责。其中一个案例代表着
低成本的、比较简单的工作责任核定制度,而另一个案例则
代表高成本的、比较复杂的工作责任核定制度。

练习 2.5　构建多案例研究的理论基础

初步设想一个例子,作为你的研究案例。另外,从本书文
本框中选择一个单个案研究案例。为两个单个案研究案例,各
设计一个可能起到补充作用的"伴随案例(companion case)"。
在什么情况下,伴随案例的研究发现能够补充单一案例的研究
发现? 伴随案例的资料能否弥补单一案例的资料的缺陷? 两
个案例是否能够形成一个更有说服力的研究案例? 三个案例
能否使研究发现更令人信服?

采用封闭式（closed）设计或开放式（flexible）设计？

另一个建议是，尽管本章的主旨是进行研究设计，但你不应认为案例研究设计是僵化的、不变的，不能认为即使在资料收集过程中出现新资料或新发现，也不能改动研究设计。实际上，在研究过程中出现的新资料和新发现具有很重要的启发作用，你应该据此更改、修正最初的研究设计。

例如，当你在实施一个单案例研究时，随着资料的收集，你发现原来被认为极为关键、极具独特性的案例，其实并不如此。同样，当你在进行多案例研究时，突然发现原来准备用于逐项复制的两个相互并列的案例并不具有相似性。当出现这类情况时，你有充分的理由相信，原来的研究设计应该进行修改。但是，在做出修改之前，你提醒自己，认真思考做出哪种性质的修改：你是仅仅重新选择一个案例，还是改变你最初的理论假设以及研究目的？这一问题的核心在于，研究设计应具有某种程度的灵活性，但并不能因此而降低案例研究设计所应遵循的周密性和严肃性。

混合方法的研究设计：案例研究与其他方法混合？

研究者们越来越关注"混合方法的研究（mixed methods research）"——一种"在一项研究中混合或综合运用质性研究和量化研究的研究技巧、方法、方式、概念或语言的研究类型"（Johnson & Onwuegbuzie，2004，第 17 页）。在一项研究中运用多种方法，就要将不同的方法混合成为一个整合模式。这种模式，不同于先将不同方法运用于独立的研究、再实现综合的常规情境。

混合方法的研究，要求用不同的研究方法共同处理相同的研究问题，收集相互补充的资料，并生成与之相应的分析结果（例如 Yin，2006b）。简言之，不同的研究方法要遵循同一个混合设计的要求。正因如此，这种混合方法的研究，使研究者能够处理更复杂的研究问题，收集更丰富、更有说服力的证据。根据研究问题的性质和研究者对不同研究方法的运用能力，混合方法的研究设计，创造了一种值得关注的研究设计类型。

前面提到的嵌入性案例研究设计实际上表明,某些类型的案例研究已经展示了混合方法研究的一种形式。嵌入性案例研究依赖于更加整体化的资料收集策略来研究主要案例,但也需要通过调查法或其他偏量化的方法来收集嵌入性分析单位的资料。这样,其他研究方法就嵌入了你的案例研究。

也可能有另一种相反的情况。你的案例研究可能是更大的混合研究的一部分。主要的研究工作依赖于调查法或其他量化方法,而你的案例研究只能帮助调查其中某一实体的情况。这两种截然不同的关系(调查包含于案例中或案例包含于调查中),如图2.5所示(另见附录 B 关于评估研究中这些混合方法的详细讨论)。

调查中的案例研究:	案例研究中的调查:
多个诊所的调查	对一个诊所的案例研究
↓	↓
对一个或多个诊所的案例研究	对诊所内病人的调查

图 2.5   混合方法:嵌入式安排

同时,有的混合方法研究也可能根本不用案例研究。例如,临床研究可能结合历史研究,对档案记录——比如报纸和其他档案资料——进行量化分析。并且,从更广的意义来说,混合方法研究并非仅是量化方法和质性方法的结合。例如,一个研究可以混合采用两种量化方法:通过调查法来描述某些条件,再控制其中一些条件,做一次实验研究来补充调查研究(例如,Berends & Garet, 2002)。

顾名思义,混合方法的研究比单一方法的研究更难实施。但是,混合方法研究能够让你处理比案例研究更广泛、更复杂的研究问题。因此,你应当考虑是否要混合使用案例研究方法和其他方法。

辅导材料 2.1
关于"分析性归纳"界定的其他问题

分析性归纳由严谨的理论陈述、理论或者理论假设构成。其形式可以是汲取的教训、工作假说或一些可用于其他情形(不仅是"类似案例(like cases)")的原则。因此,理想的分析性归纳应置于一个概念层次,高于具体案例(根据推测,这一高层次首先需要证实研究所选案例的重要性)。

其他一些重要书籍尽管没有使用同样的术语,但也一直关注分析性归纳,将其与统计性归纳进行区分:①米切尔(Mitchell,1983)对逻辑推理和数据推理的论述;②布罗姆里(Bromley,1986)对案例推理与数据推理的比较讨论;以及③唐莫伊(Donmoyer,1990)的模式。第四个是布洛维(Burawoy)1991年的作品,在这个作品中,他论述了扩展案例法——即如何将一个狭窄的案例归纳"延伸(extend)"出更广泛的意义(第271—280页)。

把所研究的案例理解为一个示例或某一较大案例组的样本,是一种更加困难并且相反的情形,可能又回到统计性归纳,不能如研究者所愿(样本与母群的关系可参考戈姆(Gomm)、哈默斯利(Hammersley)和福斯特(Foster,2000,第99—103页)的著作)。出现这种情况是因为个案可能是"类似个案"中的一个例子。但是,考虑到分析性归纳中,案例研究结论的意义远远超出同种案例,并且可以延伸至大量其他不同情境,这一说法似乎又不太恰当(见文本框7,关于3个例子的正文)。此外,除非包含大量案例——如果没有上百,至少几十个(见辅导材料5.3),否则研究将面临一场艰苦的斗争,即将援引样本与案例群进行对比,同时利用量化分析来评估每种关系的强度。

斯帽(Small,2009)提供了分析性归纳的两个优秀例子,并引用上述重要作品对分析性归纳进行了精辟的论述。他认为优选案例的逻辑代表"不同的问题视角和语言"(第18页)。他进一步强调了以实质性命题(例如,偶然联系)而非数据命题(如案例的代表性)为开端进行分析性归纳的重要性。

辅导材料 2.1 参考文献

Bromley, D. B. (1986). *The case-study method in psychology and related disciplines.* Chichester, England: Wiley. Provides comprehensive guidance on case study research in psychology.

Burawoy, M. (1991). The extended case method. In M. Burawoy, A Burton, A. A. Ferguson, K. J. Fox, J. Gamson, N. Gartrell, et al (Eds.), *Ethnography unbound: Power and resistance in the modern metropolis*(pp.271-287). Berkeley: University of California Press. Presents the extended case method for analyzing participant-observation data.

Bonmoyer, R. (1990). Generalizability and the single-case study. In E. W. Eisner & A. Peshkin(Eds.), *Qualitative inquiry in education: The continuing debate*(pp. 175-200). New York: Teachers College Press. Offers a way of generalizing from single studies, not based on sampling and statistical significance.

Gomm, R., Hammersley, M., & Foster, P.(2000). Case study and generalization. In R. Gomn, M. Hammersley, & P. Foster (Eds.), *Case study method* (pp. 98-115). London: Sage. Highlights use of the case method for generalizing, rather than merely studying a case for its own sake.

Mitchell, J. C.(1983). Case and situation analysis. *Sociological Review*, *31*, 187-211. Emphasizes case study research as a method for preserving the unitary character of the social object being studied and discusses the challenge of generalizing from the case(s).

Small, M. L.(2009). "How many cases do I need?" On science and the logic of case selection in field-based research. *Ethnography*, *10*, 5-38. Poses a thoughtful article on key issues in designing field-based research, including the challenge of generalizing form field situations.

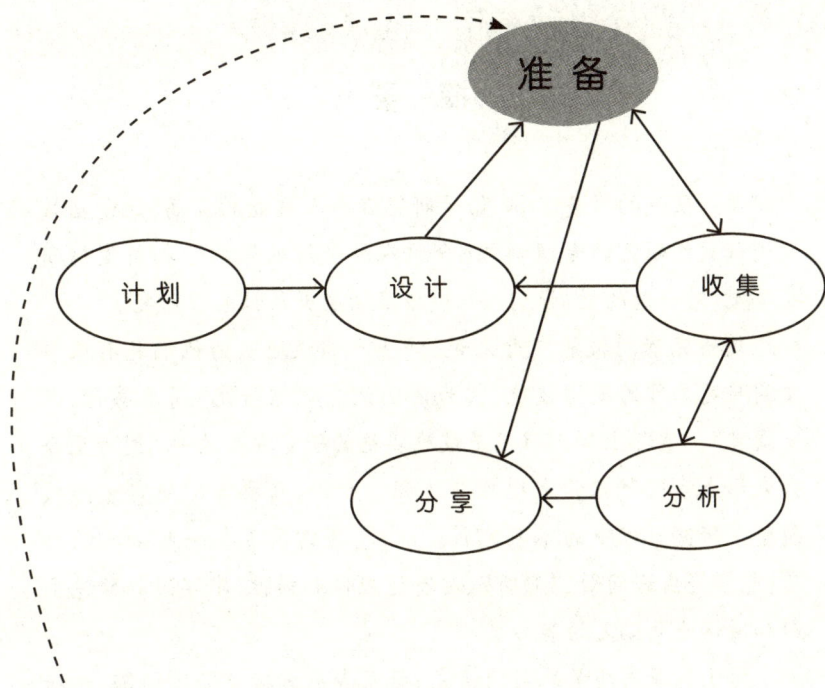

第 3 章

准 备

→ 提升案例研究者技能

→ 接受特定的案例研究专门培训

→ 拟订案例研究方案

→ 筛选候选个案，选定最终个案

→ 开展试验性研究

→ 获得许可，保护受试

摘　要

　　案例研究的准备工作，始于研究者个人技能的提高，还包括接受进行案例研究的专门训练（含对人类受试的保护），拟订案例研究草案，对候选的案例进行筛选，以及亲自开展试验性研究。

　　就研究者的技能提升来说，许多人错误地认为他们具有从事案例研究工作的足够技能，因为他们认为案例研究"简单易行，老少咸宜"。实际上案例研究是最难实施的研究方法之一，因为至今并未形成案例研究的常规作业流程。所以，需要案例研究者能接受整个研究历程中的不确定性。此外，还需要具备一些必要的特质，包括提出好问题、"倾听"、具有适应性和弹性、牢牢驾驭研究主题和懂得避免偏见的能力。

　　为了完成高质量的案例研究，研究者应该接受强化训练，包括制订出案例研究草案，以指导资料收集。如果将要从事的是一个多案例研究，或者（并且）该研究涉及多位研究者，那么研究方案就更加关键。最后两个准备步骤包括筛选备用案例和开展试验性案例研究。

3

收集案例研究资料的准备:

开始收集案例研究资料之前,你需要做什么?

　　尽管案例研究始于待解决问题的确定和研究方案的设计,但许多人把"实施"案例研究等同于个案资料的收集。本章和下一章将详细探讨资料收集的过程。本章主要探讨收集资料的前期准备工作,下一章则主要探讨资料收集的实际方法。

　　资料收集的准备过程十分复杂,极不易操作。假如准备工作做不好,就会严重影响到其后所有的研究环节,而且所有前期工作——包括研究问题的界定和案例研究方案的设计——都将变得毫无意义。此外,阐明如何保护受访者不受伤害,获得实施研究的许可,也是一个挑战。

　　良好的准备工作始于①研究者具备研究所需的技能技巧和价值观(desired skills and values)。过去的研究很少关注这两个方面。其他四个议题也是案例研究准备阶段的重要组成部分,它们分别是:②参加有关特定案例研究的训练(training),③制订案例研究的草案(protocol),④筛选(screening)研究的个案,⑤实施一个试验性(pilot)案例研究。制订案例研究方案是从整体上提高案例研究信度的有效手段。只有以上五个课题全部得到妥当处理,研究资料收集过程才能顺利实施。下面的章节将对每个部分进行介绍。

案例研究者理想的技能技巧和价值观

许多学者之所以采用案例研究法,是因为他们相信案例研究法很容易实施。许多社会学者——尤其是崭露头角的社会学者——认为不需要克服多少困难就可以完全掌握案例研究法。他们相信,掌握案例研究法只需要学习一些最基本的工作程序;即使缺少形式逻辑或分析方法也无妨大局;案例研究就是"如其所是地叙述事实"(tell it as it is)。事实上,这些想法与案例研究的现实相去甚远。

实际情况是,案例研究法对于研究者的智慧、自尊心、情绪的要求远远高于其他研究方法。这是因为案例研究的资料收集过程尚未常规化、程式化。例如,在实验室做实验或统计调查中,大部分甚至所有的资料收集工作可以交给一个或多个研究助手去完成。研究助手在进行资料收集时极少出现随意性行为,就这一意义来说,实验或统计中的资料收集过程是常规化、程式化的活动——以至于变成十分无聊的机械操作。

小贴士

什么时候才算做好了收集案例研究数据的准备工作?

按照第 2 章的建议完成案例研究设计之后,因为时间紧迫,而且收集数据的机会就在眼前,你会急切地想开始收集数据。然而,是否准备就绪,并不是由时间限制或外在条件决定的。准备好还是没准备好,取决于你自身实施案例研究的技术水平,以及你是否按程序完成了收集数据前的正式程序和准备工作,比如选择了恰当的案例。

你是否已经练习过这些技能? 你觉得案例研究需要按照正式程序来做收集数据的准备工作吗?

收集案例研究资料却不是如此。相反,由于理论假设与所收集的资料之间需要不断调整,而这些调整需要细腻的判断,因而只有训练有素、经验丰富的研究者才能从事高质量的案例研究。他们既可以解决资料收集方面的技术问题，又可以应对道德困境，例如如何分享私人信息或者处理与其他领域的冲突。只有反应灵敏的研究者才能把新出现的问题转化成为取得学术突破的机会，而不是陷入其中难以自拔——同时在研究中不表露出任何个人的感情色彩或偏见。

不幸的是，到现在为止，尚未出现可以用来判断某人适合或不适合从事案例研究的考试。这与数学、法律等专业领域中的情形有所不同。在数学领域，人们能够对自己的能力进行评分，如果不能解决更高水平的问题，就可以判断自己不具备在数学领域进一步发展的能力与素质。在法学领域也是如此，人们必须首先通过某一州的执业资格考试，如果失败，则不能获得相应的资格。

但是在案例研究领域还没有类似的把关考试，来判断某人是否具有从事研究的技能和价值观。然而，下面列出了一些从事案例研究所必备的基本能力：

- 优秀的案例研究者能够提出好的问题——并合理解释答案。
- 优秀的研究者应该是一个好的倾听者，不会被自己的思维方式和先入之见所束缚。
- 研究者应该具有适应性、弹性，这样他在遇到新问题时，才能化问题为机遇，化挑战为动力。
- 即使是探索性研究，研究者也应能够时刻牢牢抓住所研究问题的本质。
- 对矛盾证据保持敏感，避免偏见，并知道如何合理地实施研究。

缺少某一项品质并不十分要紧，因为这些品质都是可以弥补的。如果缺少一两项技能，也可能通过训练而弥补、提高。但是，在测试上述品质或技能的时候，研究者必须诚实，不要试图隐瞒自己的缺陷。研究者可以对照下面的介绍，检测一下自己的能力。

提出好问题

案例研究与第 1 章中提及的其他研究方法的不同之处在于，该方法要求研究者在整个资料收集过程中（不仅仅是在这之前或之后）时刻保持刨根问底的探究精神。因此，发现并提出好问题的能力就成为从事案例研究的学者必备的条件。研究者最理想的结果，是与所有的证据进行大量的对话活动（rich dialogue），这种对话活动包括：

在对研究对象极为熟悉的基础上思考各种可能性，研判可能收集到的证据的类型，根据收集到的证据对各种可能性进行检验，收集更多的证据以处理心理预期与现实情况之间的差距等（Becker,1998,第 66 页）。

案例研究确实要遵循一定的正式程序，但是，某些与案例研究有高度关联意义的证据很可能是无法提前预估到的。你在收集证据的过程中，一定要随时对收集到的证据进行分析，考虑为什么事实与预想的情况不一样。这也许会指引你去搜寻其他更多的证据。

如果你在证据收集过程中很善于提出好问题，那么可以预见的是，在每天结束研究工作之后，在精神上和感情上你都会感到疲劳。这种分析精力的枯竭感与从事调查或实验法收集资料时——这里指对被试者进行实验或者利用调查表进行调查——所产生的疲劳感大不相同。实验法和调查法的资料收集过程极为程式化，资料收集者虽然要采集到一大批资料，但不需要发挥任何个人主观随意性。而且，他们在资料收集过程中不需要对所收集资料进行任何分析。因此，这类资料收集过程虽然十分耗费体力，但并未耗费资料收集者的心智与精神。

研究就是提出问题，并不一定要回答问题。但假如你能够提出问题、试探着回答问题，并且问题的答案能够引发更多问题，所有问题加在一起导致意义深远的重大发现，那么你就是一个出色的发现问题者。

做一个优秀的"倾听者"

就案例研究者来说,"倾听"并不仅仅是用耳朵去听,它意味着通过多种方式获得信息——例如仔细观察、感知未来的发展方向等。一个好的倾听者要能够在不带任何个人好恶的前提下获得大量的信息。当受访者叙述一个事件时,好的倾听者能够从受访者的遣词造句(有时,受访者的用语、语气能反映出重要的线索)中,掌握其心态和情感,了解事件的前后关联,并理解受访者感受世界的方式,推测出受访者(而不是研究者)传达的意思。

如同观察日常生活环境一样,"倾听"技巧同样适用于检阅文件档案。在检阅文件档案时,倾听表现为时刻提醒自己是否遗漏了字里行间的重要信息。文献中的任何线索都要与其他证据相互一致,但好的"倾听者"要能从字里行间找到其背后的意蕴,不称职的"倾听者"甚至意识不到字面背后还会有其他重要的意思。其他一些倾听方面的缺陷包括对事物不敏感,对保留的信息很挑剔,或者是记忆力太差。

保持弹性(staying adaptive)

极少有案例研究能完全按照事先的计划顺利进行。事实上,你总免不了或大或小地改变研究设计,有时你需要改变研究的主线(发生的概率不太大),而有时你只需要加入新的案例(发生的概率比较大)。有经验的研究者必须时刻提醒自己不要偏离最初的研究目的,但当预料不到的情况发生后,研究者要能够及时、适当地调整、修改研究方案(见文本框13)。

当需要进行调整、修改时,你必须摒除所有的先入之见,完全认清这一现实,即你已经于不经意中开始偏离原有的研究设计,转而研究另一个新问题。当这种情况发生时,你已经完成的所有前期工作,包括最初的案例研究设计,都必须从头再来。对案例研究者的一个最大的指责,是他们已经改变了研究的方向,但却没有意识到其最初的研究设计不足以指导更改后的研究实践,结果导致缺憾和偏差。因此,保持灵活性与严肃性——但不是僵化——之间的平衡，是一个重要的问题，千万不能被忽视。

文本框 13

在进行案例研究设计时保持弹性

即使在 50 年之后，彼得·布劳（Peter Blau）有关大型政府机构行为的研究（*The Dynamics of Bureaucracy*，1955），因其对组织中正式群体与非正式群体之关系的精到见解而受到学界的高度推崇。

布劳研究的焦点集中在两个政府机构上，但这并非其研究的初衷。正如作者所述，他最初的设想是进行一个单案例研究，后来转为对两个组织——一个公立、一个私立——进行对比研究（Blau，1955：272—73）。但后来他发现无法成功打入私立组织之内，同时他也为对两种不同类型政府组织进行对比找到了依据，故而转为研究两个政府机构。

这是在进行案例研究设计时常常出现的、典型的保持伸缩性的例子。布劳的经验证明，一个有经验的研究者能够抓住机会调整研究方案，甚至修改理论假设，以取得最终成功。

但保持弹性并不是指你可以采取"掠夺式"（exploitative）行为。比如，如果一个受访者需要花费更多时间来回答你的问题，保持弹性意味着你可以延长采访时间，但却不能远远超过预期的时间。类似地，如果一个机构愉快地同意你检索、读取一些之前被禁止的重要资料，在你的意料之外，但你不能立即复制材料，除非机构方主动发出信号表示能够接受这种行为。

牢牢抓住研究的问题

牢牢抓住研究的问题、不偏离既定的研究目标的最主要的方法，就是一开始就充分理解案例研究的目的。每一个研究都必须对案例研究中涉及的理论假设与对策问题做到心中有数，在证据收集阶段对之加以分析、判断。如果对所要研究的问题没有足够的了解,那么在搜集证据的过程中,当需要对研究计划作出调整时,你就不知道这一调整是否可以被接受,或者是否合适。这是因为案例研究的资料收集过程与其他研究的资料收集过程不一样,它并不是仅仅机械地记录所观察到的信息。你必须在观察的同时对收集到的资料进行解释,如果几个证据之间出现相互矛盾的地方,你必须在第一时间判断是否要收集更多的证据——这一过程就像侦探在侦破案件一样。

事实上,侦探的比喻能给案例研究者以极大的启发作用。犯罪事实发生后,侦探接到报案,赶到案发现场,研判此前所发生的犯罪过程。侦探必须基于目击者的描述、现场留下的物证,再加上无法具体描述的常识,对案件进行推理分析。最后,侦探可能不得不对多个案件合并分析,以判定这些案件是否是同一案犯所为。后一个步骤与多案例研究中的复制法则相类似。

摒除先入之见,遵从研究伦理

如果研究者采用案例研究的目的仅仅是去证实一个偏颇的先入之见,那么前面所述的所有条件都将没有任何意义。因为案例研究者必须事前对要研究的问题进行深入的了解,所以他们很容易形成先入之见(见 Becker,1958,1967)。这将会导致研究者偏向支持其先入之见的材料,而忽视相反的证据。研究者也可能挑选一个案例研究,能够使其(错误地)追求或(更严重地)推崇某一立场取向。[①]

检查是否会出现偏见的一个方法,是看你对相反的研究结果的接受程度有多大。例如,研究者在研究"非营利"组织时,也许会惊奇地发现有些组织已经企业化,并且具有营利动机(即使这些组织不会正式营利)。假如这一发现确实基于坚实的证据之上,那么案例研究的结论就要反映这一事实。要测试你自己对于相反研究

---

① 撒切尔(Thacher,2006)极力主张被他称为"规范性"的案例研究。在这类研究中,研究者冒着被指责"资料不公"的风险,通过案例研究来倡导某一议题。我们最好将这种风险留给那些极为资深的研究者。最好不要建议那些对案例研究没有经验的新手承担此类风险。

结果的容忍与接受程度,你需要把你初步的研究结果——可能出现在证据收集阶段——向你的两三个同僚汇报。你的同僚可能会给出其他不同的解释和建议。如果他的解释引起你的辩驳,那么你可能已经持有某种偏见了。

避免偏见仅是"研究伦理"这一范畴下价值观部分的一个方面。像其他社会科学家一样,优秀的案例研究者在实施案例研究时,尽力达到最高的道德标准——包括履行学术责任,例如不剽窃、不伪造信息,同时做到诚实、避免欺骗,对自己的工作负责。此外,研究者还应具有深厚的专业能力,了解相关研究,确保信度和效度,了解并公开研究方法的适切性和局限性。

通过熟悉以下机构的文献,你可以了解不同学科的道德标准:美国人类学协会(American Anthropological Association,1998);美国大学教授协会(American Association of University Professors,2006);美国教育研究协会(American Educational Research Association,2000);美国评估协会(American Evaluation Association,2004);美国职业道德、权利和自由政治科学委员会(American Political Science Association Committee on Professional Ethics,Rights and Freedom,2010);美国社会学协会(American Sociological Association 1999)。

练习 3.1　描述案例研究者所应具备的技能技巧

列举案例研究者所必需具备的几种技能技巧。你知道哪些人曾成功地做过案例研究吗?作为案例研究者,他们有哪些长处和不足?他们的长处、不足与你前面所列举的是否一样?

练习 3.2　分析你自己具备的从事案例研究的技能

你认为,哪些独特的技能使你能够胜任案例研究?在以前的研究中,你曾经收集并分析过原始资料吗?你是否参加过现场工作?如果做过,你是怎样使自己成为一个优秀的"倾听者"或一个敏锐的观察者的?如果你发现自己的某些案例研究技能仍需加强,那么你将如何完成任务?

为某一特定的案例研究而接受训练、进行准备

保护被研究者

所有涉及人类"被试"——参加你的研究的人或者需采集数据的相关人,例如个人或客户记录、学生成绩等——的研究都应考虑道德规范。因此,从完成研究设计到开始资料收集工作前的这段时间里,你需要表明将如何保护研究中的人类受试。你的受试保护计划需要获得正式的许可,并且不能仅仅将其视为研究规范的一道程序。

之所以要保护被研究者,是因为几乎所有的案例研究(比如本书中所介绍的这些案例研究)都是研究人类事务。单就这一点而言,你和其他社会科学家们就不同于研究物理、化学或其他非人类系统的科学家,也不同于那些研究"不复存在的过去(dead past)"的历史学家。"在现实的情境中研究一个现时的现象",你的工作必须遵守伦理规范,正如医学研究有其遵循的职业道德一样。

为保护被研究者,你有责任以关怀的态度和敏锐的感觉来从事案例研究——这远远超出了本书所涉及的研究设计和其他技术因素。你需要特别注意的事情包括(国家研究委员会 National Research Council,2003,第 23—28 页):

- 知会所有可能参与你的案例研究的人,让他们知道你的案例研究的实质,正式邀请他们自愿地参与你的研究,并获得他们的同意;
- 保护那些参与到研究中的人免受伤害,避免研究中有任何欺瞒行为;
- 保护参与者的隐私和秘密。不让他们因为参与了研究,而在无意中被置于不愉快的境地,比如要求其接受请求,并登记在册,以备参与你或其他研究者将来的研究。

- 保护极易受到伤害的群体,做好特别的防范工作(例如涉及儿童参与的研究);
- 平等地挑选受试,不能不公平地选取或排除某一群体。

研究计划由研究伦理审查委员会(Institutional Review Board,简称 IRB)批准。该委员会负责对以人类为被试的研究项目,进行审查并批准。因而,实施案例研究前最必要的一项工作,是找到你所在机构的研究伦理审查委员会,遵循它的规范,并获得批准。

委员会的审查内容包括研究目的和保护被研究者的计划方案。需要注意的是,在研究过程中,你与被试者的互动,可以是直接接触的方式(如在访谈中),也可以通过使用个人档案的方式(如员工或学校档案)。与使用其他方法的研究相比,IRB 对案例研究比较陌生,因而对案例研究的审查会更加严格。例如,案例研究的访谈比其他研究方法更具挑战性的一点在于,这些互动关系并不像调查法中访谈和闭卷调查一样,是特意建构起来的。委员会想获得如下信息:你打算如何与被研究者进行互动? 你准备使用的研究草案和资料收集工具是什么? 你如何保证知情同意、伤害预防和保密等保护措施真正落实(关于 IRB 审查准备和互动工作的详细资料见辅导材料 3.1)?

你本身的专业道德,以及制定该领域人类研究(不仅仅是案例研究)道德标准的专业研究机构(例如,教育评价标准联合委员会,Joint Committee on Standards for Education Evaluation,1981,也可见87—88 页对上述 7 个专业机构文件的引用),都会为你提供更加广泛的指导。同样重要的是,无论你是大学中的研究者,还是某一独立研究机构的成员,你所在的机构也有自身的规定,你必须遵守其规则和程序。

为进行案例研究而接受培训

参加培训,也是进行案例研究的必要步骤。培训的时间安排并不总是线性的,它与获得人类受试保护的审核批准时间有关。在获准之前,你要形成初步的资料收集计划。但只要批准没有下达,你就无法完成计划。因此,下面介绍的培训是一个长期的活动,开始于审批之前,结束于审批之后。

研究者之所以需要接受收集资料的训练,是因为每个案例研究者都必须能够像"资深"研究者那样收集资料。一旦你开始资料收集工作,你就必须把自己看作一个独立的研究者,不能再依赖任何工作手册或教条来指导你的研究。你也必须在资料收集过程中进行明智的判断。

从这一意义上来讲,对研究者的训练工作应该在界定问题、设计研究方案阶段就开始。如果上述两个步骤像第1、2章描述的那样,进展顺利,那么接下来只需进行短暂的训练就可以了,尤其是当只有一个研究者时更是如此。

然而,事实往往是另一种情况,案例研究常常会因为下述原因而需要一个研究团队①:

1. 即将开始的研究虽是单案例研究,但却需要同时收集多个采样点上的资料,因此需要一个研究者"团队(team)"(见文本框14);

2. 进行的是多案例研究,需要不同的研究者同时收集不同节点上的资料,或者轮流收集不同节点上的资料(Stake,2006:21);或者

3. 同时出现以上两种情况。

这种情形下,研究团队所有成员都需要参与案例研究草案的文稿设计。案例研究草案文稿需获得研究伦理审查委员会的许可,研究者应将研究伦理审查委员会许可文书一并纳入案例研究方案的终稿。

当同一项案例研究需要多个研究者或一个研究团队参与时,所有参与者都需要通过培训而成为"资深"的研究者。案例研究培

---

① 拥有一个研究者和需要多案例研究者对整个研究的不同取向具有重大影响。如果该项目只有一个人承担,那么他常常根据资料收集过程中出现的新情况、证据分析过程中出现的新模式等,快速地、本能地、创造性地作出调整。然而,如果该项目由多个研究者共同承担,那么为了保持研究小组各成员之间的一致性,某个研究者的创造性将受到压制。但是,多个研究者共同承担某一项目的好处在于,它能够最大限度地减少案例研究中的先入之见。

> **文本框 14**
> **实地调查的后勤管理(约 1924—1925 年)**
>
> 在"管理"案例研究时,安排研究的进程及采用合理的方法收集相关证据是十分重要的一环。一些当代的学者可能会认为,研究活动的后勤管理工作只是在 20 世纪 60、70 年代随着"大"社会科学的发展才出现的新事物。
>
> 然而,案例研究的许多管理与后勤保障技术,在几十年之前的一项堪称经典的研究中就已经出现了。两个研究者和他们的助手在他们要研究的城市设立了一间办公室,在其他时间,这间办公室也供其他研究项目使用。借助这间办公室,两位研究者和他们的助手成功地融入了当地的日常生活,以此为据点查阅文献资料,编辑统计资料,进行访谈、分发和接收调查问卷。通过 5 年的密集研究,罗伯特和海兰·林德(Robert,Helen Lynd)出版了堪称有关美国小城镇研究的经典之作——《中镇》(*Middletown*,1929)。

训应采取小组研讨的形式,而非死记硬背手册。这是因为在小组研讨中,培训者可以有大量时间阅览相关文献、进行充分准备、掌控培训过程(表 3.1 是一个案例研究培训的议程安排)。

表 3.1 案例研究培训的多专题议程

预备性读物:包括案例研究的初始申请书(如果有的话);实地调查的方法论;该案例研究内容的相关著作;以往案例研究的样本材料(报告或出版物)。

专题 1:讨论该案例研究的目的、主要研究问题和案例的选择

专题 2:评析该案例研究的草案

　　A. 讨论其理论框架及已有文献

　　B. 如果需要,制订或评估研究的逻辑模式

　　C. 深入讨论草案的主题(主题是否重要? 各主题能够收集到哪些类型的证据?)

D. 预计案例研究的总结报告可能会包含哪些主题(有助于在最终目标上达成共识)

专题3:审议研究方法

A. 安排所要调查的地点(如发给受访者的确认函样件)

B. 实地调查的程序(讨论实地调查方法的原则)

C. 运用证据(审查证据类型,是否有合并的需要?)

D. 记笔记或者采用其他实地调研方法

E. 后续活动(例如,发给受访者的感谢信样件)

F. 项目日程安排,包括关键环节的截止日期

一般来说,培训的内容将涵盖案例研究的各个阶段,包括阅读、了解研究对象,熟悉案例研究设计的理论架构以及案例研究采用的方法和技术。在方法论培训部分,你可以温习"其他案例研究所运用工具"的范例(参见文本框15)。

文本框15

温习其他案例研究所用的工具和方法

21世纪,网站为掌握其他案例研究所用工具和方法提供了机会。例如,网络上的文章、学术杂志可能会再现纸质版文章中没有呈现的附注材料,这些补充性附注材料中包括规范的案例研究草案、案例研究编码表与部分案例研究数据库链接的证据表,以及案例研究数据库中的一系列文档资料。
(Randolph & Eronen,2007)

培训的目的是让所有的参与者都能够理解相关的基本概念、术语、方法论及其他与研究相关的问题。通过培训,每个研究者都应该知道:

- 完成这一研究的目的是什么;

- 为完成这一研究需要收集哪些证据;

- 可能会出现哪些变动(如果真的出现这些变动,那么该怎么

应对);

- 哪些证据能证实某一特定理论假设,哪些证据能证伪某一特定的理论假设。

在专题研讨会中,能让参与者达到理想的理解水平的活动不是演讲,而是讨论。

用专题研讨的方法进行案例研究的培训与进行其他研究方法的培训——如对调查访谈人员的集体培训——又有所不同。调查培训也要涉及讨论,但其培训重点在于讲解调查问卷所涉及的术语、用语。这种培训也不会涉及整体性或理论性的问题,接受培训的调查人员只需要理解调查量表的机制,而不需过多了解调查研究的全过程。调查培训也极少涉及有关研究对象的其他文献材料,接受培训的调查人员不了解他们收集到的资料在研究的后期阶段将会被怎么分析、处理,也不关心研究的问题到底是什么。这种培训方式也许能够达到调查的目的,但远远不能满足案例研究的需要。

制订研究草案

接下来的部分,要讨论案例研究草案的内容。因为,一个合理且受欢迎的培训任务,就是让每一位研究者都能理解案例研究草案。

为加深研究者对草案的理解,需要将草案涵盖的系列主题分配给每个研究者或每个团队成员。然后,每人负责查阅所分主题的阅读材料,添加相关信息,并主持讨论,讲清所负责的内容。这种安排能够保证每个成员都掌握草案的内容,并与小组合作。这样做的目的是让每个成员以及整个团队深入了解草案内容,并相互交流。

培训中要解决的问题

培训阶段也是发现研究设计中的问题、考察研究团队是否具有研究能力的一个契机。如果发现研究设计确实存在问题,或者发现研究团队有些成员不称职,你应该感到欣慰:如果等到收集资料时才发现这些问题,那就难以补救了,及早发现这些问题有利于采取补救措施。因此,好的研究者应该想方设法在培训活动中,把潜在的所有问题全都暴露出来。

培训中最可能出现的问题,是发现案例研究设计存在的缺陷,或者是发现对所要研究的问题界定不够清楚。如果出现这种情况,你必须对原有的研究设计进行某种修订,尽管这会浪费一些时间和精力。有时,这种修订甚至会对研究的目的形成挑战。例如,某项研究的初衷是分析某一技术现象,譬如个人电脑的应用,但最终的案例研究方案却变成了对组织行为的分析,譬如监管不力。不管怎样,只要更改了研究设计,那你就要再次检索相关的先期研究文献,重新制订研究计划,并保证通知到参与研究的其他相关人员。你还应查询 IRB 的规则,确认是否需要重新审查受试保护方案。如果培训过程中发现原有研究设计的不现实之处,并予以修正,那么这次培训也是很有价值的。

培训阶段可能出现的第二个问题,是发现研究团队之间的不相容性——尤其是某些研究人员可能与项目主持人的研究理念不同,不认可既定的研究设计。例如,在一个有关社区组织的多案例研究中,研究者们对于组织的效益具有不同的看法(如美国社区委员会,1979)。当发现研究人员心中存在很深的成见且互不妥协时,一个处理办法是告诉研究者,如果他们能够找到有力的证据,那么他们的想法都将受到尊重与承认。当然,研究者也可选择要么继续进行研究,要么退出研究项目。

培训阶段可能出现的第三个问题,是发现原有的研究设计对研究的最后期限或研究资料来源抱有不切实际的期待。例如,某个案例研究可能假定要以自由、开放的方式访谈 20 个对象,但要完成如此多的访谈,将花费的时间比原定计划多很多。在这种情况下,如果仍想访谈 20 个对象,那就要修改原定的资料收集进度表。

最后,培训活动也可能发现一些正面的、积极的特征,譬如发现两个或多个研究人员之间形成良好的、有利于研究工作的默契伙伴关系。在培训阶段出现的这种亲密关系很可能会延续、扩展到资料收集阶段,也可能有助于研究人员的优化组合。但一般来说,培训应以形成收集资料的群体工作规范为主要目的,这种形成规范的过程比形成亲密的伙伴关系更重要。如果形成了收集资料的工作规范，那么在收集资料的过程中出现预料不到的情况时，所有的研究人员都将会互相支持，共同应对复杂的情形。

练习 3.3　开展实施案例研究的培训

描述一个案例研究项目的准备与培训工作，和运用其他研究方法（如统计、实验、历史研究、档案分析等）的准备和培训工作有哪些不同之处？如果你需要和另外 2~3 个研究者一起从事案例研究，请制订出一份对他们进行培训的辅导材料。

案例研究草案

案例研究草案与调查量表的唯一相同之处，在于他们都是面向单一资料点——或者从单案例研究（或者该个案是复杂的多案例研究中的一个组成部分）中采集资料，或者从单一受访者那里采集资料。

除此之外，案例研究草案与调查量表之间没有任何相同之处，案例研究草案要比调查量表复杂得多。首先，案例研究草案包括研究工具、工作程序以及实施案例研究草案的原则。其次，案例研究草案面向的对象与调查量表面向的对象完全不同。再次，不管在什么情况下，制订研究草案都有助于进行案例研究，尤其是进行多案例研究时，帮助会更大。

案例研究草案是增加案例研究信度的一种重要手段，其目的是指导研究者更好地通过单案例研究（复杂的多案例研究可以分解为多个单案例研究）收集证据。表 3.2 是一个研究草案的例子，用于研究执法实践的改革。这一执法实践的改革是在美国联邦政府的资助下进行的。在此之前，研究者通过筛选程序界定了要研究的执法实践（详情请参见本章"筛选案例研究对象"一节）。另外，由于需要从多达 18 个案例中收集资料，因此在某一特定案例上无法深入地搜集资料，对每个案例提出的问题不是很多，最多也就 10 个(见表 3.2 中 C 部分)。

表 3.2　执法实践改革研究草案内容表

A.案例研究简介

　　1. 介绍项目赞助者(如果有的话)和研究人员感兴趣的研究任务、目标群体

　　2. 研究的问题、理论假论及中心论点

　　3. 案例研究的理论架构(逻辑模式)

　　4. 案例研究草案对于研究者的指导作用(表明研究草案是研究者进行调查研究的标准程序)

B.资料收集过程

　　1. 负责现场调查的联络人的姓名

　　2. 资料收集计划(涉及想要收集的资料类型,包括受访人员的作用、待观察事件以及其他需要查阅的文件资料等)

　　3. 参观访问之前所必须进行的准备工作(现场调查前列举出需要研究的特定文献资料,以及需要解决的问题等)

C.研究问题(具体问题见表 3.4)

　　1. 当前的执法措施及其创新之处:

　　a. 详细描述该执法措施,包括其人事和技术发展过程(如果有的话)

　　b. 为了实施新的执法措施,社区及司法机关采取了哪些措施,共同付出了哪些努力(如果有的话)? 其本质是什么?

　　c. 当前的执法理念是如何形成的?

　　d. 当前的执法实践是否经过周密的计划? 进展情况如何? 这一执法实践最初目的是什么? 是针对哪一个人口群体或区域的?

　　e. 与同类型或同一司法行政区的其他执法实践相比,该执法实践有何创新之处?

　　f. 该执法实践是否得到司法部门的常规财政支持,或者其他外部资金支持?

　　2. 创新司法实践的评估

　　a. 评价该实践的方案是什么? 谁来实施评估?

　　b. 曾经执行过什么样的评估活动?

　　c. 采用了什么样的效果评估方法? 到目前为止,得出了什么结论?

　　d. 在解释执法措施的实施效果与联邦资助之间关系方面,曾经进行过哪些探索? 得出何种竞争性解释?

续表

D. **案例研究报告内容索引**

1. 报告的受众以及受众对交流方式的偏好

2. 运行中法规政策的实施

3. 该法规实践的创新之处

4. 目前的实施结果

5. 法律实施部门与该法规相关的现状和历史

6. 待陈列的内容:执法措施在该地执行情况和结果的事件年表;执法措施的逻辑模型;结果或其他资料展示;相关参考文献;受访人员名单

如表 3.2 中的示例所示,一般来说,案例研究草案应包括四部分:

- A 部分:案例研究概述(研究目的及前景、需要研究的问题、有关研究问题的相关研究成果);
- B 部分:实地调研程序(受试保护程序、潜在资料源的鉴别、调查时需要出示的介绍信、其他后勤备忘事项);
- C 部分:研究问题(收集资料过程中研究者必须牢记的特定问题,能够回答特定问题的证据的来源渠道——见表 3.4);
- D 部分:研究报告撰写指南索引(研究大纲、资料呈现方式,其他记录材料的使用和呈现,研究者简介等)。

只要稍微游览一下案例研究草案的内容,你就会明白它为什么如此重要。首先,它能使你的研究活动锁定在研究对象上。其次,制订研究草案将迫使你对相关问题,包括案例研究报告的撰写方式等进行深入思考。这意味着,你必须在进行案例研究之前,就思考研究报告的阅读对象是些什么人。从长远来看,这些思索将会使你避免在研究过程中出现重大失误。

表 3.2 所示的案例研究草案显示出案例研究报告的另一个重要性质:报告的大纲始于描述要研究的创新性执法实践(见表 3.2 中的"D2"),只是在最后才描述执法机构的情况以及与执法实践相关的历史背景(见表 3.2 中的"D5")。这种安排反映出这样一种

事实:大多数研究者在历史和背景材料方面投入了过多的精力。尽管这些都是非常重要的,但研究的对象——在本案例中指执法实践的创新——才是研究的重点,应给予更多的注意。

下面分别讨论案例研究草案的四个部分。

案例研究概述(研究方案中的 A 部分)

概述部分应包括案例研究的背景信息、研究的实质问题以及相关阅读文献。

背景信息部分可以从讲述研究赞助者(如果有的话)和受众(如论文委员会)的任务和目标开始。在研究中需要对此保持关注。譬如,如果赞助者或受众希望能够展示研究与以往其他研究的关系,研究者可以采用一般形式或者按照某种时间序列撰写研究报告。赞助者或受众对研究此类特点的明确认可一般在概述部分。

在背景部分还要纳入一个针对相关人员的声明,这些人员包括想了解这一研究目的和赞助者(如果有的话)的人员,以及研究实施中可能涉及的其他人员。在该声明的下面可以附上一封给受访者和受访机构的介绍信(表3.3 是一封介绍信的样件)。

然而,概述部分的主体应该是你要研究的实质内容。这包括筛选案例的原则,需要验证的理论假设,该研究的理论价值及其对公共政策可能产生的未来影响等。在概述部分应列出所有主题之前已完成的相关文献资料,并保证研究小组中的所有成员都能拿到这些前期研究文献。

好的研究概述应能够向那些有见识的读者(即很熟悉该项研究相关内容的人员)介绍研究的目的和内容安排。其中一些材料(例如研究方案的简单描述)也可以用于其他目的,所以对前期研究进行概述就具有双重价值。同样道理,资料丰富、用语恰当的概述可能为最后研究报告中"背景"和"引言"部分的撰写打下一个坚实的基础。

表 3.3 介绍信样件

全国社区工作委员会

2000 K 大街,N.W.大厦 350 房间

华盛顿特区,20006

电话 202-632-5200

1978 年 5 月

_____有关机构或人员:

_____先生是一位在社区复兴和社区组织方面具有丰富研究经验的学者,他受聘于全国社区工作委员会专家小组,参与一项研究计划。该小组将对 40~50 个案例进行研究。

全国社区工作委员会希望通过案例研究最终回答如下问题:在实力、公众态度、投资政策(包括公共投资和私人投资)等外部环境不利的情况下,社区如何才能继续保持繁荣? 怎样才能使社区保持活力? 如何增加社区的人口数量? 社区振兴的前提条件是什么? 如何形成有利于社区复兴的大环境?

本介绍信将面向社区领袖、管理人员及城镇官员。我们恳请您拿出宝贵的时间、经验和耐心,接受我们的采访。您的合作对于这个研究的顺利进行极有助益。我们的研究结果将提交给总统和国会,为未来的政策改革提供建言。

我代表全国社区工作委员会的 20 名专家,对您的合作表示感谢。如果您希望得到我们寄送的研究简报和最终的研究报告,我们的访谈员将会很高兴地为您安排。

再次感谢。

社区工作委员会主席

约瑟夫·F.蒂米奇参议员

(签名)

实地调研程序(研究方案中的 B 部分)

在第 1 章中我们已经讨论过,案例研究是在不脱离现实生活情境中对事件进行研究。这一特性对于案例研究设计具有重要意义,这在第 1、2 章中也已有所讨论。

然而,对于资料收集来讲,案例研究的这一特性也引出一个重

要问题——必须精心设计实地收集资料的程序。你必须在研究对象的日常生活和日常工作中收集资料，而不是在严格控制的实验室、安静的图书馆中进行。你也没有严格的调查量表来约束受访者的行为。在案例研究中，你必须学会把真实世界中的真实事件与收集资料的方案结合起来。就这一意义来说，你不能像第 1 章中所讨论的其他研究方法那样，可以对资料收集的环境进行控制。

在实验室实验中，被试进入实验室——实验室内的环境几乎全部被研究者所控制。被试在伦理约束、物理条件的控制下，必须遵从研究者的指示，根据指令作出反应。同样，采用调查量表进行统计时，受访者一般也不会偏离调查量表所列举的问题，他们的行为也受到研究者事先设定的基本规则的约束。当然，如果被试和受访者不愿遵从研究者的指令，他可以自由地退出实验或调查。最后，在采用历史法进行研究时，研究者可能无法随时拿到相关的历史文献资料，但他可以按照自己的节奏在自己方便的时候去查阅。在以上三种情况下，研究者基本可以控制资料收集活动。

但案例研究所面临的环境完全不同于以上三种情况。为了采访关键人士，你必须迎合他们的日程安排表，而不是按你的日程表进行采访。采访的性质更加开放、自由（open-ended），受访者不一定按照你所提出的问题进行回答。同样，在进行日常观察时，你是闯入受访者真实生活的不速之客。在这种情况下，你必须对自己的行为作出调整，成为一个观察者（甚至是参与性观察者）。因此，在案例研究中，受到约束的应该是你的行为，而非受访者或被观察者的行为。

由于案例研究的资料收集与其他研究方法的资料收集程序有所不同，因此在安排案例研究的资料收集活动时，必须详细计划，尽可能多地设想各种可能出现的情况，并设计好应对措施。例如，假如你是一个准备参加野营的少年，由于你不知道将会出现什么情况，那么最好的准备就是尽可能多地携带相关生活必需品。案例研究的实地研究程序与其大致相同。

搞清楚这一点之后，案例研究草案中的实地研究程序就要着重阐明资料收集的任务，包括：

- 联系主要机构或受访对象;
- 携带足够的必需品——包括个人电脑、文具、纸、纸夹,以及事前建好的供个人记录资料用的安静场所;
- 提前制订在需要的时候向同僚或其他研究者求助的程序;
- 制订工作时间表,对一定时期内的资料收集活动做出明确的安排;
- 预留出一定的时间,以应付突发事件,如受访者日程的变化,或者研究过程中你自己阅历、心态、动机的调整等。

以上这些是案例研究草案中实地程序部分可能涵盖的内容。具体详细的实地程序应根据案例研究的性质、内容而作出相应的调整。

实地程序设计得越具有可操作性,对资料收集活动的帮助就越大。在此仅举一个很小但很重要的例子。案例研究的资料收集活动往往要如实地记录下大量的文档,搬运大量的文档往往给研究者造成不便,有两种方法可以减少这种不便。首先,案例研究小组可以多准备一些大的、贴好标签的信封,以便他们能通过邮局把这些文档寄回研究基地,减少搬运、携带的不便。其次,在资料收集的日程中预留出一定的时间,以使研究者能仔细研读文件,找出其中有用的文档,利用当地的复印设备加以复印,然后把全部文档退还给其所有者。这些细节安排能够提高资料收集工作的整体质量和效率。

实地研究草案的最后部分应清晰地说明,要用什么样的程序来保护被试。首先,应该重申研究伦理审查委员会批准的现场研究程序。其次,应该提供"便于记录"的用语(scripted words)或说明(instructions),以便研究团队征求受访者的"知情同意(informed consent)";否则,就要告知案例研究的受访者和其他参与者,该研究存在的风险或其他情况。

需要研究的问题(研究方案中的 C 部分)

研究草案的核心是一系列能够反映出实际研究概况的问题。一些人可能会认为这一部分是案例研究的"工具"。其实,研究草案中的问题与访谈调查中的问题有如下两大不同之处。

问题的一般定向

首先,草案中的问题询问的对象是研究者,而非受访者。就这一意义来讲,研究草案与调查量表完全不同。从本质上来说,研究草案中的问题是用以提醒你在资料收集过程中的注意事项,以及你这样做的理由。在有些情况下,研究草案中的问题也可以作为访谈时向访谈对象提问的问题,但是,研究草案中的问题的主要目的是让研究者在资料收集过程中不偏离既定的轨道,保持正确的方向(表3.4是某学校改革案例研究草案中的一个实例,整个研究草案包括几十个这样的问题)。

表3.4 研究草案示例问题(源于某学校的实践研究)

> 描述学校2年或多年前实施的、旨在提高教学质量的一项措施。这项措施的名称是什么?
>
> - 把有关这一措施的相关问题放入逻辑模型中,按时间顺序排列,解释题目之间的因果关系。
> - 收集资料,看这一措施在某一时间段内,使学校工作的哪些方面有了哪些提高,例如:
>   - 统一了有关人员对教学目标的认识
>   - 提高了教育标准,加强了学术要求
>   - 提高了教师的教学技能
>   - 促使家长积极关心子女的学业成长
>   - 学生学业水平有所提高(如积极选修某一特定学科,出勤率或者竞赛成绩有所提高等)
> - 援引支持(或否定)原始逻辑模型的证据,解释该措施导致这些变化的原理和原因。

每个问题的后面应该附上与这一问题有关的资料来源。资料来源包括受访对象的姓名、有关文件或者观察记录。在问题与证据的来源渠道之间建立联系,对于资料收集极有帮助。例如,在进行某一特定的访谈之前,研究者快速浏览一下问题,就可以做到对访谈内容心里有数(再次强调,草案上的问题只是研究问题的框架,与研究者向访谈对象提问的问题并不是一回事)。

问题的 5 个层级

第二,研究草案中的内容分为不同类型或水平的研究问题。这些问题可以体现为如下 5 个层级:

第 1 级水平:要求特定的访谈对象回答的问题;

第 2 级水平:与单个案例有关的问题(在某一单独个案中,案例研究草案要求研究者回答的问题,在这里,所谓单独的案例可以是单案例研究中的案例,也可以是较大的多案例研究中的某一特定案例);

第 3 级水平:多个案中有关研究结论模式的问题;

第 4 级水平:与整个研究有关的问题——例如,查找案例研究之外的其他证据,纳入其他研究成果,从已出版的著作中引用相关资料等;

第 5 级水平:在研究范围之外的、与提出政策建议或进行总结、评价有关的问题。

在这 5 个水平层级中,研究者在研究草案中应重点关注第 2 层级水平的问题。

第 1 级水平和第 2 级水平的问题之间的差异非常明显。由于研究者误认为他们要研究的问题(第 2 级水平的问题)与他们将向受访者提问的问题(第 1 级水平的问题)非常相似,因此常常将两类问题混为一谈。为区别这两类问题,你可以设想自己是一个侦探,最好是一个老谋深算、经验丰富的侦探。侦探心中思考的是某一罪案可能的发生过程(第 2 级水平的问题),但他实际询问目击者和嫌疑犯的问题(第 1 级水平的问题)却并不一定要把自己内心的想法全都表露出来。口头表达出来的问题与心里想的问题并不相同,这就是第 1 级水平问题与第 2 级水平问题的区别。对于案例研究草案来讲,清楚明确地提出第 2 级水平的问题远比试图提出第 1 级水平的问题重要。

现场访谈中,牢记第 2 级水平的问题,同时又能对受访者问出第 1 级水平的问题,并不是件容易的事。同样,在审阅详细的文件(这些文件会成为案例研究证据)时,你会忘记第 2 级问题(问自己"我为什么要阅读这个文件?",往往会有启示作用)。参与前面的研讨式培训,有助于克服类似问题。你要记住,成为"资深"研究者意味着你知道怎样去探究问题。案例研究草案中的问题(第 2 级水平)就是这种探究的具体化。

研究者还应该清楚地理解其他三个水平的问题。贯穿多个案例研究的问题(如第 3 级水平的问题)可能包括,是否大的组织单位比小组织单位反应更迅速? 或者复杂的官僚结构是否会使大组织单位变得更臃肿、更迟钝? 然而,第 3 级水平的问题不应该出现在单一个案资料收集的研究草案中,因为单一案例只能解释一个组织单位的反应灵敏程度。只有多案例研究中各个案例的资料都收集完了之后,研究者才能提出和分析第 3 级水平的问题。所以,只有在多案例研究中才能涉及第 3 级水平的问题。同样,第 4、第 5 级水平的问题也超出了单案例研究的范围。你在制订研究草案时一定要注意这一点。请记住:研究草案是为收集单一案例(或者是作为多案例研究中的一部分)的资料而制订的,它并不能扩展到整个研究项目中。

资料收集单位与分析单位的混淆

在区分案例研究草案中的第 1 级和第 2 级水平问题时,还会产生另一个更微妙、但更严重的问题。该问题也许可以归为案例研究分析单位(unit of analysis)的问题。它与案例研究资料收集单位(unit of data collection)是不同层次上的不同问题。如果两者混淆在一起,分析单位会出现不必要的变化。

这种混淆的出现,是由于资料来源可能是单个的人(例如,对单个的人进行访谈),但案例研究的分析单位可能是某一组织(访谈对象可能隶属于这一组织),这是常见的研究设计。尽管你不得不大量使用通过个人访谈得来的证据,但你的结论不能全部基于访谈之上(否则你的研究将会成为一个开放的调查,而非案例研究)。因此,在这个例子里,草案应当针对组织设置问题,而非针对个人。表 3.5 中第二行介绍了一个组织案例研究,列举了资料源于个人访谈(框 1)或者组织政策记录及文件(框 2)时的不同情况。

但是,与此相反的另一种情况同样会引起混淆。你的分析单位是个人,但资料来源包括来自组织(框 3)的文档记录(如人事资料或学生档案)。在这种情况下,你同样要避免把你的研究结论完全建立在组织机构提供的资料之上。因而,在这个例子中,草案中的问题不是关于组织的,而应该是关于个人的。表 3.5 中的第一行就是一种关于个人的案例研究。

表 3.5 设计与资料收集:不同分析单位

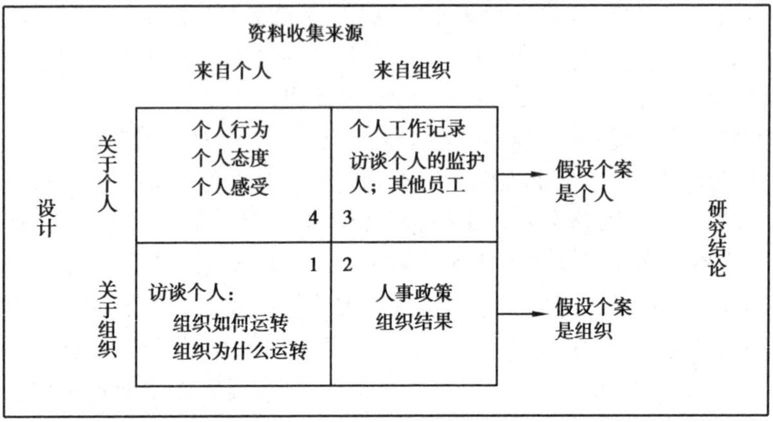
资料收集来源
来自个人
来自组织
设计
关于个人
关于组织
个人行为
个人态度
个人感受
4
个人工作记录
访谈个人的监护人;其他员工
3
1
访谈个人:
组织如何运转
组织为什么运转
2
人事政策
组织结果
假设个案是个人
假设个案是组织
研究结论

其他资料收集方法

研究草案中的问题也可以用空白"表壳(empty table shells)"(有关详情,请参见 Miles & Huberman,1994)形式出现。"表壳"实质上是一个表格的框架,已经定义了"行"和"列"——但表格中的内容却是空的。就这一意义来说,表壳指明了需要收集的资料,你的任务就是把表格中缺少的部分填满。相关资料可以是量化(数据)资料,也可以是质性(分类或描述性)材料。如果是质性材料,你应将空表和已完成的表列为"字表(word table)"。

表壳有以下几个作用:首先,表壳能一目了然地告诉你应该收集哪些资料。其次,它使你明白,在多案例研究设计中,相类似的资料将出现在哪些节点上。最后,它还可以告诉你,一旦完成所有资料的采集后,下一步该做哪一项工作。

指导撰写研究报告(研究方案中的 D 部分)

大多数案例研究草案往往缺少这项内容。研究者尚未完成资料收集之前,往往并不考虑研究报告的大纲、呈现形式、面向的读者群等问题。然而,虽然表面上看,在实施研究前的准备阶段就尝试撰写研究报告有些违反研究的先后顺序,但是在研究草案中尝试勾勒出研究报告的大纲,却有着重要意义(本章开篇的图中,从"准备"指向"分享"的箭头显示的正是这一尝试)。

再者,传统的线性研究顺序——即先完成资料收集工作,然后才考虑报告——源于其他研究方法实践。比如,实验者在完成全部实验之前通常并不考虑研究报告的格式,也不考虑研究报告的读者对象,因为他们的研究报告通常都刊登于学术刊物上。因此,绝大多数实验报告都遵循相同的大纲结构:提出问题和研究假设,叙述实验设计、实验器材及资料收集程序,呈现收集到的资料,分析资料,讨论并得出结论。

不幸的是,案例研究报告并没有可供遵循的、广为接受的大纲结构。正因为如此,在实施研究之前,每个研究者都应该对案例研究报告的设计有所思考(第6章将进一步讨论报告准备工作)。最终报告的质量能确保报告发表于学术期刊的概率。预测并确定报告可能得以发表的一两种期刊之后,效仿该期刊所刊载的文献的模式撰写研究报告,对报告的发表也会有所帮助。

无论采取前面所述的哪种方式,研究草案的制作都将受益于你对以往相关研究的查阅——例如,曾发表于候选期刊的案例研究或者曾受赞助者支持的报告。草案中的指导可能会指出研究报告潜在的读者、主题,或规定最终报告的长度。譬如,有些案例研究的赞助者如果对穿插名人轶事的报告没有兴趣,但可能会觉得小插图有趣,那么指导方案应强调对这种类型材料保持敏感。

除此之外,研究草案还应该对研究报告中的文献、文档引用作出说明。如果处理得当,一个资料翔实的案例研究将会引用到相当多的文献,包括已出版的研究报告、公开刊物、备忘录以及在案例研究中收集到的其他文档。研究完成后如何使用这些文档资料,展示出来?在大多数情况下,这些文档资料被堆放起来,束之高阁,乏人问津。但是,这些文档资料其实是案例研究"资料库"的重要组成部分(见第4章)。一种方法是在案例研究报告中附上参考文献目录，列出每个参考文献。注释和参考文献可以帮助读者和研究者了解到哪里去查找与研究有关的更详细资料。

总而言之，研究草案中应该包括尽可能详细的研究报告大纲。它将有助于研究者收集相关资料，以合适的形式呈现，并降低研究者被迫对同一问题进行补充访谈的可能性。然而与此同时，研究者不应被预先制订的研究草案所束缚。实际上，案例研究的一个长处就是具有灵活性、伸缩性——如果运用得恰当且没有先入之见的话——我们鼓励研究者在初步收集资料的基础上调整不合适的研究设计。

练习 3.4　制订一个案例研究草案

从你们学校的日常生活中（过去或现在）选择某一需要解释的现象，例如，为什么学校近来改进了某些措施，或者是如何做出有关课程或培训决策的。尝试解释这一现象，并制订出收集相关材料的案例研究草案。你的主要研究问题和理论假设是什么？你的资料来源有哪些（例如要访谈的人员、查找的文献、要做的实地调查等）？你的研究草案是否能够指导资料收集过程？

为你的研究筛选候选案例

另一个准备步骤是对那些能够成为你研究"核心（centerpiece）"的案例进行最终筛选。有时，你几乎不需要进行筛选，因为你要研究的是独一无二的案例，它的身份在研究开始之前就已经被确定了，或者由于某种特殊的原因或安排，你早就确定了要研究的对象。然而，在另外一些情况下，你也许要面对许多可以成为研究对象的案例，必须从其中选择一个案例作为单案例研究的对象，或者选择一系列案例作为多案例研究的对象。筛选的目的是确保你在进行资料收集之前，能确定合适的案例。最坏的情况是，你在已经收集了大量的资料之后,却赫然发现你选择的案例不具备可行性,或者选取的案例并不是你所期望的那一类型。

一阶段筛选方式

如果可供选择的案例(无论分析单位是组织、个人,还是其他实体)的数目在 12 个以内,你就必须向熟悉这些案例的人请教,请他帮助你进行筛选。你也可以收集有关这些案例的初步资料,但千万要注意避免把收集资料进行筛选的过程复杂化为"迷你型"的案例研究。在收集筛选材料时,你需要制定一套具有可操作性的标准,以区分哪些适合作为研究对象的可能案例。如果做的是单个案研究,同等条件下,选择资料来源最丰富的案例;如果是多案例研究,则选择最适合(逐项或差别)复制设计的案例。

两阶段筛选方式

如果备选案例太多(如 12 个及以上),那么就需要实施两阶段筛选程序。第一阶段中,研究者需要借助档案资料(如关于学校或公司的数据库)收集有关备选案例总体特征的各项量化资料。研究者可以从核心资料源(central source)(如联邦、州或地方管理机构,以及一些其他全国性的组织)中找到这些资料。拿到这些资料之后,研究者必须划出某种标准,对候选案例进行分层或者压缩案例数量。把备选案例的数目大致压缩到 12 个或更少之后,研究者再启动前一段所述的筛选程序,确定所要研究的案例。一个关于本土经济发展的案例研究就是按照两阶段筛选程序来选择案例的,本书的姊妹篇有关于其筛选过程的详细记录(Yin, 2012, 第 3 章,第 32—39 页)。(也可参见文本框 16 中的例子。)

完成筛选程序后,研究者还需要回过头来,再审慎考虑一下自己先前预定的准备研究的案例数目。如果在通过了各种筛选后,可供选择的案例仍然有多个,那么这将给以后的研究提供回旋的余地。

> **文本框 16**
> **选择案例的方法步骤**
>
> 　　马维尔的一项关于城市社区复兴的案例研究,以假设"社区组织在城市社区复兴过程中发挥重要作用"开始(Marwell,2007)。这一研究在两个社区中开展,对每个社区中四种不同的组织进行了大量的实地调查。
>
> 　　在选择社区时,研究者先依据人口统计学数据将候选社区的数量从 54 个压缩到 14 个,然后按照另一标准从 14 个社区中挑选出这两个社区。在附录中对此有详细介绍(第241—247 页)。接下来,作者描述了这两个社区的组织,以及筛选这些组织的具体标准(见附录第 247—248 页)。作者的阐述为了解如何选择案例以及如何应对意外事件提供了范例(如第 244 页脚注 6)。

试验性案例研究

　　试验性案例研究有助于研究者优化资料内容和步骤,从而提高资料收集计划的质量。从这种意义上讲,试验性研究与其说是一次预试(pretest),不如说是一次试测(pilot test)。试验性案例研究可以发现问题——有时甚至帮助你更清楚地了解某些概念。相比之下,预试则可以被看作是"盛妆彩排(dress rehearsal)",使用的资料收集计划尽可能忠实于最终的资料收集方案。因此,最好在获得研究伦理审查委员会的最终批准之前(本章前面部分讲到过IRB 审核事宜)进行试验性研究。

　　选择试验性案例的方法有很多。比如,参与试验的受访者异常友好、平易近人,或者受访地点非常接近研究者所处的地理位置、便于实施试验性研究,或者该案例能提供大量的资料。当然,也可能是另一种情况,即挑选出来成为试验性研究的案例比真实进行的案例更为复杂,能够在试验过程中暴露实际研究中可能遇到的所有问题。由于试验性案例研究具有非常重要的作用,因此,在正式收集资料之前,研究者一定要在试验性案例上付出比其他环节多得多的精力。因此,下面几个因素值得我们进一步讨论:试验性案例的选择、试验性研究的性质、试验性案例研究报告的性质,等等。

选择试验性案例

一般来说,便利性、可接近性和地理上的相近,可能作为选择试验性案例的主要标准。这可以使研究者与试验对象之间建立比"真实"的案例更和谐、更融洽的关系。试验性研究就像一个"实验室",能够细化研究草案,让研究者能够从不同角度、采用不同的方法观察试验对象的各个方面,了解可能出现的各种现象。

一项有关地方服务机构技术改革的研究(Yin,2012,第29—32页)采用了七个试验案例,每个案例代表一种不同的技术改革。其中四个案例位于研究小组所在的城市中,研究者最先完成了这四个试验性研究。另外三个案例位于另一个城市中,研究者随后完成了对这三个案例的试验性研究,并以此为基础建立起了另一个研究基地。研究小组之所以选择这七个案例,并不是因为其技术多么与众不同,也不是因为其他实质性的原因。之所以选择这些案例,除了地理上接近之外,还因为研究小组提前与这些案例有过私人接触、便于开展试验性研究。另外,这七个案例中的受访者之所以接受试验,是因为他们觉得研究活动正处于初始阶段,还没有固定的议程,不会给他们造成多大不便。

试验性案例的主要受访者往往希望得到你对他们参与案例的反馈意见,以作为回报。他们视你为外部的观察者,而你也应当提供反馈。即使你已经有了代表你的研究旨趣的草案,你还是应该稍作调整,以适应受访者的需要。然后,你应遵照(并试测)正式的实地研究程序,进行试验性研究。

试验性研究的提问范围

在试验性研究中,研究者可以提出比最终资料收集计划更为广泛的问题,这些问题可以是与研究内容相关的实质性问题,也可以是与研究方法相关的方法论问题。

在前面所提到的例子中,研究小组采用七个试验性研究,来提高不同类型案例的概念化水平,分析各种技术对组织机构的影响。研究小组在确定特定的资料收集方法之前,甚至在提出有关理论假设之前,就已经开始了试验性研究。因此,这些试验性研究对主要的研究问题进行分析,具有重要的意义。在进行试验性研究的同时,研究小组还检索了大量的研究文献。他们在进行研究设计时不但吸收了前人的研究成果,而且纳入了自己通过试验性研究得来的实证资料。① 研究小组的双重资料来源,使得研究者的研究成果不但回答了与案例有关的问题,而且归纳出了有意义的理论,并提出了相应的对策建议。

试验性研究为相关的现场调查问题和现场调查的后勤工作提供了方法上的启示。在前述的例子中,研究者遇到了一个重要的后勤问题:是首先观察技术改革的实施过程,还是首先收集与组织机构有关的资料? 与这一问题相关的是如何配置研究人员:如果研究团队有两个及以上的人员,哪些任务需要小组成员协同作战?哪些任务需要小组成员单独完成? 在试验性研究中,研究人员反复试验了各种组合。汗水没有白流,他们最终摸索出了令人满意的资料收集方案。

撰写试验性研究报告

虽然阅读试验性研究报告的人主要是研究者本人,但是,研究者也应该把试验性研究的心得体会以书面文字的形式表述出来,

---

① 最终发表的研究成果获得了美国公共行政学会(American Society for Public Administration)颁发的威廉 E.莫什奖(William E. Mosher Award),成为 1981 年发表于该期刊(The Public Administration Review)的最优秀文章。

即使是以备忘录的形式呈现。试验性研究报告与最终的研究报告的区别在于,试验性研究报告必须详细描述研究设计与实际研究程序之间存在哪些不协调之处。试验性研究的报告可以围绕这一内容,分几个小问题来写。

如果有好多次单个试验性研究,那么一个试验性研究结束后,在其报告中要体现出下一个试验性研究中需要在哪些方面进行改善、提高。换句话说,报告中要包括下个试验的改进措施。如果按照这种方式,经过多次重复,那么最后一次试验性研究的试验方案,实际上就成了案例研究草案的原型。

练习 3.5 选择一个案例进行试验性研究

在实施新研究之前,确定要进行的试验性研究的特点。你将如何联系潜在的参与人员?怎样使用这个案例?你为什么选择一个案例,而不是两个或更多?

本章小结

本章讨论了收集研究资料的准备程序。根据案例研究范围的不同——是单个案还是多个案、是一个研究者还是多个研究者等——收集资料的准备程序也有简单与复杂之别。

本章主要讨论了案例研究者应具备的技能技巧、研究者进行案例研究的准备和培训、案例研究草案的性质、备选案例的筛选、试验性研究的目的和作用等问题。每个案例研究设计根据探讨的具体问题,在不同程度上遵守这些研究程序。

就像从事其他工作一样,如果研究者能按照上述程序进行适当的准备工作,必将能顺利地完成案例研究。因此,我们建议研究者在开始一个复杂的研究项目之前,先从管理的角度进行一个简单的试验性研究。成功地完成每一个试验性研究之后,准备工作将成为研究的第二特色(nature)。另外,如果同一个研究小组一起完成了多个试验性研究,那么成员间的合作将更具效率,更能达到令人满意的专业效果。

辅导材料 3.1
研究伦理审查委员会(IRBs)

获得研究伦理委员会的许可,已成为涉及人类受试的案例研究标准程序的一部分。但是,审批过程并没有统一标准。比如,如果 IRB 对你的研究提出了一些重要问题,在获得审批之前,你可能需要完成多项子任务,这些任务耗费的时间可能会影响你的研究日程表执行情况。

一般情况下,你要认真准备接受 IRB 的审查。每个大学和研究机构都有自己的 IRB,常常由五个或更多资深同事自愿组成,轮流负责。你可以通过查看单位的 IRB 是否有自己的网站,来了解其要求。大部分网站会提供信息,详细介绍 IRB 的审批过程和实践经验。

你或许可以查阅之前提交给该 IRB 中与你的研究项目类似的申请项目。同样,你的文献综述也要突出强调与你的主题和方法高度相似的已有研究。如果你的研究别出心裁,较少突出方法论,那么,IRB 一定会提出方法论方面的问题,你就要预留时间准备回答这些问题。

你可以通过广泛查阅深入研究受试保护的其他作品,尤其是与你的实质研究领域相关的资料源(比如做商业方面的研究,可以借鉴埃里克森(Eriksson)和卡瓦莱宁(Kovalainen)2008 年作品中第62—76 页的内容;社会工作和社会学方面的研究,可以参照格林内尔(Grinnell)和安洛(Unrau)2008 年作品中第 30—59 页的内容;公共卫生方面的研究则可以参照斯伯格曼(Speiglman)和斯皮尔(Spear)2009 年的作品),来熟悉受试保护原则。同样,你可以从各

种社会科学专业指导中选择你最认同的一种,从中寻求咨询意见
(譬如看一下第 3 章"摒除先入之见"部分中引用的几个专业文
献)。

请记住,由于人员变动,不同机构 IRB 以及不同 IRB 关心的问
题会有所差异。一定要提前与你所在单位 IRB 中的一个或两个成
员进行交流,了解委员会的工作程序和要求。

辅导材料 3.1 参考文献

Eriksson, P. & Kovalainen, A.(2008). *Qualitative methods in business research*. London:
Sage. Treats case study research as one of nine methods in qualitative business research.

Grinnell, R. M., & Unrau, Y. A. (Eds.).(2008).*Social work research and evaluation:
Foundations of evidence-based practice*. New York: Oxford University Press. Serve as a
comprehensive textbook on research and evaluation in social work.

Speiglman, R., & Spear, P.(2009). The role of institutional review boards; Ethics: Now
you see them, now you don't. In D. M. Mertens & P. E. Ginsberg (Eds.), *The handbook of
social research ethics* (pp. 121-134). Thousand Oaks, CA: Sage. Describe the role of
institutional review boards.

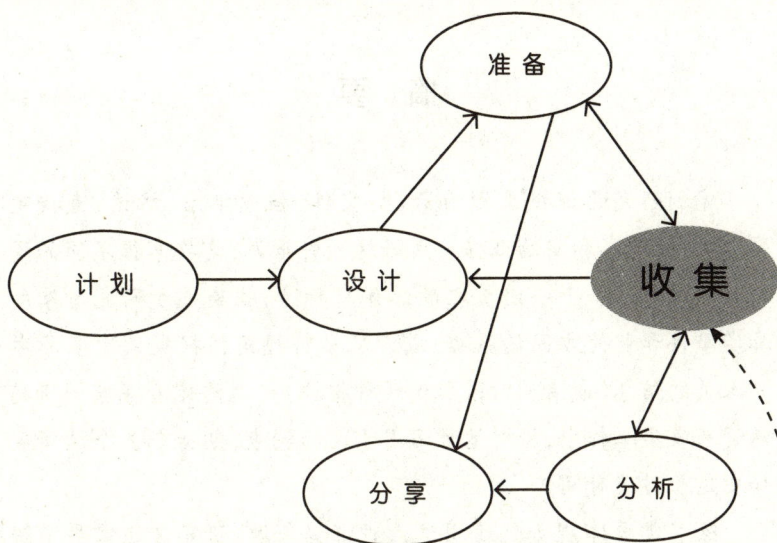

第 4 章

收 集

→ 考虑运用 6 种资料来源

→ 建立各来源资料的数据三角形

→ 将资料编入综合数据库

→ 维护证据链

→ 慎重使用电子资料

摘　要

　　案例研究的证据来源有六种:文件、档案记录、访谈、直接观察、参与性观察和实物证据。用好这六种来源,需要掌握不同的资料收集过程。一个一以贯之的总体目标是,收集关于研究对象的真实事件和行为方面的数据,或者从独特视角捕捉案例中实际参与人员的信息(或者同时采取这两种措施)。这意味着在案例研究的资料收集工作中,将大量时间用于现场调查,包括在多个调研现场中延长访谈时间。

　　除了需要掌握如何运用这六种证据来源,研究者还需要了解案例研究资料收集的四种总体性原则,这几项原则对案例研究的资料收集也非常重要。这些原则包括:(1)使用多种来源的资料(从两种或多种渠道获得资料,并融汇到相同的一组事实或结果上);(2)建立案例研究资料库(不同于案例研究最终报告的一组正式资料,资料库囊括研究者所有的研究笔记、现场调查的文件和表格材料以及研究者对资料的初步阐述和备忘录);(3)在形成证据链时要保持敏感;(4)使用电子资料源(如社会媒体)时要小心谨慎。把这些原则综合运用到案例研究中,会进一步提高研究的质量。

4

收集案例研究资料：

从六种来源获取证据时所要遵守的一些原则

案例研究的证据可以从不同渠道获得。本章将讨论六种主要渠道：文件、档案记录、访谈、直接观察、参与性观察和实物证据。每一种来源都有对应的一系列数据或资料。本章的目的，一是简要介绍这六种来源；二是撇开具体的证据来源，阐述资料收集的四个主要原则。

提供支持的教材

六种证据来源是相互联系的，即使在同一研究中也可能会使用所有六种资料，因而把六种证据来源放在一起做简要介绍，对大家会有所帮助。迄今已有大量关于方法论的专著和论文，对每种证据来源进行了深刻、全面的解释和说明。因此，你需要阅读这些文献，如果某种来源的资料对你的研究极其重要，就更需要仔细地查找、选择和研读所需要的文献。

首先，资料收集方面的专业书籍（这些书籍的确比较久远）为研究者提供了这方面的指导（例如 Bouchard, 1976; Fiedler, 1978; Murphy, 1980; Schatzman & Strauss, 1973; Wax, 1971）。这些书的书名中往往含有"实地工作（fieldwork）"或"实地研究（field research）"等字样，并且不会指向具体的方法，如民族志等。除了介绍基本的资料收集步骤外，这些书籍还会提供后勤计划和实地研究工作方面的指导。虽然内容不是直接重点介绍案例研究，但这些步骤与案例研究类似，操作性强，因而依然有很高的参考价值。但因为出版年代久远，这些书可能越来越难以找到了。

其次，虽然当代相关书籍很容易找到，但选择起来较为复杂。这些书通常只涉及几种资料，如实地访谈（如 Rubin，2011；Weiss，1994）、参与性观察（DeWalt，2011；Jorgensen，1989）、文件证据（Barzun & Graff，1985），因而不能了解多种资源之间的互补作用。其他书籍涵盖的资料类型会多一些，但不一定符合研究需求，因为它们可能有明显的实质性或学科性倾向，例如临床研究或主要护理部门的研究（如：Crabtree & Miller，1999）、项目评估研究（如：Patton，2002）、社会救济研究（如：Rubin & Babbie，1993），或者人类学研究（如：Robben & Sluka，2007）。

再次，有些书籍期初看似乎是一种综合性的方法论著作，除介绍资料收集外，还包括其他主题，但最后却发现，只有很小一部分是介绍资料收集过程的（如：克雷斯韦尔（Creswell）2007 年的著作中，11 章中只有 1 章讲资料收集；希尔弗曼（Silverman）2010 年的著作中，28 章中只有 1 章讲资料收集）。还有一些书籍确实很全面，也较细致地讨论了各项资料收集技巧，但是它们是作为参考书编写的，不适合独立研究者作为指导书使用（如：Bickman & Rog，2009）。

由于以往的方法论书籍与研究者的预期可能存在上述偏差，方法学方面显得零散、杂乱，因此必须克服这些困难，有效掌握资料收集的步骤和方法，从而有效地开展资料收集工作。

小贴士

收集案例研究资料需投入多少时间和精力？
我们怎样判断是否已完成资料收集？

案例研究与其他研究方法不同，没有明确表示资料收集已经完成的分界线。研究者应收集尽可能丰富的资料，确保①大部分问题都有确凿的证据（两个或两个以上不同来源的证据）；②有据查证对立的竞争性假设或解释。

你认为运用其他研究方法的研究，完成资料收集的标志是什么？为什么这些标志对于案例研究没有作用？

提供支持的理论

除熟悉各类来源资料的具体采集步骤外,你还需注意第 2 章列举的与研究设计相关的一些问题:建构效度、内在效度、外在效度、信度。因此本章后面部分将把重点放在第二个目的上,即重点讨论资料收集的四个原则。

这些过去被忽视的原则,这里将作详细讨论:(1)使用多种而不是一种来源的资料;(2)建立案例研究的资料库;(3)组成完整的证据链;(4)注意使用电子资源中的资料,比如社会媒体。这些原则对确保案例研究的质量至关重要,尤其是如第 2 章(见表 2.1)中提到的,它们将有助于解决建构效度与信度的问题。这些原则适用于六种来源的资料,研究中应当尽量遵循。

练习 4.1 辨别其他案例研究中资料的来源

选择本书文本框材料中引用的一个案例研究实例,阅读并归纳出其中五条重要结论,指出支持这些结论的证据来源。指明在哪些情况下,案例运用了一种以上的证据来源。

六种证据来源

这里讨论的是案例研究中几种最常见的证据来源:文件、档案记录、访谈、直接观察、参与性观察和实物证据。但如果将所有的证据来源完整地列举出来,将会包罗万象——包括电影、照片、录像带;投影技术和心理测试;人类环境学(proxemics);举止神态学(kinesics);"街道"民族志(street ethnography);生活史等(Marshall & Rossman,2011)。

表 4.1 列举了六种主要证据来源相互对照的优缺点。没有任何一种单独的来源能够完全优于其他来源。所有来源各有短长,不同种类的证据来源相互补充。因此,成功的案例研究应努力通过各种来源获得资料(见本章"多类型证据来源"部分)。

文件

表 4.1　六种证据来源渠道的优点与缺点

证据来源	优　点	缺　点
文件	• 稳定——可以反复阅读 • 自然、真实——不是作为案例研究的结果建立的 • 确切——包含事件中出现的确切的名称、参考资料和细节 • 覆盖面广——时间跨度长,涵盖多个事件、多个场景	• 检索性——低(难找到) • 如果收集的文件不完整,资料的误差会比较大 • 报道误差——反映作者的偏见(未知) • 获取——一些人为因素会影响资料的获取
档案记录	• 同文件 • 精确、量化	• 同文件 • 档案隐私性和保密性影响某些资料的使用
访谈	• 针对性——直接针对于案例研究课题 • 见解深刻——呈现观察中的因果推断过程和个人观点(如理解、态度和意义)	• 设计不当的提问会造成误差 • 回答误差 • 记录不当影响精确度 • 内省——被访者有意识地按照采访人的意图回答
直接观察	• 真实性——涵盖实际生活中发生的事情 • 联系性——涵盖事件发生的上下文背景	• 费时 • 选择时易出现偏差——如果没有一个团队,观察的范围就不够开阔 • 内省——受观察者察觉有人在观察时,会调整、掩饰自己的行为 • 成本——人力观察耗时多

续表

证据来源	优　点	缺　点
参与性观察	●同直接观察 ●能深入理解个人行为与动机	●同直接观察 ●由于调查者的控制造成的误差
实物证据	●对文化特征的见证 ●对技术操作的见证	●选择误差 ●获取困难

除了对文字出现以前的社会的研究外,几乎每个案例研究课题都会使用文件信息。① 文档类的证据资料又可以表现为多种形式。一个完整的资料收集方案应充分考虑其多种表现形式,例如,文档类证据可以呈现为:

- 信件、备忘录、电子邮件和其他个人文件,如日记、日历和笔记;
- 议事日程、布告、会议记录和其他的事件书面报道;
- 管理文件,如方案、进展报告和其他内部记录;
- 与案例相关的正式研究与评价报告;
- 大众媒体与社区通讯报纸中的剪报和其他文章。

上述文件以及其他种类文件越来越容易通过网络获得,虽然不一定准确,或者可能有些偏差,但都是有用的。事实上,使用文件时应小心谨慎,不能将其作为已发生事件的真实记录,即使是美国国会官方听证的逐字记录也难免有人为的修改——在最终定稿印刷之前,听证记录需经过参与听证的国会工作人员和其他人编辑,但很少有人意识到这一点。在其他研究领域,如历史研究,使用原始文件时必须要考虑文件的真实性。

对案例研究而言,文件的首要作用是证实或证伪通过其他来源获取的资料。第一,文件有助于验证访谈中提到的某些组织名称及单词拼写是否正确。第二,文件可以提供一些具体细节检验

----

① 有人研究了美国低收入社区印刷资料的匮乏状况,包括学校和公众图书馆的声像及纸质材料(Neuman & Celano,2001)。在这种印刷材料贫乏情景下,探索周边地区和社区组织(或学校)的研究者可能会发现,能够用作证据的文件来源也很有限。

其他资料提供的信息。如果文件信息与其他资料存在矛盾而不能相互印证，我们就需要进一步深入研究。第三，可以通过文件进行推导——例如，如果你注意一下某个文件的传送单，就可能会发现某一组织内部通信网络的新问题。然而推导的结果未必正确，因此不应把推导作为确定的研究结果，而是作为进一步研究的线索。

鉴于文件的整体价值，它们在案例研究的资料收集中发挥着重要的作用。无论使用什么资料收集方案，系统地收集有关文件都是至关重要的。例如，在开展实地访谈之前，利用网络搜索可能会获得一些重要信息。在实地采访期间，有些文件，比如过期期刊，可能找不到电子资源，你可以分配一定的时间到当地图书馆和其他资料中心查阅。你还可以设法找到并阅读与你所要研究的组织有关的文件，包括可能已经库存起来的文件汇编。这些检索工作在时间上可以灵活安排，不要和其他的资料收集活动混杂在一起，怎样方便就怎样进行。因此，没有理由省略细致地阅读文件这一步。在该类型的资料中，报刊报道对某些课题的研究非常适合，例如文本框 17 和文本框 18 中的两个课题。

文本框 17
将个人参与所得信息与大量报刊文件相结合

改善教学条件——尤其是美国都市地区学校的教学条件——已成为 21 世纪最大的挑战。唐纳德·马科亚当斯（Donald McAdams, 2000）做过一个很有趣的案例研究课题，即休斯顿、得克萨斯的体制如何对有限的财政资源、多元化的学生群体和当地政治机构进行管理。马科亚当斯三次被选举为该体系的学校委员会成员，并从四年任期中受益匪浅，他的文章像是讲故事，而不是罗列枯燥的社会现象。同时他的著作中包括了大量当地报刊文章的参考资料，以检验事实真假。该研究结果是最值得一读的案例研究内容之一，也是读者常见到的被详细记录的案例研究内容之一。

> **文本框 18**
> **比较两份档案资料对相同社区事件的记录资料**
>
> 　20 世纪 90 年代最有煽动性的社区事件之一,被人们称为"罗德尼·金事件(Rodney King crisis)。几名白人警察殴打一个非裔美国人的过程,被人偶然摄入录像镜头;一年后白人警察无罪释放。此判决一出,立刻引起了民众大暴乱,造成 58 人死亡、2 000 人受伤、11 000 人被捕。
>
> 　一项基于罗德尼·金事件的案例研究,特意从两家不同的报纸中提取材料:一家报纸是某大城市的主要日报,而另一家是非裔美国人社区最有影响力的报纸(R. N. Jacobs,1996)。事发后,第一家报纸共有 357 篇报道,而第二家(周报,不是日报)共有 137 篇。案例研究追溯了事件的始末,展示了两家报纸如何建构起对同一事件的不同理解。该案例说明,文件资料可能偏离真相,研究者需要注意这种偏差。

　　需要说明的是,很多人批评案例研究中存在过度依赖文件的倾向。这或许是因为研究者有可能误以为各种文件——包括项目的文件方案——都是绝对可信的。但实际上你应知道每个文件的撰写都带有某些具体目的,面对的是特定的读者群,而不是专门为案例研究撰写的。在这个意义上说,案例研究者是一位代理观察员,文件来源的资料反映了力求达到某些目标的团体之间的交流。不断判定这些目标,你就可以较少地受到文件的误导,从而更准确地批判性地解释资料的含义。[①]

　　通过网络能够检索到大量的材料,这带来了一个新问题。阅读此类材料可能会让你迷失方向,浪费不少时间。需要注意,这种情况无异于当你要进行一项社区邻里关系的研究时,研究案例的

[①] 有关如何确证文献证据,包括如何确定文献实际作者之类的特别问题,巴森和葛瑞夫提出了很好的建议(Barzun & Graff,1985:109-133)。莫斯特勒和华莱士(Mosteller & Wallace,1984)对作者的考证提供了此类问题量化研究的典范。

数值资料有很多，可以通过多种途径获得，如美国普查资料（然后，再参看下面对档案记录的讨论）。遇到这两种情况，你需要对研究有强烈的问题意识，马上抓住相关的信息。一个建议是，根据材料（文件或数值资料）对研究的重要性，整理并归类。然后，多花一点时间阅读或审阅那些看起来更贴近你的研究的材料，将不太重要的材料搁在一边，留作以后阅读。这一程序并非完美无缺，但它将为你保存力量以完成其余的案例研究任务。

档案记录

很多案例研究会使用到档案记录——通常以计算机文档与记录的形式出现（如上面提到的美国普查数据），比如：

- “公共事业档案”，如美国普查资料，或其他联邦政府、州政府和地方政府能够使用的统计数据；
- 服务记录，如关于某一时间段内客户数目的记录；
- 组织记录，如预算或人事记录；
- 关于某地地理特征的地图与图表；
- 调查资料，如已经收集到的有关某地的员工、居民或参与者的数据。

案例研究可以把这些及其他类型的档案记录和其他来源的信息结合起来使用。但是与文件资料不同的是，在不同的案例研究中，档案记录的重要性各不相同。对于某些研究，档案记录至关重要，以至于成为全面检索和定量分析的对象（例如，殷在2012年的著作中关于20所高校的多案例研究中使用的成本数据）；而在另外一些研究中，它们的作用则很小。

如果档案记录对研究很重要，研究者就必须细致地核实这些档案记录的产生背景及其准确性。有些档案记录被高度量化，但数字本身并不能作为精确度的标志。几乎所有的社会学家都很清楚，使用联邦调查局统一的犯罪记录，或基于其他执法机构犯罪报告的档案记录可能会出现哪些错误。前面提到一些使用文件信息时应当注意的问题，这里也同样适用：大多档案记录都有一定的目的性，为特定读者群（而不是为案例研究）而记。在分析记录的有效性与精确度时,必须充分意识到这些情况。

访谈

访谈是案例研究最重要的信息来源之一。由于访谈与调查之间通常有联系,因而访谈这种考察方法常被质疑。不过,访谈是案例研究中常见的信息来源。虽然你会沿着一条连贯的线索提问,但在案例研究访谈中,实际发问仍然是灵活的,而不是死板教条的(Rubin, 2011)。这种访谈也被称为"强化访谈(intensive interview)"、"深度访谈(in-depth interview)"或"非结构访谈(unstructured interview)"(Weiss, 1994, 第 207—208 页)。

需要注意的是,这意味着在整个访谈过程中要做到:①沿循自己的发问线索,就像在案例研究方案中设计的那样;②发问方式不带有任何偏见,以得到所需要的信息(参见本书第 3 章中第 1 级水平和第 2 级水平的区别)。例如,你在提问线索中可能希望知道"为什么"某一特殊事件会像实际情况那样发生。然而贝克(Becker, 1998, 第 58—60 页)分析了向信息提供者提出"为什么(why)"和"怎么样(how)"这两种问题的方式之间的重要区别——他认为前一类问题会引起访谈对象的防卫心理,他比较倾向提"怎么样"这类问题,认为这是实际谈话中询问"为什么"的好办法。由此可见,案例研究的访谈应同时满足两个要求——得到所需要的信息(第 2 级水平的问题),以及通过开放式访谈收到"友好"、"没有威胁性"的提问效果(第 1 级水平的问题)。

关于访谈的一个常见问题是要不要录音。使用录音设备在某种程度上只是一种个人偏好。比起其他方法,录音带在准确性上的优势显而易见。但有些情况下不宜使用录音设备:①被访者不同意,或者录音时被访者表现得很不自然;②缺少转录和系统地去听记录的具体计划——这个过程需耗大量的时间和精力;③研究者不能熟练使用录音设备时,会干扰采访的正常进行;④研究者认为有了录音就不必仔细地去听整个采访过程。

鉴于前面提到的几点内容,研究者最好了解一下案例研究访谈的三种类型:深度访谈(prolonged case study interviews)、焦点访谈（shorter case study interviews）和调查访谈（survey interviews）。

深度访谈

这种访谈能持续两个小时以上，既可以在单个情境中进行，也可以是一个包括多个情境的时间段。访谈中研究者可以向主要访谈对象提问对某人、某事的理解和看法，或者是他们对某一特定事件的见解、解释或意义阐释。在某些情况下，你甚至可以将受访者的观点作为进一步询问的基础，让受访者推荐其他访谈对象和资料信息来源。

受访者越是以这种方式提供协助，他们的角色就越像是"信息提供者"而不是"受访者"。主要的"信息提供者"对案例研究的成败至关重要。他们向案例研究者提供的不仅是对某一问题的见解，还会帮助研究者找到其他受访者，获得相关与相反的资料。一位名叫多卡（Doc）的人在著名的《街角社会》案例研究中就发挥了重要的作用（*Street Corner Society*, Whyte, 1943/1993；见第 1 章第 8 页文本框 2A）。类似地，在其他案例研究中也有重要的信息提供者。当然，也应避免过度依赖信息提供者，尤其是避免他们可能对你产生的人际影响性因素，这种影响通常是很微妙的。为避免掉进这个陷阱，要多使用其他信息来源，与信息提供者的观点相佐证，而且尽可能仔细地寻找相反的资料来检验。

焦点访谈

很多案例研究的访谈会更加集中，持续的时间很短，一般只有一个小时左右。这类访谈中，访谈者可能也会保持开放的谈话风格，但更可能按照案例研究方案中的问题（或一组问题）发问。

例如，这类访谈的一个主要目的可能仅仅是证实你已确定的一些事实，不再问其他宽泛的、开放性的问题。在这种情况下，具体问题必须措辞严谨，显出对这个问题一无所知，这样有利于受访者做出独到的评论。相反，如果你提出一些引导性问题，就很难达到通过访谈去证实事实的目的。如果不同的访谈对象总是给出相似的观点——互相印证,却好像是串通一气,①你要谨慎小心,并且有必要进一步调查。一个办法是有意识地向持有不同见解的人询问,来检查连续事件的序列是否正确。如果其中有一位访谈对象没有发表任何观点,那么即使其他人的描述是一致的,一位优秀的研究者也应该像优秀的新闻记者那样,快速记下:有一位访谈对象不愿意做任何评论。

另一种完全不同的情况是,研究草案需要你格外留意某一受访者对某一事件的描述。这种情况下,有关该受访者观点和意义感知的材料是研究者必须掌握的(Merton,Fiske & Kendall,1990)。这种单独访谈的对应组(group counterpart)称为焦点小组(focus group),最初在第二次世界大战期间用于研究军队士气,后来广泛用于市场研究,如收集消费者对未来广播节目的反应等。这种焦点小组访谈的程序首先要求研究者招募一小群人,然后对研究的某些方面开展适度讨论,有意地揭露每个人的观点(Krueger & Casey,2009)。要想了解较大群体的观点,千万不要扩充焦点小组的人数,而是将受访者分为几个较小的焦点小组。

上述两个例子中,无论是为了通过访谈证实某一发现,还是为了了解某一受访者对事实的感受,你都要将访谈对话特性造成的方法性威胁最小化。访谈中的谈话会使研究者和受访者之间产生相互的微妙影响——有时称之为人际因素影响(reflexivity):研究者的观点不知不觉中影响访谈者的回答,但这些回答也在不知不觉中影响研究者的问题逻辑。结果使访谈材料"染色",受到不良影响。

然而你可能意识到,通过深度访谈,你和受访者之间建立了一种关系,为保证研究质量,这种关系需要得到监控。但焦点访谈也会产生人际因素影响。虽然你不能够完全避免这些威胁,但如果时刻对其保持警惕,你也能完成高质量的案例研究访谈。

---

① 当采访"封闭式"机构的成员时,如毒品禁用项目的社区居民参与者或在结构严整的学校供职的教师,可能会得到惊人一致的回应。很显然,这其中有虚假的成分,因为所有受访者都清楚什么样的答复会"得到社会认可",并似乎提供了有力的证据,而实际上他们不过是重复着对所在机构的赞扬。

调查访谈

这种案例研究访谈采用结构化问卷，是一种典型的调查访谈。经常将问卷调查设计成为嵌入式案例研究的一部分（见第 2 章），将得出的量化资料作为案例研究的部分资料（见文本框 19）

文本框 19
包含调查的案例研究

汉娜（Hanna，2000）使用包括调查在内的各种来源的资料，进行一项关于城乡下水道设施的案例研究。此类设施有一整套资源管理综合计划，以解决环境规划和经济规划问题。这项案例研究关注的是下水道设施，包括对设施的描述，以及与之有关的政策和公众参与情况。在案例研究中，决策过程的参与者被作为一个嵌入式分析单位。汉娜调查了这些决策者，调查资料经检测整理出来，构成单案例研究的一部分。

这种调查很有必要。比如，你对某一个城市设计项目进行案例研究，会对该项目的设计者进行调查（例如 Crewe，2001），或者在做一个关于某个组织的案例研究时，会对团体的工人和管理者进行调查。这种调查所使用的抽样方法和工具与一般的调查研究一样，并且后面的分析方法也相同。不同的是调查资料在研究中的作用。比如，居民对社区评价的变化不会用来测量居民态度提高或降低的实际水平，而只是作为社区整体评价的一部分。

小　结

访谈是案例研究资料的一个重要来源，因为很多案例研究都是关于人类事务或行为的研究。见多识广的受访者还可以为这类事务或行为提供一些重要的见解。他们还有助于研究者快速了解这一情景的早期情况，从而找到相关的资料资源。

同时,即使访谈关注的是行动性事件,因为行动性事件是构成研究案例的关键部分。但我们往往认为,访谈仅仅是口头陈述,不管陈述的是事件如何发生的,都免不了一些通病,例如存在一些偏见、描述不清、发音不准、不确切。有效的做法是,将通过访谈得到的资料与从其他渠道获得的资料结合起来。

有时,你会对访谈对象解释行动性事件之外的个人观点(如意见、态度或意义)感兴趣。这些观点或态度可能与其他证据毫不相干,正如它们与处理行动性事件也不相干。你可能是想拿这些观点或态度与其他人的观点、态度做个比较,看看这种观点是否具有普遍性。但是,你越这么做,越像是在进行常见的调查研究,反而需要按照调查的程序和注意事项来做了。

直接观察

因为案例研究应在"案例"的自然情境中进行,所以研究者需要创造直接观察的机会。如果要研究的某种现象并未完全成为历史,那么与之有关的社会或环境条件可以供研究者观察,为案例研究提供另一种来源的证据资料。

作为资料收集活动的观察,可以比较正式,也可以比较随意。如果很正式,观察工具可以扩展为案例研究设计的一部分,现场操作者可以实地测量某些行为在一定时间段内的发生率(见文本框20中的两个例子)。观察对象包括会议、人行道上发生的事件、工厂的劳动、教室内的教学等。如果不是很正式的直接观察,则可以在实地访问期间穿插进行,有时还可以同时收集其他资料,比如访谈信息。例如,办公楼和车间的条件可以反映一个组织的文化;类似地,受访者办公室的位置和布置能反映受访者在组织中的地位。

观察性证据通常能为研究课题提供附加信息。例如,如果要对一项新技术或一个新课程进行案例研究,那么观察这项技术或课程的应用将会十分有利于理解技术或课程的实际使用情况和潜在问题。类似地,对一个居民区或一个组织的观察能为理解研究背景和研究对象开拓思路。既然观察至关重要,也许需要在案例研究现场拍摄一些照片,这些照片至少有助于向外来的研究者传达一些重要的案例特征(见 Dabbs,1982)。但应当注意,多数情况下(即使在室外),比如在公立学校操场给学生拍照或者给人行道上的行人拍照,在拍照前必须得到书面许可。

文本框 20
运用现场观察的证据

20A. 现场观察资料

"超净间"是半导体芯片制造工艺的关键。在"无尘室"里,员工们穿着叫作"兔宝宝"的无绒布服装,操作超小型组件。罗杰斯和拉森(Rogers & Larsen,1984)对高科技工作进行的案例研究《硅谷热》(Silicon Valley Fever)中,运用观察性证据,展示了员工是如何适应超净间的工作环境的。研究还发现,当时大多数员工是女性员工,而大多数管理者是男性员工。

20B. 将现场观察资料与其他类型的证据相结合

案例研究不能局限于某种单一的资料来源。实践证明,成功的案例研究往往使用多种来源的资料。

使用多种证据进行案例研究的一个例子是克罗斯(Gross et al.,1971)等人撰写的一本书,书里讲的事情都发生在同一个学校(见第 2 章文本框 8)。该案例研究包括一个测量学生用于不同任务所需时间的观察方案;一项结构化的大规模教师调查;一项对小规模关键人物进行的开放性访谈;一份组织文件总结。观察和调查的资料构成学校态度与行为的定量信息,而开放性访谈与文件资料构成定性信息。

把各种资料综合起来进行总结分析,促使案例研究的结论不单一取决于定量或定性资料,而是建立在汇集各种不同信息的基础上。

为提高观察所得资料的信度,通常的做法是安排几个而不是一个研究者进行观察——不论是正式的还是随意的。因此,如果

资源允许的话,案例研究的调查应允许调用多个研究者。

参与性观察

　　参与性观察是观察的一种特殊形式,这时你不单纯是一个被动的观察者。在案例研究的现场调查情景中,你可能要担当不同的具体角色,并实际参与所研究的行为(见 DeWalt,2011,第 2 章)。例如,在城市居民区中,这类角色多种多样,从与各种居民的非正式接触,到参与居民区内部的具体活动(Yin,1982a)。研究者在居民区或组织中进行参与性观察研究可能会担任的角色包括:

- 成为所研究居民区的一个居民(见文本框 21);
- 在居民区做一些社会服务工作,比如做商店老板的助手;
- 成为组织中的一名工作人员;
- 成为组织中的一名重要决策者。

文本框 21
对"街角社会"附近居民区的参与性观察

　　参与性观察常用于城市居民区的研究。一个有名的例子是《都市村民》(*The Urban Villagers*,1962)的作者哈勃特·甘斯对"美籍意大利人生活中的群体与阶层"的研究。

　　甘斯在著作中用单独的一章介绍了他的研究方法。他的资料收集工作采用了六种方法:使用居民区设施、参加会议、与邻居和朋友的一般性会面、正式和非正式的访谈、消息提供者、直接观察。在所有证据来源渠道中,"参与研究发挥了最大的用途"(第 339—340 页)。甘斯本人和他的妻子都是该研究中居民区的实际居民。研究结果得出一个经典结论:居民区生活受到城区扩展和变化的影响,这与大约 20 年前怀特(Whyte,1943/1993)在《街角社会》的研究结果——邻近的居民区很稳定——截然不同(见第 1 章,文本框 2A)。

在对不同文化群体、社会群体的人类学研究中,经常用到参与性观察这种方法。它也可以用于日常生活中,如大型组织(见文本框22)或非正式的小团体。

文本框22
日常情景中的一个参与性观察研究

埃里克·雷德曼(Eric Redman)有名的案例研究《立法艺术》(*Dance of Legislation*,1973),以局内人的视角叙述了国会的工作程式。该研究追根溯源地调查了1970年第91届国会期间,提出"建立国家健康服务部队"议案并通过立法的过程。

雷德曼写这本书有得天独厚的优势,他是国会议员沃伦·马纽松的下属,而后者是该法案的主要支持者。所以本书不仅文字浅显易读,而且对国会的日常运作也有深刻见解——从提出方案到最终通过立法,包括理查德·尼克松总统任职期间即将卸任的议会政治。

这些叙述为在当时情境中进行参与性观察提供了一个很好的例子。书中所涉信息只有为数很少的内部人员才能得到。这项案例研究展示了微妙的立法策略,被忽略的委员会文书和提案者的作用,以及政府的立法与执法部门之间的交互作用,都会加深读者对立法过程的总体理解。

参与性观察为收集案例研究资料提供了难得的机会,但也存在一些不可忽视的问题。其最大的优点是,某些研究很难通过其他方式进行科学调查,而参与性观察使你有能力深入某些事情的细节和某些群体内部。换言之,对某些研究而言,参与性观察是采集资料的唯一手段。另一突出优点是,你在案例研究中能以局内人而不是局外人的视角进行观察。很多人认为,对准确描述研究调查的对象而言,这一点意义重大。最后,你将有能力控制一些小的局面——比如召集案例研究中的一群人开会。这种控制只有参

与性观察可以实现,因为其他方式,如在文件、档案记录、访谈中,调查者都是被动的。虽然这种控制不会像实验控制那样精确,但能够为采集资料提供更多可选择的余地。

参与性观察的主要问题是它可能会带有偏见(Becker,1958)。第一,研究者不便以外来观察员的身份工作,有时所处的位置、角色有悖于科学研究实践要求。第二,参与性研究者很可能认同大家普遍接受的现象,如果所研究的群体或组织对之缺少支持,研究者可能会提供这种支持。第三,参与活动耗费大量精力,影响观察活动。结果,参与性研究者可能会没有足够的时间记笔记,或从不同的角度提问,而这些又是成功的观察所必需的。第四,如果研究的组织或社会群体解散了,参与性研究者就很难找到合适的时间和地点去参与或是去观察重大的事件。

运用参与性观察时必须全面考虑、权衡这些优点和缺点。在某些情况下运用参与性观察效果会很好,但在其他情况下可能会损害整个案例研究的可靠性,效果会很糟。

实物证据

最后一种证据来源是包括物理或文化的人工制品——如技术装置、工具或仪器、艺术品以及其他的实物证据。这些实物证据可以作为实地访问的一部分进行收集与观察,在人类学研究中被广泛使用。

物理性实物证据,在越典型的案例研究中用得越少。但一旦运用,实物证据则会成为整个案例的重要组成部分。譬如,研究教学中个人电脑的使用,需要确定它们的实际使用状况。虽然可以直接观察电脑的使用,但电脑打印材料等实物证据也是可以得到并加以利用的。学生展示出打印材料作为最终的学习成果,并且保留着打印材料的记录。每份打印材料不仅展示了该项作业所属类型,还说明了完成该作业的日期和花费的上机时间。通过查阅这些打印材料,案例研究者就能更准确地理解整个学期计算机机房的使用状况,与直接观察相比较而言,后者只可以在很短的时间内对某地进行实地访问。

小 结

本部分介绍了六种常见的案例研究的证据来源。研究者必须独立学习、掌握每种来源的资料收集步骤,确保能够得当地通过每种来源获得资料。并非每种来源都适用于所有的案例研究,但训练有素的案例研究者必须熟悉每种资料收集方法——或者让具备所需专业知识和技术的同事成为案例研究小组的成员。

练习 4.2　辨别案例研究中资料的来源

选定一个你有兴趣研究的案例研究题目。为说明这个题目的某些方面,有可能要用到哪些类型的资料?例如,如果需要使用文件,用哪一种文件?如果做访谈,访谈的对象和问题是什么?如果用档案记录,用什么记录,涉及哪些要素?如果想要突出参与人员的不同观点,具体是哪些参与人员?

资料收集的四大原则

这四条原则有助于最充分、最有效地使用六种证据来源。四条原则对所有的证据来源都适用,如果认真遵循,将有助于解决确保案例研究资料的信度和效度难题。四条原则如下。

原则一:使用多种证据来源

前述几种证据来源都可以单独作为某些研究唯一的、全部的基础,实际情况也的确如此。比如,有些研究完全依赖于参与性观察,而不依赖于任何一份文件;类似地,大量研究依赖于档案记录,却不做任何访谈。

各种证据来源的作用是彼此独立的,但并不意味着必须孤立地去使用它们。很多人认为研究者应该选择一种最适合的或是自己最熟悉的资料收集来源及相应方法,这其实是一种误解。

证据三角形:使用多种来源采集资料方法的合理性

不应提倡在案例研究中单独使用前述某种来源采集资料的方法。相反,好的案例研究应尽量通过多种渠道采集资料(研究实例见文本框23、文本框20B)。因而,研究者在设计新的研究时通常要确认两点:一是研究问题,二是研究中首选的唯一的证据来源及相应采集方法——比如仅仅运用"访谈"法——的局限性。

案例研究对多种来源资料的需求远远大于其他研究方法,如实验法、调查法或历史法。比如,实验法大多局限于在实验室测量、记录实际行为,一般无需系统使用调查信息或口头信息。调查则相反,强调口头信息,而不是对个别行为的测量与记录。最后,历史研究法的史实都过于久远,现在很难找到证据来源,比如很难直接观察一个现象,或访谈主要当事人。

文本框23

将个人经验与大量现场调查相结合的案例研究

全美上下很多人都听说过"黑德·施塔德"项目。齐格勒和穆恩肖(Zigler & Muenchow, 1992)研究了它是如何发展为联邦最重要的项目之一。他们的著作见解深刻,这可能得益于齐格勒从担任该项目首任主管开始的一系列个人经历。但也同时建立在实证基础上,第二作者做了历史和现场调查研究,采访了200名与"黑德·施塔德"有关的人。将通过各种来源获得的资料有机结合,推导的结论即使不能保证绝对正确,但可以自圆其说。因此,该书不仅可读性强,还被大量引用。

当然,应在使用中灵活调整、组合每种来源的资料采集方法,运用多种策略,综合使用多种渠道来搜集证据。一个典型例子是历史研究中对"口述史料"的发展演进,这种研究涉及对已退休的关键政治领导者的深度访谈,并约定只有在这些人去世之后才能

公开访谈资料。然后，历史学家采用历史资料传统矩阵，整理分析这些资料。但是，这种对传统研究方法的调整并不改变案例研究处理多种来源资料的要义，不过其他研究方法改变了，结果可能会很不一样。

在案例研究中，使用多种来源的资料有利于研究者全方位地考察历史问题和行为问题，但其最大的优点在于"殊途同归（converging lines of inquiry）"。即不同途径的资料相互印证，形成前面提到的证据三角形（Yardley, 2009）。因此，如果把案例研究建立在几个不同但相互确证的证据来源上，研究结果或结论就会更准确，更有说服力和解释力（见文本框24）。

文本框 24
多种证据共同构成证据三角形

巴苏、迪尔史密斯和古普塔（Basu, Dirsmith, Gupta, 1999）对联邦政府审计机构即美国会计总署，进行了一项案例研究。研究侧重于理论，探讨了组织的实际工作与它对外界的公众印象之间的关系（结果表明两者大致吻合）。这项案例研究使用了大量的资料——长期的现场观察及其记录；对55个人进行了访谈；对历史文献、公众记录、管理者的个人文件和新闻文章的总结整理——这些证据共同形成了稳定的、有说服力的证据三角形。

巴顿（Patton, 2002）讨论了评估中四种类型的证据三角形——分别针对于：

1. 不同证据来源（资料三角形）；
2. 不同的评估员（资料三角形）；
3. 同一资料集合的不同维度（理论三角形）；
4. 各种不同方法（方法论的三角形）。

下面的讨论，仅针对这四种类型中的第一种（资料三角形），它提倡的是从多种渠道收集资料，并力求验证同一个事实或现象。

图 4.1 对两种情况进行了对比——①真正形成了稳定的资料三角形（图的上半部分），以及②在同一个研究中使用多种类型的证据，但这些证据侧重论证不同的事实（图的下半部分）。如果真正形成了证据三角形，案例研究的事件、事实就可以相互印证。相反，如果你使用了多种来源的资料，但对每种来源的资料单独进行分析，这个过程类似于将不同研究的结论（每个研究基于一种资料来源）进行比较——并未真正形成稳定的证据三角形。

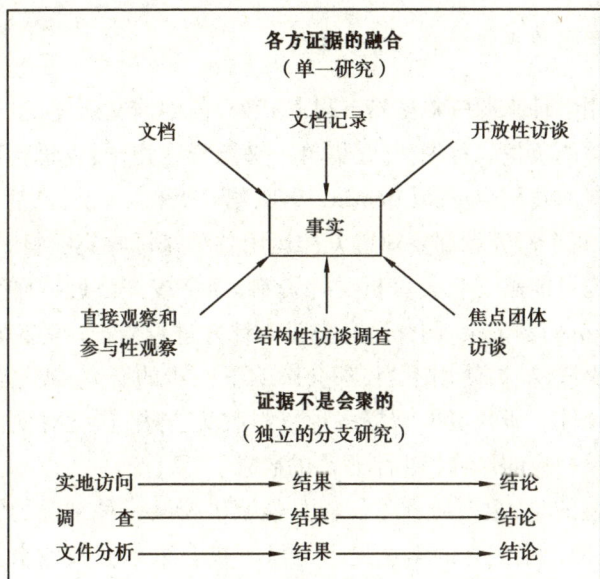

图 4.1　多种证据来源的汇合和分离

　　将证据汇总，形成证据三角形，提高了研究的建构效度（construct validity），这是因为多种证据来源对同一现象进行了多重证明。不同类型案例研究对研究现象的侧重点不同。① 首先，很多研究中，研究现象与行为或社会事件有关，汇合的研究结论都暗含一个事实。使用多种来源的证据则进一步证明你的研究精确地

---

① 作者非常感激本书第 4 版的评论员。他们指出图 4.1 的最初版本围绕单一"事实"描述汇总证据，实际上代表的是现实主义的观点。作者本意并非局限于此，现在修正的版本在一系列"发现"的基础上汇编资料。案例研究及其发现能够适用于现实主义或相对主义取向，故在此澄清事项并表明观点。

呈现了事实。

在其他类型的案例研究中，研究现象可能是研究参与者的意向或观点——因为你采用一个相对主义的取向来解释多重事实（multiple realities）的可能性。此时证据三角形同样重要，用于确保研究准确地呈现了研究参与者的观点。如果不出意外，你至少向同一个参与者提问三四个问题或者在不同场合向其提问——这也是"多种"资料来源的一种方式。

使用多种来源资料的必要条件

使用多种来源资料虽然有很多好处，但如前文所述，也会给你带来很重的负担。首先，与收集单一来源资料相比，收集各种不同来源资料的费用会更高（Denzin，1978，第 6 页）。其次，也是更重要的一点，每个研究者都要知道怎样运用各种来源收集资料。例如，历史研究可能需要收集分析文件资料，经济或经济运行研究需要检索、分析档案记录，调查研究需要设计并进行调查。无论运用哪种研究手段，如果使用不当，都会影响下一步的研究，或是影响结论的一致性。研究者要掌握多种资料收集方法，这就对他们的业务素质及相应的培训提出了很高的要求。

遗憾的是，很多研究生课程只强调讲授某一种来源的资料收集方法，即使很优秀的学生也可能没有机会去掌握其他来源的资料收集方法。为克服这个缺陷，你应该利用其他机会对之进行弥补。一个办法是与一家跨学科的研究团队合作，而不局限在单一的学术系、所。另一个办法是分析各种社会学家的科研方法论著作（见 Hammond，1968），在实践中向经验丰富的学者学习各种资料的收集手段，并体会其优点和不足。第三个办法是参与不同的小规模研究，借此机会练习使用不同的证据收集技术。

不管我们如何获得这些经验和技术，每个案例研究者都应当熟悉各种资料收集技术，以确保在一个案例研究中能使用不同来源的资料。如果不使用多种类型的资料，案例研究作为一种研究方法的优势就很难体现。更糟糕的情况是，本来要做案例研究，却在做的过程中变了样。例如，你可能过于依赖开放性访谈资料，忽视了那些可以用来验证访谈资料的文件或证据。如果你就此完成研究,那你做的可能就是一个"访谈"研究,类似于做了一次调查,而调查的资料完全来自于开放性访谈获得的口头报告。你做的并不是案例研究。这种"访谈"研究的文本(text)将不断地提醒你,你的研究资料只是一些自我陈述(self-report)的文字,充斥着"正如访谈对象所叙述的"、"正如在访谈中提到的"或者"她/他说……"之类的语言。

练习4.3 寻找相互印证的资料

谈谈日常生活中最近发生的一件事。如果现在要证明发生过什么(回溯),怎样确立这件事情的"事实"呢?你会去采访一些重要的人吗(包括自己)?会有一些实物证据、文件可以使用吗?在回忆和定义这件事时,多角度有作用吗?

原则二:建立案例研究数据库

第二条原则是关于如何整理案例研究中采集的资料并建立资料库。这个环节从第1章所介绍的其他研究方法中获得过许多启示。其他方法收集的资料通常分为彼此独立的两类:

1. 资料或证据库;
2. 研究者的报告(以文章、报告、著作或口述的形式呈现)。

随着计算机技术的发展,这两类资料的区分更为明显。例如,做心理研究、调查或经济学研究的人,可能会交换只包含数字的资料库或其他电子文档,比如心理学测量中的某种行为的反应时间或测试分数,被试对象对问卷中各种问题的回答,或社会发展中的各项经济指标。实际上,数据库可以是独立的研究对象,由其他学者对之进行专门的分析,而其分析的过程也可能不出现在原始研究者的任何报告之中。

然而,案例研究尚未形成把单独的资料库与案例研究报告进行区分的惯例。过去很多时候,案例研究的资料——主要采用陈述形式——嵌入在研究报告的正文中,因此,如果带有批判眼光的读者希望对推出结论的原始资料进行检验,就会发现难以下手,因为案例研究报告中的陈述与作者对资料的分析混在了一起。

所需的资料库是对案例研究中所有的资料进行单独、有序的汇编。这些资料不仅仅局限于一些陈述性或数据性的信息,也包括现场调查中收集的文件和其他材料。研究者可以借助质性数据分析软件(CAQDAS)或者更常规的文本处理工具(如 word 或 Excel)对陈述性和数据资料进行整理。但是,若将其他类型材料纳入数据库,研究者应该设计一个文件夹,存放在文件柜或者档案柜内,用于存放多种文件(文件和资料)。其他人除了能够阅读研究报告外,还可以查阅整个资料库(电子文件和文件夹)。这样一来,资料库极大地增强了整个案例研究的信度。

同时,有了完备的数据库并不意味着案例研究报告不再需要呈现充分的资料(第 6 章中将进一步讨论)。每个报告仍要包含足够的证据,从而使读者能够像阅读其他研究报告一样,可以推导出研究的演绎过程和结论。如果读者受研究报告驱动较大,就会查阅研究的资料库,进一步了解资料库中的所有资料,而不只限于报告中的材料。

资料库主要用于保存研究者收集到的资料,以便于检索,因而必须井然有序,但不必过度打磨。结构整齐的资料库不仅为外部读者提供便利,也便于研究者后面的研究分析。

不幸的是,大多数有关实地研究的书籍都未曾涉及建立案例研究资料库这个难题。因此,下面将介绍有关这方面的最新进展,从四个方面分析建立资料库的方法:记录、文件、图表材料、描述。

案例研究现场记录

研究者的记录是案例研究资料库最重要的组成部分之一。记录的形式多种多样,可以来自研究者的访谈、观察或对文件的分析;可以是手写的、打印的,也可以是录音材料,或是计算机文档,或是用日记的形式集合在一起,或做成检索卡片,或是其他比较随意的形式。

案例研究的记录不论用什么样的形式,记录什么内容,都必须便于研究者本人和其他人日后查找使用。通常,记录可以按照案例研究中的主题进行划分——像研究方案中概括的那样,只要采取的分类方法可以为外来者所用,任何分类方法都是可取的。只有这样,记录才可以成为案例研究资料库的一部分。

将记录作为案例研究资料库的一部分并不意味着研究者需要花费大量的时间改写访谈笔记,或为了清楚地呈现记录而进行大幅度的修改。可以说,再次建立正式的研究记录,包括编辑和重写访谈笔记,可能是画蛇添足。即使需要做某些修改,也应当直接为案例研究报告服务,而不是单纯地把记录做得更好看。记录的唯一的、本质的功能是经过整理、归类、补充完整以供日后使用(见文本框25)。

文本框25
现场记录的形式

研究者应当每晚或每天将现场调查中的笔记整理成比较正式的记录。笔记和正式记录都应纳入资料库。下面是四个例子。

第一个例子中的笔记记录了研究者与一名当地消防站联络主任相处的第一天(Yin,2012,第2章)。记录侧重于对社区物质条件的描述,来自三个街道社区团体的领导者对社区物质条件的看法,以及社区联络主任对社区的看法和意见。然后将随后几天中对同一社区类似的记录汇编。

其他三个例子来自德尔瓦特的(DeWalt,2011,附录)一本书。每个例子恰好对应一个不同的研究:一个是关于厄瓜多尔马纳比省妇女社会权利和经济策略的研究;一个是关于肯塔基州农村老年人营养策略的研究;还有一个是关于墨西哥社区林业项目评估的研究。这些例子都详细展示了研究记录,反映了大量实地调查工作。

案例研究文件

案例研究所需的很多文件要在整个研究过程中收集。第3章已经提到,研究方案中要指明使用这些文件的目的,一个很好的做法是给这些文件编写注释性的目录。这些目录有助于资料的保存与检索,供后来的研究者检索并分享资料库。

文件唯一的特点是占用存储空间大,除非研究者采用便携式文档格式(PDF),以电子文档形式存储。此外,在资料库中,不同文件的重要性各不相同,因此需要建立初级和二级文件夹,这样分类的主要目的在于方便以后阅读检索。如果某些访谈使用了文件,文件与访谈笔记还可以相互参照。

图表材料

资料库包括以图表形式出现的材料,既可能是从研究地点直接收集的,也可能是由研究小组建立的。这些材料需要整理、保存,供日后使用。

图表材料包括调查资料和其他量化资料。比如:在一个地方进行的研究调查可以作为嵌入式案例研究的一部分。在这种情况下,图表材料甚至可以保存在电脑文档中。此外,如果使用档案或观察资料,就可能要计算各种现象出现的次数,即常说的"挡风玻璃调查(windshield survey)"(见 Miles & Huberman,1994)。研究小组计算出来的资料也应整理保存为资料库的一部分。

新描述材料的汇编

最后,研究者可能还要把自己所作的描述进行汇编,纳入资料库。这些资料有多种形式。第一种是前面所提到的参考文献、交叉引用或资料库中有助于检索的分类材料。

有些主题或思想常常在资料收集过程中或资料收集之后引起研究者的注意,第二种描述材料就是对与这些主题或思想有关的证据进行汇编。这样有助于研究者对资料进行系统地归类,明确实证资料对这些主题或思想的说服力。整个过程可能需要研究者运用"扎根理论（grounded theory）"对备忘记录进行整合（例如 Corbin & Strauss,2007,第6章）。虽然描述材料或者备忘录中包含的这些主题或思想起初貌似彼此孤立,但将这些材料汇编,是研究者对资料进行全面分析的第一步。

第三种描述性材料要求研究者自己拟写案例研究草案中各项开放性问题的答案,这也有助于研究者的分析工作。在编写每个问题的答案时,研究者尝试将资料与某一发现联系起来,以对应研究草案中的某个问题。根据每个问题的性质,汇编材料或汇聚于问题的事实,或将受访者反映的多种现实与其试探性解释联系起来。这实际上是一个分析过程,开启了案例研究的分析环节。

问题答案的形式可以借鉴学术性课程开卷考试中综合考试题的答题形式。作为调查者,你就是答题者,目标是引用有关资料写出充分的答案。这些资料可以是访谈、文件、观察提供的资料,也可以是档案记录。开放性答案的主要目的是找到具体资料与案例研究中不同问题之间的联系,常常会用到脚注和注释。

所有问题的回答可以看作是案例研究资料库的一部分,甚至可以作为最终研究报告（单个案）或交叉案例分析的开端。在真正成为研究报告的一部分之前,答案只是资料库的一部分,研究者不需花太多的时间整理这些答案,即不需要像做标准的编辑工作那样花费精力。（然而,如果一个案例研究完全依赖于描述回答,这种编辑就很必要。见 Yin,2012,第6章。）出色的回答的最重要特征是,通过充分的引用,切实地在相关问题与具体资料之间建立联系。

练习4.4　练习建立一个资料库

针对练习4.3的话题（介绍日常事件的某些方面）,按照下面的框架写一篇简短的报告（两倍行距,不超过两页）。报告中首先明确将要回答的主要问题是什么,再给出答案,引用已经使用过的资料（格式应该包括脚注）。对第二个问题采取相同的步骤。设想这种问答的形式怎样大量用于整个案例研究资料库中。

原则三:形成一系列证据链

提高案例研究中证据的信度,需要遵循的第三个原则是组成一系列证据链。这条原则的理论基础类似于司法调查的思路和程序。

此原则旨在帮助外来的调查者——即案例研究报告的读者——从最初研究的问题到最终的案例研究结论之间,找出每项证据的各种推论(见图4.2)。同时,外来的调查者应能够双向地进行这个推导工作(从结论反推出最初的问题,或从问题推出结论)。就像处理司法卷宗那样,这个过程应当非常严谨,因为必须确保在"法庭"上呈现的证据,即案例研究报告,与在"犯罪"现场采集的证据是相同的。相反地,也不能因为疏忽或偏见故意无视原始证据,否则对案例"事实"的分析会显得不足。如果能够做到这一点,就能够保证案例研究的建构效度,从而提高整个案例分析的质量。

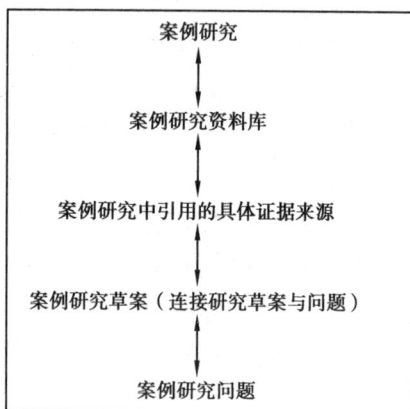

```
                案例研究

                   ↕

             案例研究资料库

                   ↕

        案例研究中引用的具体证据来源

                   ↕

   案例研究草案(连接研究草案与问题)

                   ↕

              案例研究问题
```

图 4.2　建立完整的证据链

设想下面的情景:你阅读完一份案例研究报告的结论部分,引起你对建立结论的基础做更多了解的欲望。此时,你就需要反向推导论证过程。

第一,报告应该对案例研究中资料库的有关部分做充分的引用,包括引用具体的文件、访谈或观察记录。第二,资料库经过检验,应反映事实,研究者可以在文件中用黄色的笔将关键段落或词句标出。研究方法部分应指明这些资料是在什么样的情况下收集的——比如，访谈的时间和地点。第三，这些情况应与案例研究方案中具体的步骤和问题一致，从而体现资料的采集遵循了方案中规定的步骤。第四，审阅方案须确保充分体现了相关内容与最初问题之间的联系。

由此，就能够从案例研究过程的一个部分转移到另一部分，方法论步骤与支持结论的证据之间具有明确的相互参照关系。这就是希望最终建立起来的完整"证据链"。

练习 4.5　建立完整的证据链

提出一个案例研究能够推导的假设性命题，接着找出可以支持这个结论的具体资料。然后再回过头来，看看研究方案中提出什么样的问题会有助于收集到这些资料，而什么样的研究课题会要求在方案中设计这些问题。试着理解这组资料是怎样形成的，又是如何反反复复通过各种环节找到这组资料的？

原则四：谨慎使用电子资料

来源广泛的电子资料

本章开始介绍的六种资料来源（包括社会媒体在内）中，大部分可以用电子资源呈现。例如，经过正式的安排，研究者可以通过网站，例如 SuveryMonkey，或者网上聊天软件，进行访谈。同样，如果调查地点路途遥远，可以让同事帮忙，通过电话或平板电脑对真实发生的事件进行直接观察。参与聊天室以及其他群体的网络对话是一种参与性观察，相关的实物证据可以是摘录的网络照片和视频。也就是说，当代电子媒体和电子档案开启了所有资料源的远景，包括了解前人调查研究的途径。

在有些案例研究中，电子资源就是研究的对象（例如，研究 Skype 中的对话和人际关系）。这种情形下，研究者要格外小心。当研究者通过电子来源收集本章之前讨论的任何一种资料——例如，查阅文件、网络访谈或者远程观察，而不是将其作为研究对象时，需要特别小心谨慎。

注意事项

丰富的电子资料可能会令研究者不知所措,因此使用电子资料源的第一个注意事项就是设置限制条件,比如确定要花费的时间、设定优先浏览事项、了解研究的信息核心等。当然,随着搜集的信息越来越多,研究者的投入会增加或减少,但尽量将一切掌握在控制范围以内。

研究者需要注意的第二个事项是交叉检查所用资料源以及所获得的资料。比如,维基百科是理解一个新概念或话题的简单起点,尽管网站尽力确保发布信息的准确性,但实际上作者才是最了解该概念或话题的人。因此,如果查阅作者的其他作品(如果有),研究者很可能会发现材料的观点有所侧重。交叉检查网络资料和其他来源资料是了解潜在意向、不完整观点或偏见的重要途径。

第三个需要注意的是研究者使用的网站,如 Facebook、Twitter、YouTube 和个人微博,尤其是当研究对象侧重于发生在这些网站上的事项时,研究者在使用这些网站上的信息(例如,注意产权声明、地点、时间)时,应持高度怀疑的态度,这些信息能否证明材料的准确性。最后,研究者要获得使用网络资料,尤其是照片的许可。

本章小结

本章介绍了六种来源的案例研究资料,包括它们的收集方法,以及资料收集过程中的四条重要原则。

资料收集过程在案例研究方法中比在其他研究方法中更为复杂。案例研究者必须熟悉在其他研究方法中可能用不到的技术;同时,研究过程还须遵循一定的程式规范,以确保资料收集过程的质量。前述的三条原则是朝这个方向努力的,它们不是用来限制研究者的思考能力和创造性,而是使研究过程更加清楚,使最终结果——即采集到的资料——体现出对建构效度和信度的关注,从而提升对其进一步研究的价值。下一章将介绍如何进行证据分析。

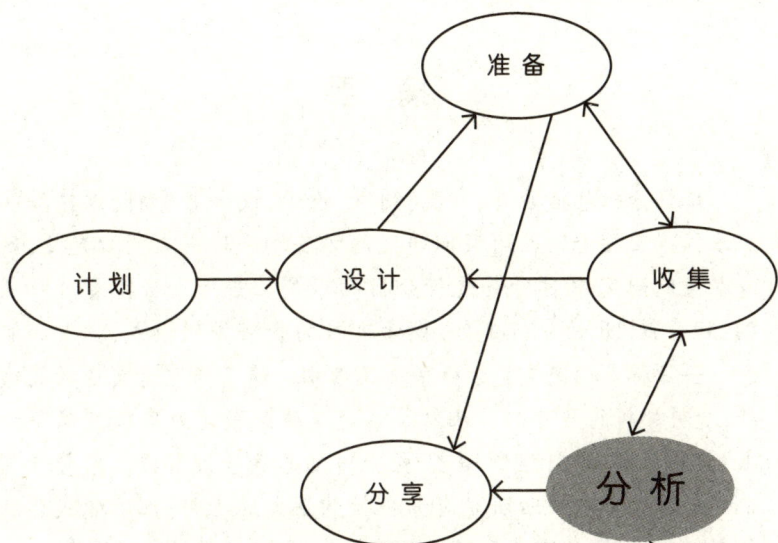

第 5 章

分　析

→ 采用不同方式排序、展示资料

→ 注意可行的模式、观点和概念

→ 形成归纳分析策略

→ 同时考虑五种分析技巧

→ 在整个研究过程中，探索竞争性解释

摘　要

　　证据分析包括检查、归类、列表、检验，或合并资料，以根据实证依据得出结论。因为案例研究的方法和手段尚未明确定义，所以在案例研究中对资料进行分析的难度比较大。研究者可以从"把玩资料"开始分析工作，摸索可行的资料排列模式、观点和概念——目标是确定优先分析事项及理由。除了研究者自己的策略外，资料分析的另外四种基本策略是以理论假设为基础、"从下向上"分析资料、进行案例描述、检验对立的竞争性解释。尽管计算机辅助程序可以帮助研究者分析数量巨大的资料，但不能代替总体分析策略，仍然需要研究者确定相关代码、解释观察到的模式。

　　以上几种策略，被灵活地应用于案例研究的五种具体分析技术中：模式匹配、建构性解释、时序分析、使用逻辑模型和跨案例分析。如果案例研究采用嵌入式设计，在对嵌入分析单位的资料进行精细筛选后，可以建立嵌入分析单位统计模型，但不能应用于整体的案例研究。我们自始至终都要面对的一个挑战是，如何保证资料分析的质量。这就要求研究者考虑到所有的资料，并在解释性分析之外独立地呈现资料，同时也兼顾其他替代性解释。

案例研究的证据分析：

怎么开始分析？选择哪些分析策略？
这些策略的效果如何？

分析策略：不仅仅是熟悉资料分析工具

分析策略的必要性

另一个挑战

证据分析一直是案例研究中发展最慢的一个环节。常常出现的情况是，研究者启动一项研究的时候，往往还不清楚将怎样去分析收集到的资料（虽然第 3 章建议在设计研究方案时就考虑到证据分析的方法技术）。结果，研究到达分析资料阶段时，就变得死气沉沉，进展缓慢。笔者有一些同事，因为不知道怎样分析、处理资料，只好把资料一天天堆积起来，放到一边不管不问。

因此，在资料分析阶段，经验丰富的研究者比新手有更大的优势。与统计分析不同，案例研究中没有固定的公式可以给新手以指导。相比之下，研究者灵活的思路就显得十分重要。除此之外，还要加上详细的资料和审慎考虑到其他的可能解释，才能做好资料分析。

与此同时，研究者，尤其是新手，还要继续寻找一些程式、窍门或分析工具,因为熟悉这些分析工具有助于得到所需要的分析结果。这些工具重要而实用,但只有知道目的何在或有一个总的分析策略,它们才能真正起作用。遗憾的是,如果你没有注意到这些的话,将可能会被推回到研究的起点。

计算机辅助工具

像 Atlas.ti、HyperRESEARCH、NVivo 或者 The Ethonograph 这样带有软件包的计算机辅助程序,都是能够分析质性资料的计算机辅助软件(CAQDAS,Fielding & Lee,1998)。在过去的十年里,这些软件发展得日趋多样,也更加实用。编码技巧和技术指导也大大提高,并且更易于操作(如 Auerbach & Silverstein,2003;Saldana,1998)。这些软件和技术指导能够帮助我们对大量陈述性文本(如从开放性访谈或历史文件、报纸等中获得的资料)进行编码和归类。

可以借助两个词理解这些软件包的好处:辅助和工具。软件本身不会帮你做分析,但它是一个得力的助手、一种可以信赖的工具。例如,当你输入文本资料,定义一系列初始编码,软件包就能迅速地检索出所有与初始编码相匹配的文字,并计算出每个编码或词组出现的频率。软件甚至能够进行布尔搜索(Boolean),找出编码组合的文字。你可以用迭代的方式进行布尔搜索,即逐步加大编码组合或编码类别的复杂程度。但是,与统计分析不同的是,你只是让软件输出了分析结果,并不能将此看作完成了资料分析。

小贴士

怎样开始着手分析自己的案例研究资料呢?

你也许需要从问题(如你自己的案例研究草案中的问题)开始,而不是从资料开始。首先从小问题入手,确定能解释这一问题的资料。进而在大量证据的支持下,推出暂定的阶段性论点;同时问问自己怎样展示证据,以便让读者能检验你的判断。然后,触及较大的问题,并重复这样的过程。坚持下去,直到你认为解释了自己的主要研究问题为止。你从资料开始,还是从问题开始?

相应地,你还需要研究软件输出的结果,看看能否发现有意义的资料排列。这些资料排列——如编码或编码组合的出现频率,极有可能比最初引发你进行案例研究的"为什么"和"怎么样"的研究问题还要粗糙。也就是说,如若想充分地、全面地解释案例,或是精彩地描述案例,以回答"为什么"或"怎么样"的问题,你还要在计算机分析结果的基础上,再作许多思考和分析。

让我们再回到编码的问题。界定初始编码和二级编码前,你也要明晰这样定义的原因。你为什么将这些编码与最初的研究设计联系起来(创造编码的是你,而不是计算机)?这些编码或概念在哪些方面准确地代表了检索出的单词或词组?为什么?回答这些问题,你需要有相应分析的论据。

只有在某些条件下,用计算机分析资料才是特别有用的(见辅导材料 5-1)。最起码的条件是①文字或口述报告是逐字记录的,它们构成了研究的主要证据;②收集到了大量的这类资料。这种情况一般出现在使用扎根理论作为分析策略的研究中(如 Corbin & Strauss,2007)。文本中逐渐浮现出的新概念或新主题,对于运用扎根理论的研究极为宝贵。然而,即使条件极为有利,几乎所有的学者还是对使用计算机辅助工具的研究者提出警告:你必须做好准备,你仍然是主要的分析者,你指挥着工具;而它们只是助手,不能代替你。

大多数案例研究对计算机辅助工具的使用提出了更严峻的挑战:逐字记录,如受访者的回答,可能只是所有案例研究证据的一种。而某案例正好与复杂的事件和行为有关,且事件发生的现实情境可能更为复杂。除非你将所有证据——包括现场笔记和已经收集到的档案文件——都转化成必要的文本格式,否则计算机工具无法处理这些多样化的证据。但正如第 4 章中强调的那样,这种多样化的证据是你的案例研究的一大优势。面对这种多样的证据,你需要开发出特有的分析策略。

开发分析策略的方式

在研究的早期阶段,"做资料游戏"会很有效果。研究者在处理资料(比如将来自两个受访者的材料并列)时,资料的排列方式、对材料的理解和概念可能会慢慢浮现。其他分析处理技巧包括(见 Miles & Huberman,1994):

- 把信息整理成不同序列;
- 构造一个类别矩阵,把资料归到不同的类别中;
- 确定资料的呈现方式——流程图和其他图表——以检验资料;
- 编制不同事件出现的频率图;
- 按照时间先后或其他顺序对信息资料进行排序。

另外一种方式,如第4章所述,是在资料观察时撰写备忘录或做笔记。运用扎根理论的学者长期以来一直提倡使用备忘录(Corbin & Strauss,2007)。他们希望在田野调查过程中就开始书写和绘制备忘录(备忘录的图表形式),并一直持续到资料分析阶段。备忘录中包含对数据所有部分进行初步解释的提示、线索和建议——主要是将资料概念化(Lempert,2011)。开始做备忘录时,及时将一些典型内容记下来,就像记下在洗澡过程中突然想到的好主意一样。

这些前期工作——例如制作资料矩阵、展示、统计表、备忘录或者图表——有助于形成整体的分析策略。形成整体分析策略需要遵循一种循环(cycle)(或重复的循环),涉及主要的研究问题、资料、对资料的操作和解释以及研究者描述研究发现和概括研究结论的能力。研究者在这个圆中可以前进,也可以后退,迫使形成分析策略。例如。研究者可以通过自问能够从研究中得出什么结论将研究向前推进,然后客观地检验资料,判断研究如何支持(或不支持)研究结论。一旦建立初步联系,研究者可以更好地理解如何分析资料。

这个策略是必不可少的,可以指导整个资料分析工作。除了研究者自己想出的策略,下面将简述四种策略,然后概括介绍案例研究资料分析中用到的五项具体技术。这些策略和技术并不是相互排斥的,你可以综合运用几种策略或技术,它们并行不悖。在收集资料之前就必须考虑到这些可能的选择,从而确保能够有效地分析获得的资料。

四种主要策略

依据理论假设

一个策略是遵循案例研究的理论假设。案例研究的初衷和方案设计都是以理论假设为基础,而该理论假设反过来会帮助研究者提出一系列问题、检索文献,以及提出新的假设与理论。

一般来说,在提出理论假设后,研究者通常会根据理论假设来制订资料收集方案,并据此选择合适的证据分析策略。例如,一项对政府组织之间关系的研究,其基本假设是,联邦资助不仅起到二次分配的作用,还能导致地方政府组织机构的改革(Yin, 1980)。其中心论点——在地方政府的规划部门、民政部门或其他部门中将会形成与特定的联邦资助计划"相应的"机构——同时在几个城市中接受检验。对研究的每个城市,案例研究力求探究在相关的联邦资助方案出台之后当地机构中出现哪些新的部门,有什么样的变动。当地机构作为政府的组成部分,面对联邦资助方案采取了哪些措施。

上述例子中的理论假设说明了案例研究中理论取向如何指导资料分析工作。理论假设有助于研究者组织整个案例资料分析过程,明了需要描述的相关情境状况,帮助提出其他可能的解释并对之进行检验(见文本框26中其他示例)。

整合原始资料

与第一个完全相反,第二个策略从资料入手,而不考虑任何理论假设。不论是前面"玩资料游戏"的结果,还是第一次就发现的资料排列形式,此时,研究者会发现一些资料指明一两个概念。这一发现是分析路径的开端,将引导研究者深入挖掘资料,揭示其他关系(见文本框27)。

文本框 26

使用理论分析比较政治学中的案例研究

　　比较政治学中的案例研究,展示了如何通过解释已有理论来推进案例研究分析。罗戈夫斯基(Rogowski,2010)论述了五种典型的案例研究,认为已有理论"足够精确到对单个或几个观察产生影响"(第 95 页),从而有助于案例研究。首先,每个案例研究提供实证资料,证明已有理论存在不足(anomalies),然后"巧妙地推测出一个更令人满意的理论,从而弥补这一不足(第 95 页)。其中三个研究中有一个案例(荷兰与其宗教和社会分裂;第二次世界大战前一个中等规模德国小镇及其生活,如俱乐部、社团、宗教团体;一个中欧国家成为现代早期强国的发展史),另外两个研究有多个案例(独立后非洲国家的经济发展;几个小型欧洲国家在国际市场上的成功)。

　　这个归纳策略效果很明显,但需要注意一点。经验丰富的研究者由于对研究领域了解更深入,头脑中可能有类似的概念,在研究初期也会遵循这种归纳策略。但是,新手却相反,首先他们对研究问题不怎么熟悉,此外,他们在建立资料之间的有效联系方面也面临着挑战。

　　多年来,质性研究扎根理论的创立者(Corbin & Strauss,2007;Glaser & Strauss,1967)为使用归纳策略进行资料分析提供了很多指导意见。在这个过程中,对不同的资料配给不同的代码,每个代码代表一个概念或研究内容摘要。这些指导意见,除了可以用于基于扎根理论的研究,也适用于所有的案例研究。

　　如果研究恰好需要收集量化资料,那么归纳策略还为你的研究提供了其他便利。原因至少有两个:第一,该类资料包含你的研究所要解释的行为或事件——尤其是评价性案例研究中的"结果";第二,该类资料与较大研究中的一个嵌入型分析单位有关。在任何一种情况下,量化资料对于解释或验证案例研究的核心论点,都起着重要的作用。所以,设想要对一个学校、街区、组织、社区、医疗实践,或其他常见的主题进行案例研究。评价性案例研究的结果可能分别是学生成绩(对一个学校的案例研究)、住房价格(对一个街区)、雇员薪资(对一个组织)、各种犯罪率(对一个社区)或发病率(对一次就医过程)。

文本框 27
通过分析资料得出案例类型

一项对小区居民巡逻队的案例研究很好地阐释了归纳策略(Yin,2012:第5章)。研究者通过仔细检验资料,在资料中发现了关键概念,而不是从前面的理论假设中找到。研究的目的是为了弄清在什么情况下,巡逻队会受到意料之外的、类似治安民团行为的影响。选择案例的主要标准是巡逻队是由市民团体组织的(而非私人安全服务),活动范围是居民区,而非商业场所。在研究者观察了32个类似的巡逻队后,巡逻队的三种类型才逐渐变得明显:仅限于建筑物或住宅小区的巡逻队(建筑物巡逻队)、主要负责监督街道的巡逻队(街道巡逻队)、负责护送和其他社区服务的巡逻队(服务巡逻队)。街道巡逻队更容易出现类似治安维持会的行为,巡逻队成员不太容易将住宅区居民与陌生人区分开来——当面对行为可疑的人(即使是该社区的居民)时,行为更类似于治安维持会。

这些解释性结果或嵌入型分析单位,都使研究者有机会收集到精细的量化资料。但是,主要的案例研究问题也许涉及的是更大范围的对象:一所学校(而不是其学生)、一个街区(而不是其住户)、一家商业公司(而不是其雇员)、一个社区(而不是其居民),或一项医疗事件(而不是其病人)。要从高层面探索、描述或解释事件,你还应收集并运用质性资料。因此,你的案例研究要直接整合质性资料和量化资料。

练习5.1　在一个案例研究中,使用量化资料

从你做过的实证研究中(含有量化资料的分析),选出一项研究——但不能是案例研究,或者从文献中选出一例类似的研究。请描述,该研究是如何分析资料的。谈谈同样的资料分析(几乎是相同的形式)是否可能成为案例研究分析的一部分?你是否觉得,量化资料与案例研究的相关程度不如质性资料与案例研究紧密?

进行案例描述

第三种分析策略是根据描述性框架组织案例研究(见文本框28)。这种策略可以单独使用;如果研究者运用前两种策略有难度,也可以选择案例描述的策略,作为替代策略。换句话说,如果研究者还没有选定最初的一系列研究问题或研究假设(使得研究者不能使用第一种策略),就已经收集到大量的资料,并且还没有从资料中发现任何有用的概念(使得研究者难以利用第二种策略),这种情况下,可以选择进行案例描述。

文本框28

根据描述性框架组织案例研究

内森(Nathan)等人在2007年对坦桑尼亚的一个农村委员会进行了一项单案例研究,分析委员会对当地自然资源的管理行为(Nathan、Lund、Gausset & Anderson,2007)。政策的目的是提高森林监管的效率,促进平等和民主。研究者根据委员会行为的四种主题对研究发现进行组织:委员会与上级政府的关系、与其他村庄的关系以及与本村村民的关系,委员会的能力限制。这四种主题反映了政策领域的一种逻辑模式,因此使用这种描述框架增强了研究结论的信度——即单一的控制权下放并不能克服自然资源管理中的所有限制因素。

　　有时候,案例研究的最初目的本来就是描述性的。著名的社会学研究《中镇》的目的就是如此(*Middletown*,Lynd,1929),这是关于中西部地区一个小城市的案例研究。《中镇》的有趣之处不仅在于它作为一个内容丰富的历史案例所具有的经典价值,还在于它的结构设计,该书的章节安排就体现了这一点:

- 第一章:谋生
- 第二章:成家
- 第三章:教育下一代
- 第四章:享用休闲时间
- 第五章:参加宗教活动
- 第六章:参与社区活动

　　这些章节涵盖了20世纪早期中型城镇中有关社区生活的一系列问题。虽然该案例称其一开始就按照不同的话题收集资料,但请注意其描述性框架是如何有效地组织、衔接案例研究分析的。从这点来看,在决定资料收集工具之前,你就应该考虑(起码有初步的考虑)描述性框架。通常,你的框架是基于最初所查的文献而形成的,也正是这些文献透露出以往研究的空白或是启发了你的研究兴趣,从而引起了你展开案例研究的兴致。另一条建议是,你可以回顾已有的案例研究的结构(例如,你可以仔细阅读本书文本框中引用的案例的原著),至少要看看这些案例研究的目录,因为目录表在一定程度上含蓄地展现了不同的描述方法。

　　在另外一些情况下,案例研究的最初目的也可能不是描述性的,但描述策略或许有助于确定需要分析的适切的因果联系,甚至有利于开展定量分析。一个著名的案例研究,旨在研究加利福尼亚的奥克兰地区推行、实施公共服务政策的复杂性(Pressman & Wildavsky,1973)。研究者认为,这种复杂性可以描述成确保成功实施公共服务政策的多种决定。这类描述随后可以发展为列举、列表决定多元性的量化资料。在这个意义上,描述性策略可以用来确定复杂的总体模型,然后用模型来"解释"方案实施为什么会失败。该案例研究为早期政策实施研究作出了突破性贡献(Yin,1982b)。

检验与之相反的竞争性解释

第四种总体分析策略是确立和检验竞争性解释。这种策略与前面的三种策略可以结合起来使用：最初的理论依据（第一种策略），可能就包括了竞争性假设；对原始资料的分析（第二种策略），可能形成竞争性的归纳框架；案例描述（第三种策略）可能形成对案例的其他竞争性描述。

譬如，评估研究中的一个典型假设是：观察到的状况是计划干预的结果。与此相反的一个简单而直接的竞争性解释是，除了这些干预之外，最终结果还受到了其他因素的影响，而且资金投入也不一定是必需的。如果研究者能事先意识到这样的竞争性解释，就应尝试着收集可能反映"其他影响"的资料。同时，要尽力去做好这些资料的分析处理工作——犹如需要证明其他因素的影响是最重要的影响一样，而不是寻找理由排除这些因素的影响（Patton，2002，第553页；Rosenbaum，2002，第8—10页）。这样，如果你找不到充足的证据支持其他可能的解释，别人也就不大可能说你为了支持最初的假设而人为地"制造假证据"。

直接的竞争性解释——在前例中，资助不是导致所观察到的结果的原因——是这几种竞争性解释的一种。表5.1就多种竞争性解释进行分类，并详细地逐条列举（Yin，2000b）。对于每种竞争性解释，为使其主旨更明确，在正式的社会科学分类之外还有非正式的、简洁的描述（表5.1中括号和引号中的内容）。

表5.1提醒我们，在所有的社会科学研究中存在三类技术方面的竞争性解释（craft rival），研究者比较容易在此处犯错误，因此一些教科书对此做了大量的说明。此外，表中还列示了六种"实际生活"中（real-life rival）的或实质性的（substantive）竞争性解释，它们在其他的教科书中几乎未被提到（大多数文章也未讨论到竞争性解释的难点和优点，以及将竞争性解释引入研究的作用）。实际上在收集资料之前，研究者就应仔细考虑这些实际生活中存在的竞争性解释（同时也不要忽略技术方面的竞争性解释）。有些实际生活中的竞争性解释观点可能会等到收集资料时才变得明朗，到这

一步才留意到它们依然是可行的,也是值得称道的。总之,如果分析资料时能考虑并且逐个验证、排除竞争性解释,那么所得的结论就会更有说服力和解释力。

表 5.1 对不同类型竞争性解释的简要描述

竞争性解释的类型	描述或实例
技术方面的竞争性解释	
1.零假设	仅在偶然的外界条件下观察到的特定的结果
2.效度干扰	如:历史记录、成熟程度、不稳定性、测试、工具、回归、选择、实验失败、择优互动
3.研究者的偏见	如:"实验者影响"、实地调查中的互动效应
实际生活中的竞争性解释	
4.直接的竞争性解释(实践或政策)	用目标因素("怀疑对象 1")之外的其他因素("怀疑对象 2")来解释结果("这是管家干的"。)
5.混合的竞争性解释(实践或政策)	用目标干预和其他干预一同来解释结果("它不仅仅是我。")
6.实施中的竞争性解释	用实施中的过程性因素而不是实质性因素来解释结果("我们做对了吗?")
7.竞争性理论	不采用最初的理论假设,而用其他的理论来解释结果("这才是最基本的,我亲爱的沃特逊。")
8.超级竞争性解释	用更大、上一层级的因素来解释结果("它比我们俩都大。")
9.社会的竞争性解释	用社会趋势而不是其他因素去解释结果("时代处于变化中。")

来源:Yin(2000b)

在本书前述文本框引用的几个案例研究中,竞争性解释都是不容忽视的关键部分(如第 1 章的文本框 1 和第 2 章的文本框 11)。这些课题的研究者充分借助竞争性解释观点进行整个案例的分析。本书的姊妹书(Yin, 2012, 第 10 章)中还有更多的例子——包括地方经济发展案例以及一个前 50 强企业的消亡——都有意地集中研究有关竞争性解释的证据。

小　结

可以说为案例研究分析所做的最好准备就是找到一个总的分析策略。分析策略的目的是建立案例研究资料与一些相关概念的联系,然后从这些概念中找到分析资料的方向。研究者可以制定自己的分析策略,也可以考虑采用上文讲解的四个策略:利用理论假设、整合原始资料、进行案例描述、检验竞争性分析。

使用任何一种分析策略,包括自己制定的策略时,研究者需考虑本章中提示的五个分析技巧。这些技巧尤其适用于解决内外效度方面遇到的问题(第 2 章)。这些技巧有:①模式匹配;②建构性解释;③时间序列分析;④逻辑模型;⑤跨案例聚类分析。

练习 5.2　确立总的分析策略

如果你已经收集了研究资料,但还没有一个分析策略。想一想你将如何把这些案例资料编排到不同的章节中。使用的标题,要有实质性内容(如不要用"引言"作为题目,而在标题里就说明引言中要谈什么问题,即使这样的标题字数会长一些)。试着变换每个标题的前后次序,看看这些变化会如何影响你的分析策略。现在找出一个顺序,动手把你的资料放到一定的章节中。为进行后面的资料分析做好准备。

五种分析技巧

用好下述的具体分析技术绝非易事,要经过大量训练才能有效地运用。一个可行的建议是,你的起点不要定得太高,工作要细致,并不断地进行反思,不要期望一蹴而就,在一段时间内全面培养各项分析技能。这样,分析就会有理有力,最终也能做出高质量的案例研究。

模式匹配(pattern-matching)

对于案例研究而言,最值得提倡的技术就是遵循模式匹配逻辑。这种逻辑(Trochim,1989)将建立在实证基础上的模式(即建立在研究发现基础上的模式)与建立在预测(或几种可能的预测)基础上的模式相匹配。在政治科学研究中,有一种技巧与模式匹配很像,被称为一致性检验法(congruence method)(见 George & Bennett,2004,第 9 章)。如果这些模式相互之间达成一致,案例研究结论的内在效度会更理想。

如果案例研究是解释性的,模式可能与研究中的因变量或自变量(或两者)相关。如果研究是描述性的,模式匹配依然能发挥作用,只需在资料收集之前确定具体变量的预计形式即可。

将非对称因变量作为一种模式

从可信的准实验研究中推导出来的因变量的模式,被称为"非对称的因变量设计"(Cook & Campbell,1979,第 118 页)。根据这种设计,一项实验或准实验研究可以有多个因变量——即多种结果。例如,在公共卫生研究中,研究者预测一些治疗结果受一种治疗方案的影响,而其他结果可能不受治疗方案的影响(Rosenbaum,2002,第 210—211 页)。这种模式匹配的发生过程为:如果发现了每个结果的初始预测值,而却没有发现预测值的其他模式(包括从方法学人工物证中得到的值或对有效性的"威胁"),就可以推测这些治疗结果与治疗方案之间有显著的因果关系。

举一个具体的例子,比如你在从事一项关于新的分散式办公自动化系统使用效果的研究。你的主要论点是(由于每个终端都可以独立于任一个服务器而工作)某种组织模式变化将引发组织内部一定形式的变革和压力。根据已有的分权理论,你推导出可能会产生如下变革及压力:

- 员工为适应办公系统,将建立新的工作方式,这些工作方式

对每个员工都是新奇的;

- 传统的监控体系会受到威胁,因为对工作任务的监控和信息中心来源的使用都被削弱;
- 由于同时需要共享资源和向独立终端服务,组织矛盾会被激化;
- 生产力水平比安装新系统之前高。

上例中,四种结果分别代表不同的因变量,你应当用不同的测量手段和工具进行评价。在这个意义上,你所进行的是一个有特定非对称因变量的研究。你可以预测包含每个因变量的整体结果模式。如果结果模式与预测的模式相符,你就能得出有关分权效果的令人信服的结论。反之,如果结果模式与预测的模式不相匹配——即使只有一个因变量的表现与预测的模式不相匹配——最初提出的论点就是令人怀疑的(另一个例子见文本框 29)。

上述案例可以通过下面的案例二进一步明朗化,案例二是研究安装新的联机式办公自动化系统——即所有个人终端设备连接成一个网络。现在你能用与上例同样的四个因变量预测到不同的结果。如果结果表明分散式系统(案例一)的实际结果与预测相符,而联机式系统(案例二)生成的第一种结果与预测不同,就能对分散式的结果下一个更有力的结论,这样也就在案例之间做了一次差别复制(另一种情况是,通过确认、研究两个或多个分散式办公系统会构成逐项复制)。

文本框 29

多重结果的模式匹配

研究者与政治家一样,都认为遍布全美的军事基地对当地的住宅建设、就业率和其他市场有重大的贡献。人们相信,如果关闭这类基地,社区经济和社会将相应地蒙受灾难性的损失。

为验证这种观点,布拉德肖(Bradshaw,1999)对加利福尼亚一个中等规模社区的军事基地关闭事件进行了案例研究。他首先确定了人们担心会出现灾难性后果的一些方面(如房屋销售额、公民就业率、失业率、人口流动量和稳定性以及零售市场),然后收集了基地关闭前后每个方面的数据变化。模式匹配(将每一部分关闭前的结果模式与关闭后的结果模式进行对比,再将该地每一方面的结果与其他社区和全州的数据作比较)的结果显示,基地关闭的结果和影响远不如人们预想的严重。有些方面甚至没有任何衰退的迹象。布拉德肖还呈现了解释结果模式的证据,进而得出了一个令人信服的结论。

最后,你应当注意那些可能影响到效度的因素(Cook & Campbell,1979,完整地列举了相关因素)。例如,新的公司执行委员会可能使用了案例一的办公系统,这为驳论提供了空间:单机办公所导致的明显效果可归因于执行委员会的决定,而不是新安装的办公自动化系统。为了驳斥这个竞争性解释,应找出最开始的因变量的子集,并阐明如果公司管理水平是这些结果的实际原因,就会有不同的结果模式(案例一)。如果进行的是单案例研究,这样的步骤就是必要的;你可以使用同样的资料排除可能威胁到效度的因素。如果还有第二个案例,就像前面假设的例子,你也可以阐明公司管理水平无法解释案例二中出现的一部分结果模式(即如果没有公司管理层的干涉应该会出现相反的结果)。实际上,你的目标是找出各种可能损害到结论有效性的因素,不断对各种模式进行对比,分析为什么在这两种情况下这些因素均无法对两种模式做出解释。

作为模式匹配的竞争性解释

竞争性解释,除了是一种有效的总体分析策略,也是对自变量进行模式匹配的一种选择。在这种情况下(如文本框30),几个案例可能会出现某一相同结果。调查应侧重于每个案例中的结果是怎样产生的,并且为什么产生。

这种分析要求形成以可操作性语言表述出来的竞争性假设。这些竞争性假设的特点是每种解释都包含了一种在形式上相互对立的自变量:如果有一种解释是有效的,那么其他解释就都是无效的。这意味着某些自变量的存在(原始解释的预测结果)排除了其他自变量的存在(竞争性解释的预测结果)。自变量可以包括几种或多种不同的性质或事件,每种都由不同的手段与工具进行评估。然而,案例研究分析的难点在于观察到的模式与预测的模式在何种程度上相匹配。

文本框 30

竞争性解释的模型匹配和多案例间的复制法则

有关政策研究的一个常见问题是,理解在何种条件下,研究发现才能达到造福社会的目的。有一则案例研究(Yin,第3章第46—48页)就研究了这个问题。该研究包含九个案例,而研究者首先提供了明确的证据表明:在每一个案例中,重要的研究发现都已经被运用于实践了。

接着,该研究着重探讨:这种结果"怎样"产生?"为什么"产生?研究者比较了三种模式("竞争性"解释模式),即(1)研究者选择自己的研究主题,并成功地将研究发现传播到实践领域(技术"推广");(2)实践领域的问题吸引了研究者的注意,从而导致问题的成功解决(需求"吸引");(3)研究者和实践者共同研制一个从辨别问题延展到检验解决方案的流程("社会互动")。每一种模式,都先于预先设立的竞争性结果给出了不同的框架。例如,需求"吸引"理论需要先出现一个问题,作为启动研究项目的前兆,但其他两种模式并不存在需要这种前提条件的情况。

研究表明,九个案例的事件与理论二和理论三的混和形式最为匹配。这个多案例研究综合运用不同的框架对每一个案例进行模式匹配,并运用复制法则实现跨案例之间的分析。

自变量的模式匹配既适用于单案例研究,也适用于多案例研究。对单案例研究而言,如果能成功地将模式与竞争性解释搭配起来,则可以断定这种解释是正确的(那么其他解释就是错误的)。同样,即使是单案例研究,也需要找出并且排除影响有效性的因素——它们基本上构成了另一组竞争性解释。另外,如果多个案例都推导出这个相同的结果,就可能构成对单案例的逐项复制(literal replication),切片分析的效果就会更有力地表现出来。然而,如果预计到由于存在不同的环境条件,将导致第二组案例无法得出相同的结果,那就构成了差别复制(theoretical replication),最初的观点就成立,并更有解释力了。

模式匹配的准确性

就当前研究水平看,模式匹配程序尚未发展到精确比较的阶段。无论是在竞争性解释的基础上预测一种不对称的因变量,还是简单的模式匹配中的预测,预测模式与实际模式之间的比较可能都未达到量化的程度(现有的统计学技术可能用不上,因为这些形式中的变量都没有变化,每个变量实质上代表了一个单一资料点)。如果研究中事先确定了一个基准,就可能得到精确的量化结果(如生产力将增长 10%)。实际结果的水准可与这个基准做比较。

对研究者而言,低准确度允许他们保有某种解释的弹性,他们能通过推断下结论说某种模式匹配或不匹配。当然,你可以通过更精确的测量手段增强案例研究的说服力。一个重要的建议是,如果达不到一定的准确度,你就不要预测精细的模式,这样得出的解释就不容易被推翻。

建构性解释

第二种分析技术实际上是一种特殊的模式匹配,不过步骤更复杂、操作更难,因而需要单独介绍以引起重视。这一技术的目的在于通过建构一种关于案例的解释来分析案例研究的资料。(建构性解释在政治科学研究中又被称为过程追踪(process-tracing),

见 Bennett,2010；George & Bennett,2004。)

与本章所选的案例研究类型相对应,这里主要涉及解释性案例研究的分析步骤。同样的一个解释性案例研究的步骤常常被引用,即"生成假定"程序中的一些步骤(见 Glaser & Strauss,1967),不过后者的目的不在于为一项研究下结论,而是为了促进后续研究形成观点。

文本框 31
单案例研究的建构性解释

商业公司为什么成功或失败,仍然是一个热门话题,也一直是一个研究者普遍感兴趣的研究领域。全国和该行业都名列第二的一个计算机制造商,其公司规模也在 50 强之列。在该公司运行了 30 年并成功地发展壮大后,确实需要一些解释,才能理解它为何倒闭。埃德加·施恩(Edgar Schein)对这一难题进行了单案例研究,收集了大量的文件和访谈资料(另见第 6 章文本框 50)

麻省理工学院的施恩教授曾担任过该公司高级管理顾问,任职时间之长可与该公司历史相比。他的案例研究试图解释,该公司的"失去的基因"——对公司的生存至关重要的基因——是"怎么"丢失的? 以及"为什么"会丢失? 作者认为,公司需要这种基因,以克服过度注重技术创新和卓越的倾向。该公司本应给予其商业和市场运作更多的关注。这样,公司也许就有能力更及时地裁掉无效员工,从而在多个相互抵触的发展项目中确定优先次序(例如,该公司开发了三种不同的个人电脑)。

解释的要素

"解释"一个现象,就是提出一套有关该现象的假定存在的因果关系。这些因果关系与前面提及的竞争性解释中使用的自变量类似。在大多数的研究中,复杂的因果关系难以用精确的方式评定(见文本框 31)。

在很多现有案例研究中,建构性解释都是以描述性形式存在的。由于不可能准确,如果解释能反映出一些具有理论意义的观点,则更具意义。例如,因果联系能揭示有关公共政策进程或社会科学理论中最主要的观点。如果这些关于公共政策的观点是正确的,就可以成为未来推行政策的建议(见文本框 32A)。同样,关于社会科学的观点如果是正确的,就可能对理论建构作出重大贡献,例如国家由农业社会过渡到工业社会的实例(见文本框 32B 部分)。

文本框 32
多案例研究的建构性解释

32A.一项多社区研究

多案例研究的目标之一是建立适用于每一单案例的总体解释,尽管各案例之间在具体细节上是有区别的。这种目标与多元重复实验相类似。

玛尔塔·德西克(Martha·Derthick,1972)的《镇中新镇:一个联邦项目失败的原因》一书写的是约翰逊总统时期政府管理下的一个住宅开发项目。联邦政府要向当地政府提供城内空地用于住宅开发。但四年之后,七个考察点的发展步子都很小,大家认为这个项目失败了。七个考察点包括圣安东尼奥、新贝德福德(马萨诸塞)、圣弗朗西斯科、华盛顿特区、亚特兰大、路易斯维尔、克林顿镇区(密歇根)。

德西克的描述是首次对七个考察点情况所做的分析。然后,原定的总体性解释——这个项目之所以失败在于没有得到地方政府的足够支持——就难以让人信服了,因为这种情况并非在所有考察点都很明显。据德西克的观点,地方政府的支持确实存在,但"联邦官员仍然宣称如此巨大的项目在实施中必然出现某种程度的失败"。最后,德西克建立了一个较为中庸的解释——"空地建设住宅项目失败的原因在于,一是联邦政府对地方的影响力有限,二是项目确立的目标过高"(第93页)。

32B.一项多元社会研究

巴林顿·摩尔(Barrington Moore,1966)在他的史学著作《专政与民主的社会起源》中使用了与德西克相类似的分析方法。尽管其中的案例实际上是历史事实,但该书对如何在多案例研究中进行建构性解释提供了另一种例证。

该书的基本主题是在从农业社会向工业社会的转型中,对英国、法国、美国、中国、日本、意大利等六个不同国家的上层阶级和小农阶级在转型中的角色进行总体解释。这个解释无疑是史学界的一个重要贡献。

解释建构的重复性质

有关解释性案例研究的建构解释过程,已有文献中尚未出现操作性很强的阐述。不过不难推测——最后的解释可能是一系列不断修正的循环过程:

- 对政策或社会行为提出一个原创性的理论观点或命题;
- 将原始案例的研究结果与上述观点或命题进行比较;
- 修正该观点或命题;
- 将案例的其他细节与修改后的内容相比较;
- 将修改后的观点与第二、第三或更多案例中的事实相比较;
- 根据需要将上述过程重复数次。

从这个意义上看,由于最后的解释可能无法在研究刚刚开始时就确定下来,因而有别于前面提到的模式匹配技术。通常对案例研究的资料进行检验,理论观点经过修正,又一次从新的角度以重复的模式处理资料。如果你只是做一个单案例研究,这一过程最后不会得出结论,但是如果你将修改后的解释应用于多案例研究中的其他案例,得出的研究结论会令人叹服。

逐步建构解释与提炼一组观点的过程相类似,其中很重要的一个方面是要考虑看上去似乎有说服力的、相对立的竞争性解释。如前所述,目的在于证明,在给定实际的案例研究发现时,其他的解释为什么不能成立。

建构性解释的潜在问题

有些人指出了逐项复制的挑战和缺陷,例如黛安·沃恩(Diane Vaughan,1992)在其"理论阐述(theory elaboration)"中对此进行了贴切、周密、有效的描述。研究者运用这种方式进行案例研究分析时需要注意这些不足,建构解释者需要具备一定的分析思维和敏锐力。例如,随着这种重复式过程的延展,研究者可能逐渐脱离原来的实际课题。更糟的情况是,研究过程中可能产生多余的选择性偏见,导致解释掩盖一些关键的证据资料。

为了减少这些潜在的危险,研究者应该时常提及最初的目的,让研究之外的同事充当"批判朋友",并不断地检查可能得出的其他解释。其他避免这些风险的办法已经在第 3 章、第 4 章中述及——即确立案例研究方案(指明要采集哪些资料),为每个案例建立案例研究资料库(正式采集的整个资料系列,供第三方查阅),形成证据链。

练习 5.3 构建一个解释

指出你所在的居民区(或校园周围的居民区)有哪些明显的变化,为这些变化提出一个解释。指明你要收集哪些资料来支持或推翻这个解释。如果你能够获得这些资料,你可以保证解释的完整性和说服力吗? 研究结果对于调查其他居民区的类似变化也是有用的吗?

时序分析

第三种分析技术是时序分析(time-series analysis),这与实验及准实验研究中进行的时序分析相类似。时序分析有多种复杂的形式,关于实验与临床心理学领域单案例研究的几本主要教科书都提到这个问题(例如 Kratochwill,1978)。(有兴趣的读者可以参考该书,从中获得更多具体的指导。)模式越复杂、越精确,时序分析越能为案例研究的结论奠定坚实的基础。

简单的时间序列

与较为宏大的模式匹配相比,时间序列设计在某种意义上要简单得多:时间序列中可能只有一个自变量或因变量。在这样的情况下,当众多资料是相关且可以得到时,可以使用统计技术来检验和分析资料(Kratochwill,1978)。

但从另一种意义上讲,这种分析技术的形式可能更为复杂,因为这个自变量的起点与终点不一定清楚。尽管存在这一问题,能找到前后时间跨度中的变化轨迹仍然是案例研究的一个明显优势——可以不再局限于跨时期的或特定情境中的静态评估。虽然案例研究也会用到其他技术,但如果跨时期事件得到了细致与精确的检验,那么就可能进行某些时序分析(见文本框33)。

时间序列设计的内在逻辑是把资料的趋势与以下两个趋势进行比对:①在调查开始之前就明确下来的某种理论性趋势;②前期确定的某种相反趋势。譬如,在一段时间中,同一单案例研究可能会存在两种不同的假设。坎贝尔(1969)在其著名的有关康涅狄格州交通限速法案——1955年该州出台法案限速降至每小时55英里——的研究中就是这样设计的。一个时间序列模型的基本观点是新法案("时间序列"中的一个分段)大大减少了伤亡量,而另一个时间序列模型的基本观点是新法案没有产生这样的影响。检验实际的资料——即新法实施前后一段时期内的年度实际死亡人数——判定预设的两个时间分段中的哪一种模式与实际资料比较匹配。在很多情境中,都可以同样对同一案例做"分段的时间序列"比较。

文本框 33
在单个案研究中运用时序分析技术

纽约市曾发起过促使城市地铁更安全的活动。随后,纽约警察局发起了另一个类似的活动:采取措施,降低城市犯罪率。他们采取的措施包括:对轻微违法事件进行执法处理("秩序重建与维护")、安装控制犯罪的计算机技术装置、重组警察局部门以使警员对犯罪控制负有责任。

克林和科尔(Kelling, Coles, 1997)首先十分详尽地描述了这些措施,使得这些措施在降低犯罪率方面起的作用能够为人所知,也为人所信。接着,案例研究呈现了七年内特定犯罪类型的年发生率的时间序列。在这七年中,前两年犯罪率呈上升趋势,后几年呈下降趋势。该案例解释,警察局相关措施的时间安排和犯罪率的变化趋势相匹配。作者先说明了警察局措施的有效性,再结合措施的时间安排与犯罪率的变化趋势,对解释"为什么那个年代纽约市犯罪率下降"提供了证据。

多案例研究也可以遵循同样的逻辑,只需给不同的案例设定不同的时间序列模式。例如,有关城市经济发展的案例研究中可能会有这样的理论假设:以制造加工业为基础的城市与以服务业为基础的城市相比,就业趋于劣势。相关的资料可能涵盖一段时期,比如十年内的年度就业数字。在以加工制造业为基础的城市中,资料可能会反映就业形势日趋严峻;而在以服务业为基础的城市里,资料可能会反映就业形势不断上扬。其他研究也可以运用类似的分析技术,如一段时期内每个城市的青少年匪帮、健康状况的变化(如婴儿死亡率)、大学排名的趋势,等等。如果有合适的数据,我们可以通过统计分析来显示变化趋势。例如,你可以计算出不同情况下的时间趋势的"斜率"(例如,比较学生不同课程上的在校成绩),然后比较这些斜率,看斜率间的差距是否具有统计学意

义(Yin,Schmidt & Besag,2006)。你还可以通过回归断点分析,检验在某一关键事件(如通过了新的限速法)发生前后,趋势变化是否存在差异(见 Campbell,1969)。

复杂时间序列

某个案例中变量的发展趋势越多变,时间序列设计也会越复杂。比如,我们不仅可以假定变量的发展趋势是上升的或下降的,也可以假定在同一个案例中变量先升后降。这种跨时期的混合型模式引起了复杂的时间序列。通常,案例研究方法的优势不仅在于对这种时间序列的估计(借助或不借助数据),还在于对有关复杂趋势进行全面揭示。

文本框 34

更复杂的时序分析:当单案例研究含有一个嵌入型分析单位时,使用量化方法

34A.评估教育系统改革的影响

苏波维兹和泰勒(Supovitz & Taylor,2005)在佛罗里达州杜瓦郡学区进行的一次案例研究,将该学区的学生作为一个嵌入型分析单位。调整干预变量后,运用分层线性模型对学生在四年内的分数进行量化统计,并没有明显的证据表明,系统化改革对学生的学习(与其他学区相比)产生了持久的影响。

该案例研究包含丰富的现场观察资料和对校领导的调查。研究追踪了四年前和四年期间,实施系统变革的困难所在。作者还详细地阐述了他们对系统改革的见解,以及该案例对评估者的启示——这种"干预"很难在体系内完成;除了需要评估学校系统本身的运作情况,还要评估更广泛意义上的制度环境。

34B.评估一项社区复兴战略

加尔斯特、塔提安和阿科尔迪诺（Galster, Tatian, Accordino, 2006）的文章，并没有以案例研究的形式来呈现。他们的研究目的是评估 1998 年位于弗吉尼亚州首府里士满的一个社区复兴战略（正如一个单案例研究）。文章呈现了该战略的基本理论，记录了战略实施的历程，最后得出了关于复兴战略的主要结论。但是，该研究的独特之处在于它重点分析了"嵌入型"的分析单位：独立住宅房屋的售价。这表明，总体的评估设计应用于多种嵌入性案例研究，是完全可行的。

为检验复兴战略的效果，作者运用回归模型，比较了目标社区和对照社区的房屋价格在干预（时间序列）前后的变化趋势。研究发现，"社区复兴战略使得目标社区的独立住宅房屋与其他贫困社区的同类房屋相比，市场价格大幅增加"。

有些研究中牵涉的不仅仅是一个变量，而是一组变量，每个变量在一定时间内会表现出不同的形式，这时情况可能更为复杂。这种情况尤其经常出现在嵌入式案例研究中：案例研究可能是关于某一单案例的，但是广泛收集的资料涵盖了一个嵌入型分析单位（见第 2 章中图 2.3）。文本框 34 介绍了两个例子。第一个例子（见文本框 34A）是有关一个学校系统的单案例研究，但运用了多层线性模型分析一系列复杂的学生档案资料。第二个例子（见文本框 34B）研究的是发生在几个社区中的一个社区复兴战略。作者运用统计学的回归模型，分析了独立住宅房屋在目标社区和对照社区的销售价格的时间趋势，从而评估了这一复兴策略的结果。

总之，尽管时间序列越复杂，资料收集工作就会越困难，但发展趋势（或一组趋势）会展现得更具体，分析也就更有力。如果预测的时间序列与实际时间序列很复杂，并且相互匹配，就能为最初的理论观点提供强有力的资料支持。

大事年表

编制大事年表是案例研究中常用的技巧,可以将其看作是一种独特的时序模型。大事年表的时间序列直接体现了前面提及的案例研究的突出优点,即案例研究允许追溯一段时期内发生的事件。

不要将大事年表仅仅作为描述一组事件的工具。编制过程要以分析事件为目的,即分析假定有因果联系的事件,因为有关原因的基本序列及其影响在时间上都无法逆转。而且,大事年表可能会包含很多不同类型的变量,而不仅仅是一个自变量或一个因变量。因此,编制大事年表比起运用一般的时间序列的方法会更为全面和深刻。分析的目的是,将大事年表与解释性理论所预测到的情况相比较——这个理论可能包含下面的一种或多种情况:

- 某些事件必然发生在其他事件之前,不能有逆向的序列（sequence）；
- 某些事件之后必然出现其他事件,基本上可看作一种附带事件（contigency）；
- 某些事件只能在其他事件之后出现,并出现在事先指明的一个时间间隔（interval of time）之后；
- 某一定时间段（time periods）内可能会出现某一组事件,它们与其他时间段有本质的区别。

如研究者能对事件进行详细的记录、审核,且研究中的实际事实符合预测的事件序列,而不是出现相反的序列,那么单案例研究就可以成为因果推断的基础。此外,与其他案例相对照,并对有损研究内在效度的因素做清晰的解释,会进一步提高推断的说服力。

时序分析的总体情况

无论对时间序列的本质如何规定,案例研究的主要目的是去探讨一定时间内各种事件之间的关系,回答相关的"怎么样"和"为什么"的问题,而不是仅仅观察时间上的趋势。时间序列的分段为判定潜在的因果联系创造了条件。同样,大事年表也包含因果关系的判定。

如果在有关的案例研究中运用到时序分析技术,那么研究的基本特征就是找出特定的指标,划分合适的时间段,提出几个事件之间假定存在的因果关系。所有这些在收集资料之前就应明确下来。只有事先对此心中有数,才有可能在短时间内带有最少偏见地采集到更多相关的资料,不必要的分析则会变得更少。

相对而言,如果研究仅限于对时间趋势的分析研究,比如并不十分看重因果关系的描述性模型,可能会更多地用到案例研究以外的策略技术。例如,对一段时期内物价指数变化趋向的经济学分析。此外还要注意的是,离开了理论假设或因果推断,大事年表就有成为流水账的可能——尽管对事件的描述和记录很有价值,但未对因果推断部分给予任何侧重而导致研究贬值。

练习 5.4　分析时间序列趋向

确立一个简单时间序列,如过去 20 年中每年你所在的大学正式注册的学生数。你如何将这 20 年内的一段时间与另一段时间相比较?如果这段时间内学校的入学政策有所改变,你将如何比较这些政策的效果?这项研究如何作为相关学校的更全面的案例研究的一部分?

逻辑模型

第四种技术在近年日渐变得重要,尤其是在案例研究的评估中更为有效(例如 Mulroy & Lauber,2004)。逻辑模型是一定时期内各个事件之间复杂而精确的链条。这些事件能展现"原因—结果—原因—结果"的重复与循环,前一阶段的因变量(事件)成为下一个阶段的自变量(原因事件)(Peterson & Bickman,1992;Rog & Huebner,1992)。研究者还分析了协作建立逻辑模型的好处——即当研究者和官员在实施要研究的政策问题时,一起界定项目模型(见 Nesman,Batsche & Hernandez,2007)。这种方式能帮助研究团队更加明确远景和目标,并了解行动方案过程(理论上)如何实现目标。

运用逻辑模型分析技术,需要将实际观察到的事件与理论预测到的事件相比对。因此,从理论上讲,逻辑模型也可以看成模式匹配的一个变式。但鉴于连续性事件的发展阶段各不相同,因而人们亦将逻辑模型看作是模式匹配之外的一种独立分析技术。

约瑟夫·沃利(Joseph Wholey,1979)是把逻辑模型发展为一种分析技术的鼻祖。他首次提出了"项目"逻辑模型,认为如果出台某一公共政策希望得到某种结果,就要对事件进行追溯分析。公共政策的出台先会引起一些活动,这些活动会产生直接结果;接下来,这些直接结果又会产生某些中间结果。反过来,这些中间结果又会导致最终结果。

这里用一个假设事例来说明沃利的分析框架。假定的命题是:学校采取措施,希望借此提高基础教育阶段各类重要考试中本校学生的成绩。假设学校在每天一小时的课外活动中开展一系列新的教学活动,则会导致学生家长关心学生的学习(直接结果)。接下来,学生、家长和教师加深了对教育的理解,提高了对学校教育的满意度(中间结果)。最后,随着练习的持续开展和满意度的提高,学生会更好地掌握某些概念,提高学业成绩(最终结果)。

整个例子主要(仅仅)通过测试学校改革和学生高分成绩之间的关系,说明逻辑模型如何帮助解释最终结果,并且优于一般的实验设计。由于无法解释改革如何导致最终结果,这种实验设计常被称为"黑箱"评估(例如 Rogers,2000,第 213 页)。利用逻辑模型,案例研究可以"打开"黑箱,解释政策实施与最终结果之间的关系。

撇开沃利的思路,运用本书前面讲过的竞争性解释方法,分析中还应考虑是否在对立的一连串事件之外从外部假定一个事件。如果资料支持最初的事件链,也找不出对立事件,才可以下结论,即学校采取的干预活动与学生学习的改进有因果关系。否则,可能会形成这样的结论——事件的具体序列是不合逻辑的,例如,学校干预的学生与接受学习评估的学生处于不同的年级。在这种情况下,逻辑模型就可能帮助解释了一个虚假的发现。

项目逻辑模型技术可用于多种情况,例如组织改革(Burke,

2007）或社区和经济发展（例如 Phillips & Pittman，2009），而不是仅仅适用于公共政策案例研究。运用这一技术时，关键是建立一个因果循环的事件序列，并且各个事件能联结成一个整体。根据案例研究中个案的数量，对事件之间的联系进行质性或量化分析。

质性分析首先要比较每个个案观察所得顺序与原先预定顺序的一致性，确定（或拒绝、修正）原始序列。完整的分析步骤还需提供其他质性资料，客观地解释序列为什么被强化了（或拒绝、修正）。量化分析遵循同样的分析步骤，但要以大量的个案为基础。借助大量个案，研究者可以运用路径分析，如结构方程模型，进行第一次比较（例如 Bryk，Bebring，Kerbow，Rollow & Easton，1998）。在强化（或拒绝、修正）原始序列后，分析过程中要继续增加新的资料，潜在地假设将不同类型的变量加入结构方式模型，从而解释序列为何被强化（或拒绝、修正）。

这些执行或量化分析策略都可以用于下面描述的三种逻辑模型。这三种模型因案例研究的类型即分析单位而异。

为了说明研究目的，所有的图形描绘了一个线性序列或者时间序列。尽管实际生活中的事件更加复杂，但这种直接明了的描述可以通过图形满足大部分案例研究的需要。但是，如果研究者想增加图像的复杂性，辅导材料 5.2 摘录了一个比较复杂的非线性逻辑模型。正如医疗卫生研究（例如 Anderson，Crabtree，Steele & McDaniel，2005；Anaf，Drummon，Sheppard，2007）和商业研究（例如 Dubois & Gadde，2002）中所描述的那样，案例研究分析能够检验非线性相关事件之间的互存和其他关系，进一步解释这些联系比图形本身更重要。

个体层面的逻辑模型

第一种类型事先设定案例研究针对的是个体的人。图 5.1 描述了一个年轻人行为变化的假定过程。事件的发展变化反映于图中从左到右的一组方框和箭头中。它们表明这个年轻人有可能成为匪帮的成员，随后参与匪帮的暴力和吸毒活动，再后来参与和匪帮有关的犯罪活动。这个逻辑模型的特点是与图中各箭头相联系的 11 个数字构成的数字系列,每个数字代表着一个机会,通过某种有计划的干预(如社区或公众项目)来防止这个年轻人继续朝这个方向发展。例如,社区发展项目(数字 1)会改善社区的工作与住房状况,从而在一开始就降低了这个年轻人加入匪帮的可能性。

暂且不想这些干预措施,研究可能只是简单地通过图 5.1 所示的事件序列,对青年的行为变化进行追踪,以年轻人犯下帮派罪行而结束(研究者也可以对一个已经犯下帮派罪行的年轻人的行为进行追溯,收集回顾性资料)。通过研究,可能发现序列不正确,对几个年轻人的行为变化过程进行分析(即复制原则),可能会生成新的序列。如果提供了关于青少年发展的新观点,那么你的研究,无论是对于研究本身,还是实践应用,都为促进知识发展作出了贡献。

此外,你的研究也可以侧重于图 5.1 中的 11 种干预行为。通过资料分析,探索某个青年如何遇到并应对 1 个或所有这 11 个可能的干预,从而证实每一项干预的作用,或者得出新的结论。无论是仅仅根据方框中的序列,还是同时借助干预措施,研究青少年的行为变化,研究者均可以明白逻辑模型如何证实最初的理论,继而提供资料分析的框架。

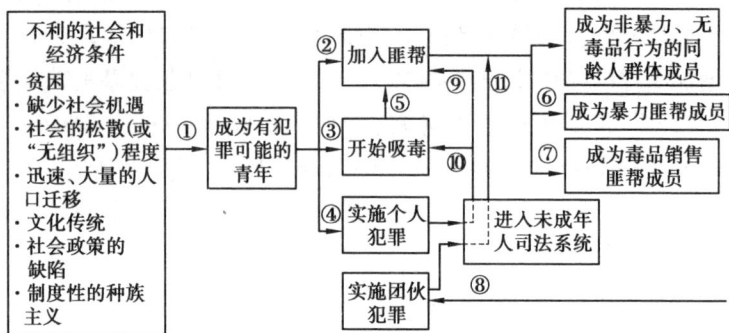

图 5.1　年轻人的行为与 11 种可能的干预

①社区与社会策略的目的是中断这条发展路线;②③④预防性策略的目的是中断这几条发展路线;⑤禁毒的目的是中断这条发展路线;⑥⑦⑧法律强制禁止与压制的目的是中断这几条发展路线;⑨⑩早期干预、司法系统策略的目的是中断这几条发展路线;⑪司法系统干预策略的目的是中断这条发展路线。

公司或组织层面的逻辑模型

第二种逻辑模型追溯单个组织机构中发生的事件,如一家制造企业的变化。图5.2展示了企业改革(框5和框6)如何引起生产过程的改善(框8),最终提高销售业绩(框10和框11)。框图流程还反映了一个假设——最初的变化是由外界经纪人业务与技术支持服务(框2和框3)引发的。根据这样的假设,这一逻辑模型也包含着相反的竞争性解释(框12和框13)。由此可见,案例研究的证据分析要追踪一段时间内的事件,至少要对特定时间序列给予足够的关注。资料收集还要指明方框中的情形怎样与实际生活中的情况相联系,从而证明各个方框之间的因果联系。

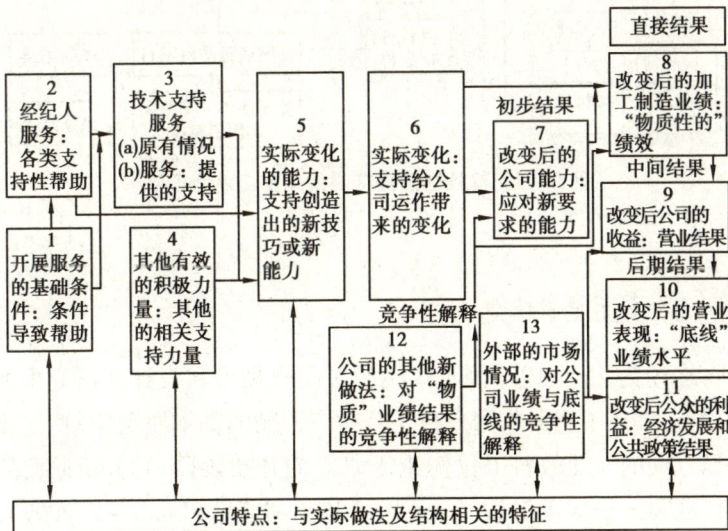

图 5.2   制造公司业绩变化

来源:Yin and Oldsman(1995)

项目层面的逻辑模型

图5.3包含了第三种逻辑模型。这个模型展示了一项联邦项目的理论依据,该项目欲通过支持社区的规划和预防工作,从而减少艾滋病的发生率。该项目对全美的65个州和当地卫生部门提

供资金和技术支持。研究所用模型对由八个案例研究中得到的资料进行组织与分析,包括收集的竞争性解释资料——再次显示了竞争性解释在论证过程中所能发挥的重要作用(多案例研究见Yin,2012第15章)。这样,你可以建立一个项目水平的逻辑模型,研究其他任何国家的其他公共项目。

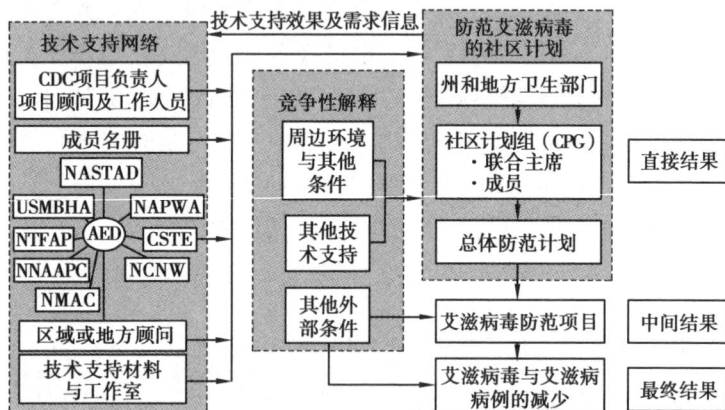

图 5.3 完善社区防控艾滋病和艾滋病毒项目

来源:Yin(2003,第8章)

充分利用逻辑模型

迄今为止,上述示例不仅说明了逻辑模型在设计新研究中的作用,还阐述了将其作为分析工具时应遵循的基本原则(一些逻辑模型方面的专业教科书仅侧重于研究的开始阶段,对分析阶段则轻描淡写——如诺尔顿(Knowlton)和菲利普斯(Phillips)(2009)。图 5.4 和图 5.5 中的两个话题可以帮助研究者提高逻辑模型的使用水平。

图 5.4 中的两个部分描述了第一个主题:突出逻辑模型中的变化,而不仅仅是改革。两部分重复了同一逻辑模型,这个模型明确规定了学校合作伙伴关系如何支持学校采取恰当的变革,最终使中小学生取得令人满意的成绩。但是,图 5.4 底层部分主要强调位于各个框之间的"箭头",提示案例研究者解释事件如何从一个

阶段发展到另一个阶段的必要性。也就是说,大部分个案中的资料仅倾向于解释"方框"中的内容,分析事件之间的相关性,却忽视变化过程。

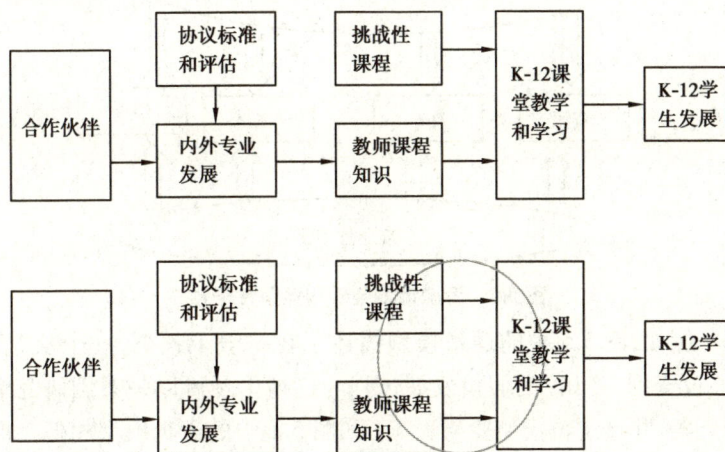

图 5.4 突出变化,而不仅仅是变革

例如,质性资料中可能有事件的时间顺序,在后面的研究中,研究者也会发现时间顺序与原始逻辑模型的顺序相匹配(或不匹配)。量化资料中,结构方程模型同样评价各个框之间的关系和顺序。然而,量化资料和质性资料都不会解释变化过程——比如,(一个)框内的事件如何导致后面(下一个框内)的事件,原因是什么。这些解释对逻辑模型的解释更引人注目、更有效,因而这里主要讲述收集和呈现关于变化过程的资料,而不仅仅是变革。①

图 5.5 描述了第二个主题:将环境条件作为逻辑模型的组成部分。许多逻辑模型,如前面所举的例子,几乎不涉及实际情境。实际情境不仅是案例的重要组成部分,在有些情况下,这些情境甚至可以掩盖所研究的"个案"。因此,即使没有误解个案,忽视这些条件也可能导致案例研究不完整。

---

① 如果将逻辑模型和流程图的图表混淆,很容易导致忽视变化过程。流程图中的线条仅指一个框后面紧随另外一个框。在逻辑模型中,线条的作用是预设一种引发关系——一个框的内容导致另一个框的出现。如何引发就是变化过程,需要使用逻辑模型解释。

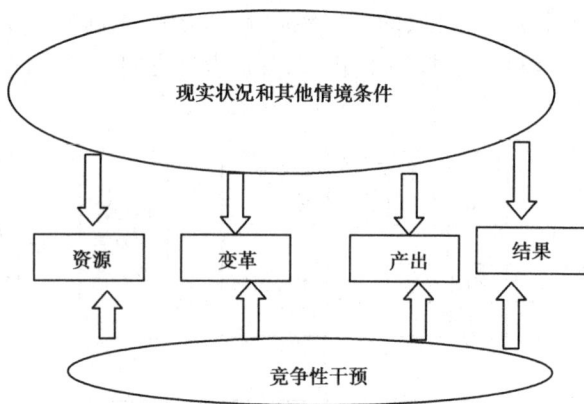

图5.5 考虑情境条件和竞争性干预

例如，图5.5中的逻辑模型描述了在一般干预下，一个从"资源"投资到"产出"的假设发展过程。这种干预可以是案例研究中的个案，并且逻辑模型要与表5.1和图5.1中的逻辑模型相似。但亦有例外，与前面的逻辑模型不同，图5.5中通过引起读者对诸多相关现实情境和其他情境条件（包括竞争性干预）的注意，故意放大了案例研究的潜在范围。虽然是案例的外在因素，但实际上这些情境条件和竞争性干预会给干预的结果产生重大影响，有可能胜过投入资源和变革的效果。

案例研究中需要确定和控制的具体情境条件因个案而异。例如，对个人的案例研究主要注意家庭、同辈和社区环境——所有这些都可能加深对图5.1中年轻人变化的理解。同样，关于企业等组织的案例研究需要注意竞争者的作用、行业发展状况和政策条件——在图5.2中同样很少提及。

小 结

无论是利用逻辑模型检验理论发展（即社区振兴过程中事件的假定顺序），还是评估一个干预措施，都采用了第四种案例资料分析技巧。这种分析方法适用于质性资料或量化资料（或者两者同时），可以采用前面讨论的三种描述模型。每一种模型因研究的个案（个人、组织或政策）类型不同而异。

文本框 35

使用"双案例"研究检验政策理论

20 世纪七八十年代的国际市场由日本占领。日本的优势来自于专门的政府部门在计划与提供支持方面所发挥的强大作用。与其他国家的政策相比，很多人认为这种竞争是不公平的，如美国就没有相应的支持体系。然而，格雷戈里·胡克斯(Gregory Hooks, 1990)的一项成功的案例研究指明了人们常常忽略的一个反例：即美国国防部在国防工业范围内实施工业计划方面发挥了重要作用。

胡克斯为两个案例提供了量化资料——航空工业与微电子工业(开发计算机芯片市场与电脑技术，如个人电脑)。传统观点认为，一个工业部门(航空部门)依赖联邦政府的支持，而另一个不依赖政府支持。但胡克斯的资料表明，国防部在两个工业部门发展最为关键的早期阶段，通过财政资助、研究与开发支持，以及为工业产品创造市场等措施来支持它们的发展。这种情况在两个案例中都出现了，而不仅仅是为航空工业所独有。这就确保了整个论证过程的可信度和说服力。

跨案例聚类分析

第五种技术专门用于多案例研究的分析(前四种技术既可用于单案例研究，也可用于多案例研究)。如第 2 章所述，如果案例研究包括两个以上的案例，此种技术就大有用武之地。与单案例研究相比，分析起来更容易，结果也更有说服力(关于六个个案的聚类分析，见 Ericksen & Dyer, 2004)。相对于单个案研究，分析相对容易一些，研究结论也会更有说服力。文本框 35 提供了一个很好的运用双案例进行政策研究的例子。如前所述，如果有两个以上的案例，研究结论就会更有力度。

　　无论是把单案例作为独立的课题分别研究（由不同的人负责），还是作为同一研究预先设计的一部分，都可以进行多案例聚类分析。此外，也有运用这项技术分别研究每个案例的情况。因此，这项技术与其他的综合性研究一样，都是对一系列单个研究的结果进行综合（见文本框36）。如果要进行多个单案例研究，此技术就可以贯穿在其他定量研究方法的综合过程（见 Cooper & Hedges，1994）或元分析（如 Lipsey，1992）中。辅导材料5-3中讨论了专门用于多个案案例研究的两种技巧。如果案例数目不多，就需要用其他方法。

文本框36

11 个项目评估和一个跨"案例"分析

　　丹尼斯·罗森多包姆（Dennis Rosenbaum，1986）在他编撰的一本书中收集了11个项目评估作为单独的一章。这11项评估由不同的研究者承担，使用了多种方法，不属于案例研究。每个研究对不同社区为防止犯罪行为所采取的防控手段进行了评估。有的评估报告呈现了大量的量化资料，并采用了数据分析。这11项评估是特意挑选出来的，几乎每项评估的结果都是令人满意的。本书作者（Yin，1986）对此做过一个跨"案例"分析，把每项评估作为单独的"案例"来看待。该分析用表格形式细致地分析并排列了从11项评估中得到的资料。因为这11项评估的结果都让人满意，通过一个复制式逻辑，在探讨任何具体的防控手段之外，还可以对社区如何成功地防控犯罪行为得出总体结论。

　　多案例聚类分析的一个常用办法是编制文档表格，构建一个总体框架来呈现单案例的资料。表5.2就是这样一个文档表格，它呈现了对14个组织中心的案例研究（COSMOS 公司，1998）。14个中心中，有七个得到了项目支持，其他七个作为对比参照对象。

　　每个组织中心的重要分类反映了中心与合作组织的资源共享（如共享设施）情况，这是最初研究的几项成果之一：假设得到项目支持的组织中心与合作伙伴进行资源共享，而对照组则没有。表5.2 中的结果显示两组之间没有显著差别，因此，项目支持对这个结果并没有影响。其他文档表格用同样的方法解释了这 14 个中心如何以及为何（不）进行资源共享。对所有文档表格进行质性分析可以得出跨越两组的研究结论，尤其能够解释获得项目支持的中心为何没能建立资源共享点。

　　案例研究起初可能没有明确界定分组，如组织中心的两个分组。或者研究者创建了更复杂的表格，陈列一整套分类或特征，而不仅限于一种类型，翔实地介绍每一个个案——但仍是逐个个案进行。这种陈列布置便于研究者分析探讨不同案例的资料是否有相似之处，是否可以作为同一"类型"案例的个案（复制）。或者，这些个案的资料差异颇大，可以将其作为对比个案。假定相似或差别之处就是最初研究设计的一部分。这样，观察所得的结论将证实或者否认研究假设，并与研究设计阶段查阅的前人研究顺利衔接。

表 5.2　组织合作者之间的协同状况（14 个中心与它们的合作伙伴组织）

组织中心	协同特征
实验控制中心组（7 个）	
1	合作组织的办公设备与 1 号中心相同，并贯彻 1 号中心的政策，这是合作的条件。1 号中心每年从合作组织预算中得到 2.5 万美元用于软件与外围设备、通信与其他供应品的开销。
2	作为 2 号中心的一个商业单位，其职员在 2 号中心的办公室工作。2 号中心的上级组织每年向合作组织的预算拨款 2 500 美元作为办公用地的开销，并拨款 23 375 美元作为间接开销
3	与 5 家合作单位在同一个地点办公
4	4 号中心与合作单位共用办公空间

续表

组织中心	协同特征
5	5 号中心的职员与合作单位的职员在同一座办公楼,但不共用办公空间
6	两个组织不在同一地点
7	合作单位的职员在 7 号中心的办公室工作
对比参照中心组(7 个)	
8	8 号中心与合作者在全国的 8 个地点共用办公空间
9	某些站点在同一个位置
10	10 号中心与合作者不在同一位置
11	中心与合作单位的职员共用办公室
12	12 号中心和合作单位的职员在同一座办公楼工作
13	13 号中心和合作单位的职员在同一个办公室工作
14	14 号中心与三家地方合作单位共用办公室

来源:COSMOS 公司,1998

上述例子讨论了案例研究在探索所研究个案之间是否为复制或对立关系时,如何进行跨案例聚类分析。运用这种案例聚类分析技术时必须注意,分析跨案例表格的关键是辨别和解释,而不是罗列数字。第 2 章已指出,这个方法与跨实验的解释十分类似,二者都不强调数字,也没有太多的实验需要分析。作为案例研究者,时刻需要面临的挑战是,如何在资料支持的基础上建立有说服力的、合理的、清晰的论证。

跨案例聚类分析至少还有另外一种类型,这种类型不同于前面讨论,其案例研究的设计水平更高——高于聚类分析。这种情况下,案例研究主要是关于更大范围或更多的个案或分析单元,而多案例研究(以及跨案例聚类分析)则是嵌入单位。研究结果和结论从作为主个案(仍然使用复制模型分析)的较大分析单位资料中得出。来自这两个层次（较大分析单位和嵌入案例）的资料将服务于最终的案例研究（见文本框37）。

文本框37
案例研究中嵌入的案例分析

在一些多案例研究中，跨案例分析只是其中的一部分。在2010年联合国开发计划署（UNDP）实施的一项评估项目中，每个案例研究的主题是四个国家——博茨瓦纳、乌拉圭、多哥和沙特阿拉伯。研究目的是评估这些国家如何实现发展目标的。事实上，这四个国家是分析的嵌入单位，因为更大的案例研究是探讨UNDP对各国发展的支持作用。鉴于这是一个双水平调查，因此，最后的资料分析中，既包括每个国家的资料，也包括UNDP中的政策、实践和人员配备资料。最后的成果实际上是关于UNDF的案例调查，其中（仅仅）有一部分是对四个国家进行跨案例研究。

无论你是否进行跨案例聚类分析或使用本章讨论的其他分析技巧，本章结尾部分将提供一些想法供你思考，这些或许有助于提高整个研究分析的质量。

确保高质量的分析

无论采用哪种具体的分析策略或技术，必须千方百计地确保分析的质量。一项优秀的社会科学研究必须具备四个原则（Yin，1994a，1994b，1997，1999），在研究中需要注意和坚持。

第一，分析应表明考虑了所有的资料。分析策略，包括建立的竞争性假设都应当详尽地概括所有的关键研究问题（要高度重视区分尖锐问题和模糊问题）。分析时应尽可能多地获得所有可能得到的资料，解释过程也应利用所有的资料，不能有任何纰漏。如果达不到这个标准就有可能(无意地)忽略一些资料,而这些资料会推导出不同的解释。

第二,如果有可能,分析中应当指出所有合理的竞争性解释。如果其他人对研究结果的一点或几点持有不同的解释,就应把这种解释作为竞争性解释进行说明,看是否能找出资料,能得到什么结论。如果找不到资料,那么要考虑是否应指出这个相反结论属当前研究的不足之处,需要在以后的研究中进一步调查?

文本框38
一个关于国际贸易竞争的多案例研究的质量

案例研究分析的质量不仅仅取决于所采用的分析方法。尽管方法很重要,但另一点也同等重要,即研究者在分析过程中要表现出很好的专业素养。马加齐纳和帕蒂金(Magaziner, Patinkin,1989)的著作《无声的战争:塑造美国未来的全球商战》(*The Silent War:Inside the Global Business Battles Shaping America's Future*)就表现出了这样的专业素养。

作者把九个案例很好地组织起来。研究在多个案例之间通过复制(replication)的形式进行,分析了有关美国竞争优势(或劣势)的几个主要问题。在每个案例中,作者做了大量的访谈,引用了大量的文献,指明了研究结果的来源。(为保持叙述的连贯性,大量资料都放在了脚注和附录里面,以文本表格、注解和量化表格的形式出现。)此外,作者还表明,通过大量的国内与国际访谈,研究者与研究课题都有过广泛的个人接触。

从技术上讲,把研究方法作为单独的章节处理可能会更好。但即使没有这样一个独立的章节,该书中所反映的细致认真的研究工作,也很好地说明了每一位研究者都应该朝什么方向努力。

第三,案例分析要清晰地说明案例研究中最有意义的方面。无论是单案例还是多案例研究,如果你重点分析了最重要的问题

（最好在案例分析的开始就明确下来），就表明运用了最好的分析技术。如果没有过多讨论次要的问题，分析自然会主次分明，且没有忽略最主要的问题。

第四，案例研究中应合理运用自己原有的专业知识。理想的情况是，你对研究领域当前的观点和学术话语非常熟悉。如果你从以前的调查研究与论文中了解到所研究课题的各种情况，则是最好不过了。

文本框 38 中的案例研究，是由一个具备良好专业素养与丰富实践经验的研究小组完成的。该研究分几个步骤进行，表现出研究者对实证研究的高度重视，这种态度对于所有的案例研究都是值得借鉴的，它不在于把研究方法作为单独的章节编排在报告或书里，而是渗透在对案例的陈述中。如果能运用好这些及其他研究策略和技术，案例研究分析就会得到充分的肯定与认可。

练习 5.5 对分析过程进行分析

从本书文本框材料中选择一个案例。找出一段既有资料也有结论的章节（通常在研究的中间阶段）。谈谈这种从资料到结论的联系是怎样产生的。资料是用表格还是用其他形式呈现的？研究中有没有进行比较。

本章小结

本章讨论了案例研究分析的几种方法。第一，要确立一个总的证据分析策略，以降低潜在的分析难度——这个策略建立的基础既可以是理论假设，也可以是对原始资料的分析整合、使用描述性框架，或者是检验竞争性解释。如果没有这样的策略，就不得不"玩资料游戏"以先对资料做一些初步处理，搞清楚哪些资料值得分析，怎样进行分析，然后才能对证据分析有较为系统的认识。

第二，在一个选定的总体分析策略下有几种具体的分析技术。这五种技术（模式匹配、建构性解释、时序分析、逻辑模型与跨案例聚类分析）为高质量的案例研究奠定了坚实的基础。一项研究可能会用到所有这五种技术，如果某项研究包含多个案例，还可以运用类似的复制法则（从而获得更高的外在效度）。每一案例都还要考虑到相反的观点和可能破坏内在效度的因素，并进行比较对照。

这几种技术都不是轻轻松松就可以运用的，无法简单地按照书上的步骤机械地套用。实际上，案例分析是案例研究中最难的部分，缺少经验的研究者会感到有些困难，这是不足为奇的。可以先从简单的案例研究（最好是"双案例"设计）入手，虽然简单的课题可能不如人们所期望的那样复杂和具有创造性，但通过进行简单的案例研究，可以积累一些经验，为以后进行更复杂的研究而准备主观条件。

辅导材料 5.1
使用 CAQDAS 软件分析案例研究资料

第 5 章已经为使用 CAQDAS 软件提供了充分的指导，也提出了忠告。如果研究者计划使用这些工具，区分 CAQDAS 软件的三种功能有助于研究的开展（Yin, 2011）：（1）资料汇编（检索和整理笔记中的具体词汇和术语）；（2）汇编资料拆解（为相似的词汇和术语等编码，在方法方面上升到更高的概念层次）；（3）重新收集资料（解释代码之间的关系，以及代码组合和较高层次的概念模式）。不同的工具在这三个功能上各有所长。虽然大部分工具有助于汇编和拆解汇编资料（例如 Saldaña, 2009），但在分解资料时，研究者很可能需要近距离操作工具。此外，虽然研究者耗费了大量的时间和精力用于汇编或拆解汇编资料，但最后的结果却不明显。

想要预知可能出现的问题，研究者在使用软件工具处理资料之前，可以抽出一部分资料，手动汇编、拆解和重新收集资料。如果决定使用 CAQDAS 软件（尤其是资料较多时），研究者可以寻求综合指导（例如 Hahn, 2008; Lewins & Silver, 2007），确定选择哪种软件，并充分有效利用。研究者还可以查阅关于常用软件的具体指导资料(例如 Friese,2012)。

对 CAQDAS 软件的过高期望,源于大家利用计算机辅助分析量化资料的经历。在那些情况下,由分析员提供一系列输入数据,计算机位于输出或结果一端,按照复杂且预先建立的统计算法,输出数据。如果借助 CAQDAS 软件,情况则相反,研究者必须自己设置复杂的统计算法,包括粒度(如是否对单个字、词、语句或段落进行编码)、关注组合值以及最后数据的汇编分析程序(Fielding & Warnes,2009,第 278 页)。与量化分析过程不同,没有研究者的指导,计算机自己是不会输出有价值的信息的。

辅导材料 5.1 参考文献

Fielding, N., & Warnes, R.(2009). Computer-based qualitative methods in case study research. In D. Byrne & C. C. Ragin(Eds.), *The Sage handbook of case-based methods*(pp. 270-288). London: Sage. Provides a conceptual overview- but not specific steps as in the following three works-on how CAQDAS tools and functions apply to case study data.

Friese, S. (2012). *Qualitative data analysis with ATLAS. ti*. London: Sage. Covers *ATLAS.ti*.

Hahn, C.(2008). *Doing qualitative research using your computer: A practical guide*. Thousand Oaks, CA: Sage. Gives step-by-step guidance for using three common tools: *Word*, *Excel, and Acess*.

Lewins, A., & Silver, C.(2007). *Using software in qualitative research: A step-by-step guide*. London: Sage. Discusses three leading CAODAS packages individually: *ATLA. ti*5, *MAXqda*2, and *NVivo*7.

Saldana, J.(2009). *The coding manual for qualitative researchers*. London: Sage. Presents a wide array of coding choices and practices.

Yin, R. K.(2011). *Qualitative research from start to finish*. New York: Guilford. Gives operational guidance for compiling, disassembling, and reassembling qualitative data.

辅导材料 5.2
描述非线性模式

第 5 章中的逻辑模型全部是非线性模式。但现实情境中,事情的发展过程错综复杂。忽略所有短暂的曲折,从长远看,一个序列还是线性的,所以线性逻辑模型还是有优点的。但如果你想清晰地描述复杂的非线性序列,图 5.6 或许对你有帮助(Yin & Davis, 2006,2007)。

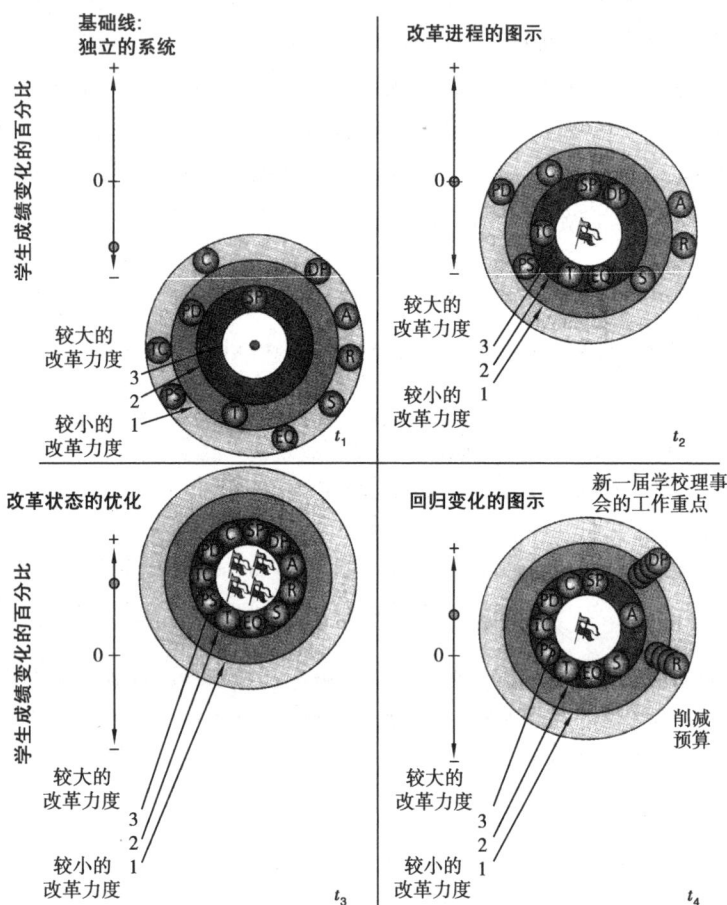

图解:A=评估;C=标准化大纲;DP=学区政策;EQ=平衡;PS=岗前要求;PD=职业发展;R=资源汇集;S=股东支持并参与改革;SP=州的政策;T=科技;TC=教师资格要求

学校和教室数量的逐次上升=很少或没有● 一些 🏳 绝大多数 🏁🏁

图 5.6 K-12 教育系统改革的假设状态

图中有四个板面,每个上方有一个标题,右手下方的角上有一个时间间隔(t_1—t_4)。每一个版面的同心圆组代表一个组织,每个组织的改革状况在不同板面之间垂直变动。因此,在 t_1 时间段内,所有的圆形最分散,表明该组织的改革力度最小,而到 t_3 时间段时,所有组织的改革力度达到最大水平。垂直维度之间的流动使得改革状况呈非线性变化,在 t_4 时间段内改革水平出现倒退。如此一来,任何时间段内的改革进退都可以通过图表得以描述,甚至以动态图呈现出来。

在这个例子中,这个组织是一个学校系统。同心圆中标有字母的圆(解码见图 5.6 底部的图解)代表学校系统的各种要素。教育改革理论断定当教育系统的元素对齐时,系统改革将会进步(随着时间变化,从同心圆的外围移动到中间)。垂直刻度代表学生成绩,改革理论认为较大的改革会提高学生的成绩。因此,理论进一步假设所期待的改革影响的系统单位会不断增加,在这个案例中系统单位指学校系统内的学校(用小旗代表)。

类似的非线性逻辑模型可以代表一个正经历协调操作变革的企业或其他任何组织,而改革的目的是改变组织以及组织的文化——甚至企业的名字(见 Yin,2012,第 9 章和第 12 章中关于单个公司的案例研究,以及改革公司群体的跨案例分析)。

辅导材料 5.2 参考文献

Yin, R. K. (2012). *Application of case study research* (3rd. ed.). Thousand Oaks, CA: Sage. Contains case studies on comprehensive transformation within business firms.

Yin, R. K., & Davis, D. (2006). State-level education reform: Putting all the pieces together. In K. Wong & S. Rutledge (Eds.), *Systemwide efforts to improve student achievement* (pp.1-33). Greenwich, CT: Information Age Publishing. Describes comprehensive education reform.

Yin, R. K., & Davis, D. (2007). Adding new dimensions to case study evaluations: The case of evaluating comprehensive reforms. In G. Julnes & D. J. Rog (Eds.), *Informing federal policies for evaluation methodology* (New Directions in Program Evaluation, No. 113, pp.75-93). San Francisco: Jossey-Bass. Discussses the education issues related to the illustrative nonlinear logic model.

辅导材料 5.3
多个案的案例研究

大部分案例研究只有几个甚至一个案例。但如果一个研究中有许多案例——比如15~20个,或更多——就可能需要使用其他分析策略,而不是第5章中强调的那些。如果你有这么多个案,那么你至少要考虑两种分析策略。

第一种是将每个案例分解为一系列常见的变量。在回归或其他多变量统计分析中,数据根据变量类型分类(因此是跨案例分析)。但案例研究不同,理想的数据分布能够保持每个案例的完整性以及变量合并的独特性——包括不在常见变量范围内的重要变量。只有这样,才可以像查尔斯·拉金(Charles Ragin)的"质性比较分析(qualitative comparative analysis)"技巧那样,在一系列案例中追踪这种个案内模式(Ragin,1987;Rihoux & Lobe,2009)。通过量化跨案例分析,研究者可以观察(tail)每个案例中变量的组合。同时,在处理过程中你需要注意:一些质性分析(复制)能够补充所有的量化计算,这也可能会导致一些问题,因此这个过程中需要将每个案例的独特性考虑在内。在使用复制逻辑时,每个案例都能够随后建立对相应理论假设的支持(如,Small,2009)。

第二种策略假定个案数量更大——一般情况下,至少100个案例已经由不同的研究者实施(例如,Wolf,1997;Yates,1975)。分析方法重新采用严格的量化方法——"调查"案例研究(例如,Yin, Bingham & Heald,1976;Yin & Heald,1975)。这要求研究者编制和使用正式量表对每个案例进行调查,形成编码、闭端的答案。然后像分析其他调查数据库一样,分析编码数据。

辅导材料 5.3 参考文献

Ragin, C. C. (1987). *The comparative method: Moving beyond qualitative and quantitative strategies*. Berkeley: University of California Press. Describes qualitative comparative analysis (QCA) as a new method.

Rihoux, B., & Lobe, B. (2009). The case for qualitative comparative analysis (QCA): Adding leverage for thick cross-case comparison. In D. Byrne & C. C. Ragin (Eds.), *The Sage handbook of case-based methods* (pp. 222-242). London: Sage. Describes and explains QCA procedures.

Small, M. L. (2009). "How many cases do I need?" On science and the logic of case selection in field-based research. *Ethnography*, *10*, 5-38. Poses a thoughtful article on key issues in designing field-based research, including the challenge of generalizing from field situations.

Wolf, P. (1997). Why must we reinvent the federal government? Putting historical developmental claims to the test. *Journal of Public Administration Research and Theory*, *3*, 358-388. Analyzes 170 case studies of federal agencies.

Yin, R. K., Bingham. E., & Heald, K. (1976). The difference that quality makes. *Sociology Methods and Research*, 5, 139-156. Examines 140 case studies of technological innovation in local services, highlighting the difference between high- and low-quality case studies.

Yin, R. K., & Heald, K. (1975). Using the case survey method to analyze policy studies. *Administrative Science Quarterly*, *20*, 371-381. Describes the techniques used in the case survey method.

Yin, R. K., & Yates, D. T. (1975). *Street-level governments: Assessing decentralization and urban services*. Lexington, MA: Lexington Books. Analyzes 269 case studies of neighborhood services.

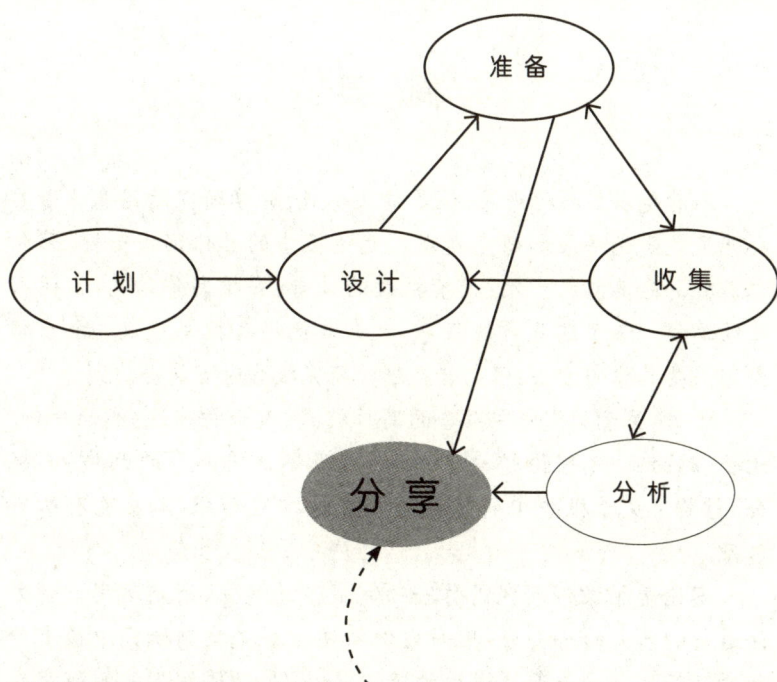

准 备

计 划 → 设 计 ← 收 集

分 享 ← 分 析

第 6 章

分 享

→ 界定读者，书面或口头报告

→ 早早开始，撰写文本和可视材料

→ 为读者得出自己的结论提供足够的证据

→ 审阅、修改

摘 要

不管是以书面的形式，还是口头形式，分享研究结论意味着要公开呈现研究结果和研究发现。无论报告的具体形式如何，写作都沿着一些类似的步骤：摸清报告的读者，安排写作结构，由他人修改草稿。除了这些常规程序，也有其他报告撰写建议。本章将介绍一些具体的方法，研究者在创作研究报告时可能会用到。

比如，关于案例研究报告的写作格式，有六种建议：线性分析、比较、时间顺序、理论建构、"悬念式"及不注重顺序的无序（或混合）结构。关于报告中研究方法和文献综述部分，本章也有所有涉及。

不论是把案例研究看作一项完成了的研究，还是运用多种方法进行的研究的一部分，撰写案例研究报告是案例研究中最有价值的环节之一。一条最通用的建议是，尽早动笔写下案例研究的某些部分（可能有四部分），而不是等到证据分析结束了才开始动工。至于是匿名还是公开个案信息，在案例研究报告中也要做出选择。最后是一些建议，有助于保证报告的质量，而不是仅仅满足于完成一项普普通通的案例研究。

6

撰写案例研究报告：

写什么和怎么写

写作天赋

一个普遍规则是，写作阶段对案例研究者的要求最高。案例研究报告并不遵循一些现成的固定形式，比如心理学期刊上的论文。而且，报告无须仅仅做成书面形式，还可以做成对案例研究的一种口头陈述。因为，一些不愿意写作的研究者在一开始就会怀疑自己对案例研究是否有兴趣。大多数著名的案例研究学者都是喜欢写作的人，他们也确实具有写作的天赋。你的情况呢？

当然，大多数研究者最终都能学会轻松并熟练地写作。缺少写作经验并不意味着不可以做案例研究，但需要大量的练习。另外，为做好案例研究，你应培养良好的写作能力，而不仅仅是勉强能写。一个可以部分地预测某人在这个阶段能否胜任的观察指标是，他在读高中和大学时觉得学期论文写起来是否困难。如果觉得难，那么写案例研究的报告也就会很难。另一个指标是，你把写作看成一个机会还是看成一种负担。成功的研究者通常把写作阶段看成一种机会——为知识积累或实践工作做出重要贡献的机会。

写什么

本章的主题不仅仅是写，而是"撰写"，因为案例研究报告包括文本和非文本两种形式。最常见的非文本形式有表、图、图表、绘图及其他图表形式。比如,研究者可以制作一个幻灯片,与整个研究团队交流(如 Naumes,1999,第 10 章)。其他的案例研究也可以有一些视听材料——尽管研究者在同一场合同时汇报第一份案例研究报告和第一份视听成果会有很大风险。

报告构思是一个认知过程:需要研究者深入思考。头脑中没有具体的想法,撰写工作就会有难度。单纯的观察不会得出有价值的观点:如果没有思考就开始构思写作(例如应付最后期限),你会感到受挫。实际上,你在一开始就应该先思考。一种方法是阅读与自己研究有关的重要文献,另一种方法是温习笔记。作为经验丰富的学者,希望你能够用其他的方法调动你的思维,在撰写前就开始思考。

小贴士

怎样才能在最少时间内最方便地完成研究报告?

由于研究者们各不相同,所以你要逐渐形成自己的风格和喜好。每写一次案例研究报告,你都能从中获得进步。因此,不必为第一份报告难写而惊讶。一个可行的方法是"由内向外(inside-out)""从后向前(backwards)"地写作报告。"由内向外":先列出一个表格、一个证据(exhibit)、一幅小插图,或引述一段案例中的故事(但是不尝试着写记叙体的文稿)。这样,你将整个报告要用到的表格、例证、插图、引文都聚集起来,按照它们将来在报告中出现的先后顺序排列好。"从后向前":先写案例研究报告的最后结论,再写最后结论的资料分析,并以此类推。

如果你成功应用了上述建议,你是否已经完成了报告?或者已经形成了初稿,只需再作调整以使各部分更加协调?

关于撰写研究报告,需要进一步指出的是:虽然本章鼓励研究者创造性地、有思想地构思研究报告,但绝不是写小说。对故事、剧本或其他优秀文学作品特色的借鉴——无论措辞多么华丽——都会导致读者即使不怀疑研究的效度和假设,也会质疑研究和研

究的解释。研究者应该将研究报告与纪实作品相对应。创造性和有效性纪实类的作品很多(例如 Caulley,2008),研究者可以参阅其他相关文献,寻求指导。

同样,研究者可以查阅其他关于社会科学领域研究报告写作的教科书(例如 Barzun & Graff,1985;Becker,1986;Wolcott,2009)。这些书籍提供了一些很重要的建议,包括记笔记,列提纲,使用简明的语言,写出的句子要清楚明晰,为写作过程设计一个时间表,以及排除写作中的惰性。希望这些能够帮助研究者提高创作水平,避免"写作短路"。

最后,本章的目的不是重复这些通用的注意事项,这些原则适用于所有类型的研究,包括案例研究。这些通用事项一般都强调"何时""何地"最便于写作,但没有具体地指导研究者考虑写"什么",以及可能出现的其他问题,尤其是撰写研究报告。因此本章主要包括以下内容:

- 确立研究报告的目标读者;
- 案例研究报告的结构;
- 案例研究报告写作中要遵循的步骤;
- 对示范性案例研究特征的总体思考(超越报告本身,涉及案例的设计与内容)。

第4章指出,不应把案例研究报告作为记录与保存案例研究资料的主要手段,并曾提倡用建立案例研究资料库的方法达到这个目的(见第4章,原则2)。与此相联系,本章主要讨论案例研究的写作过程,其主要目的是做研究报告,而不是做资料、文献记录。

练习 6.1　减少报告写作的障碍

每个人在写作时都会遇到困难,无论所写的是不是案例研究报告。为了成功地编写,在研究过程中,研究者必须采取有效的措施,从而减少编写报告的障碍。举出五个你会采取的措施,比如在研究早期就开始撰写报告的一部分。你是否曾经用过这五条措施呢?

确定研究报告的目标读者

潜在读者

开始撰写研究报告的时候,最好考虑一下报告会有哪些读者,报告的格式如何。案例研究与其他类型的研究相比可以有更广泛的读者群,包括①学术界同事;②政策制定者、从业者、社区领导,以及案例研究与其他社会科学研究领域之外的专业人士;③特殊群体,如学位论文的评审委员会;④研究项目的资助者。[①]

对大多数的研究报告而言,如实验报告,第二类读者通常不会形成,因为很少有人会把实验研究报告拿去给非专业的人阅读。但对案例研究报告而言,第二类读者却是报告常常要面对的对象。而其他类型研究的另一个不同点是,某些类型的研究如评估研究,很少会遇到第三类读者,因为评估报告不适合写成学位论文。但社会科学领域有一大批学术论文是以案例研究为基础的,因此第三类读者也是案例研究报告的一类常见读者。

因为案例研究比其他类型的研究有更多的读者,因此总体设计案例研究报告的最主要任务就是确定报告的具体读者。由于每个读者都有不同的需要,任何报告都无法同时满足所有类型的读者的需要。

例如,对学术界同事而言,最重要的内容可能是,案例与案例之间的联系、研究的新发现、以前理论与研究的综述(见文本框39)。对非专业人士而言,重要的是对真实生活情境的描述,说明研究暗示着需要采取什么措施。对学位论文评审委员会而言,报告需要体现出对研究方法与理论的熟练掌握,以及对整个研究过程的各种投入。最后,对研究项目资助者而言,既要体现出对研究工作的投入,还要表明研究新发现的重要意义,包括学术价值与实践意义。如果需要

---

① 这里省略了案例研究最常见的受众:参加以案例研究作为教学素材课程的学生。正如本书第1章所指出的那样,教学中所用的案例是为了教学目的而非研究之用。在这些情况下,案例研究的定义和追求的目标是不同的。

与不同类型的读者交流,可能就需要写出几个版本的案例研究报告。研究者应当认真考虑是否需要这么做(见文本框40)。

文本框39

重印的著名案例研究

很多年来,菲利普·塞尔兹尼克(Philip Selznick)的《美国田纳西水利局和基层群众》(*TVA and the Grass Roots*, 1949/1980)一直作为公共机构的经典案例研究。随后很多研究联邦机构、政治行为和机构反集权的报告都参考、引用了该案例。在其首次发表30年后,该案例报告于1980年被作为图书馆重印系列图书之一被原来的出版商——加州出版社——重印。这样的再次重印发行,让更多的研究者有机会接触到这项著名的案例研究,反映了它对这个领域作出的贡献。

文本框40

同一个案例研究的两种版本

佛罗里达州布罗沃德市的城市规划办公室部署、推行了一项始于1982年的办公自动化系统项目("规划办公室自动化的政治",Standerfer & Rider, 1983)。办公自动化的推行策略既富于改革精神也很重要——特别在同市政府计算机部门的紧张关系中体现出来。结果,这项案例研究的版本很有趣,内容丰富,广为流传——在一本实践者杂志上刊登——读起来既有趣也易懂。

由于这种办公自动化的实施同时存在复杂的技术问题,案例研究报告的作者又对感兴趣的读者提供了补充信息。通俗版提供姓名、地址和电话号码,以便感兴趣的读者能够获得补充信息。这种案例报告的双重撰写说明同一个案例研究可以写出很有区别的报告,从而为不同的读者服务。

练习 6.2　确定读者对象

说出几类你能想到的案例研究报告的读者群。对于每一类读者,列出你认为应该突出或淡化的案例研究的特征。同一份案例研究报告能满足所有读者群的需求吗? 为什么?

案例研究报告要以读者需求为导向

总体来讲,案例报告的形式应该由目标读者的喜好决定。虽然研究步骤和方法应当遵循第 1—5 章的建议,最终报告的重点内容、细节、结构,甚至长度,却要满足读者的需求。研究者可以收集关于读者需求方面的正式信息,了解读者青睐的信息交流方式(Morris,Fitz-Gibbon & Freeman,1987 第 13 页)。莫里斯等人在其作品中,反复提醒撰写论文或学位论文的学生,论文或学位论文委员会可能是他们唯一的读者。这种情况下,案例研究最后应当尽量直接与论文委员会交流。建议学生将委员会成员的研究与论文结合,生成更大的概念(方法)性交叉,促进论文与特定读者的交流。

无论读者是什么群体,以自我为中心创作研究报告,是最严重的错误。如果研究者没有确认或者不了解特定读者的需求,很容易犯这种错误。因此,为了避免这种错误,研究者必须先明确读者群体。另外一个同样重要的办法是,阅读、探究以前成功地同读者交流的案例报告。这些以前的报告能为撰写新报告提供有益的启示。比如,再来看看那些写学位论文的学生,他们应该参考以前已经通过学术审查的论文——或者那些被作为范例的论文。对这些论文的考察,可以得出一些关于院系管理制度(和评审人喜好)的有用的信息,便于设计新的学位论文。

案例研究的交流

案例研究和其他种类的研究之间还有一个区别,即案例报告本身就是一种有效的沟通手段。对很多非专业人士而言,对一个案例的描述和分析常常能够让他们知道并深入了解某一特定问题,甚至提出解决方案。简洁却富有吸引力的非文本材料,如插图、照片和图表等,能够增强案例研究的效果。当研究中有大量密集或抽象数据阵列时,无论读者对这些数据信息的兴趣有多大,在帮助读者了解某一现象方面,非文本信息的效果是其他信息所不能媲美的。

在向代表委员会作证时常常会出现一种被忽视的情况。譬如,如果一位老人向这样的委员会就他(她)得到的健康医疗服务提供证词,委员会成员可能会认为,通过这一"案例"他们了解到一般老年人的健康医疗服务状况。只有在这种时候,委员会的委员们才愿意对类似案例的普遍性做出评论。不久之后,在新的立法提案之前,委员会可能会质询最初这个案例的代表性。而在整个过程中,最初的"案例"——由一位见证人代表的情况——在首先引起大家对健康医疗问题关注方面成为了关键因素。

通过这种以及其他一些方式,案例研究报告可以依据建立在研究基础上的关于某现象的信息与很多非专业人士交流。研究甚至还可以采用录像带或其他多媒体设备的形式,而不仅限于陈述性报告的形式。因此,案例研究报告的用处远远超过了普通的研究报告,因为普通的研究报告一般都是给同行而不是业外人士看的。显然,描述性案例研究和解释性案例研究在这方面具有独特作用,不应忽视一个陈述完备的案例研究报告所具备的潜在描述效果(见文本框 41)。

文本框 41

运用比喻将理论和陈述组织起来

北美殖民地、俄国、英国和法国这四个"国家"的重大政治革命,是否都经历了相似的发展过程呢?克兰·布林顿(Crane Brinton, 1938)的著名历史研究《剖析革命》(*The Anatomy of a Revolution*),就研究了这一问题。作者用陈述的手法,回溯并分析了革命事件,因为作者除了要解释革命,更主要的目的是判断四场革命是否有相似的历程(另见文本框 44B)。

通过"跨案例"分析,揭示了四国政治革命的主要共同点:社会经济处于上升态势;阶级矛盾尖锐;知识分子抛弃了他们的政府;政府机器效率低下;统治阶级或荒淫无度,或肆意挥霍,或表现无能(或是三者兼具)。作者并没有仅仅依赖于描述这些"因素",而是运用比喻——忍受着高烧折磨的人体——来描述事件的发展态势。作者巧妙地用发热和打寒战循环交替的现象,比喻革命到了决定性时刻又回归虚假的安宁的状况,从而体现了四国革命中的兴衰起伏。

案例研究报告的书面格式

案例研究报告有多种书面形式,其中一些与其他研究方法的报告相似。但是,在写作案例研究报告时,研究者会面临与案例分析相关的很多选择,这些选择属于该部分将要介绍的几种类型:①报告格式(reporting formats);②案例研究报告的例证性整体结构;③案例研究报告的研究方法和文献部分;④作为大型、多种方法研究组成部分之一的案例研究报告。

报告格式

案例研究报告的格式有四种类型。

单案例研究报告

第一种是经典的单案例研究报告,用表格、图表和图片等说明形式,用一篇文章描述和分析一个个案。由于案例研究达到一定的深度,这种典型的单案例研究报告更可能以书籍形式出版。同时,现在许多学术期刊,包括最优秀的学科期刊,能够为构思缜密的案例研究提供所需的版面空间。建议研究者先咨询所在领域的期刊,之后决定是否以书籍的形式将研究成果出版。

再者,单案例研究可能采用了嵌入式研究设计(第 2 章图2.3),根据这种设计,研究者也许会采用其他方法收集嵌入分析单位的资料(例如,关于健康状况指数的档案资料调查或量化分析),这种情况下,研究报告形式应当结合其他研究方法的报告形式(见

第 4 章, 文本框 19)。

多案例研究报告

第二种报告格式是包含经典单案例的多案例版本。这种多案例报告包含多个单个案, 通常由独立的章节来描述每一个案例。除了对每个案例的单独叙述, 报告还用一个章节作综合分析, 得出结论。另一种常见的形式是跨案例材料占据整个报告的一大部分(尤其适用于期刊文章长度的报告), 每个个案放在一组附录中(或者在附录中单独分开呈现)。更复杂的一种形式是, 要求安排几个章节用于案例综合分析, 这几个章节组成一卷, 然后单独一卷介绍每个个案(见文本框 42)。

文本框 42
一份多案例研究报告

多案例研究报告经常既有独立的案例研究部分, 也有一些综合分析的章节。撰写这样一种多案例研究报告也许要由几位作者共同承担。

这类编排形式, 在由赖津和布里顿(Raizen, Britton, 1997)编写的一个关于数学和自然科学教育领域八项革新的案例研究中使用过。该项研究报告以《大胆的探索》(*Bold Ventures*)为题, 编排了三个独立的长卷(三卷分别长达 250 页、350 页和 650 页)。每一个案例研究都在后两卷出现, 而第一卷的七个章节都是综合分析。很多不同的作者编写了单案例研究和综合性章节, 整个研究是作为一个整体进行分工合作的。

适用于单案例或多案例研究的报告

第三种书面格式既可以写多案例研究, 也可以写单案例研究, 但不包含传统陈述手法。相反, 每个案例的报告要遵照一系列问题与答案来编写,它们以案例研究资料库的问题和答案为依据(参见第4章)。考虑到报告目的和可读性,资料库的内容被压缩和改编。相应地,最终成果采用综合考试的形式(与此不同的是,案例研究的传统陈述可能和学期论文的形式相同)。这种问答格式或许不能充分反映你的创造力,但它能帮助你避免编写中遇到的难题。因为你可以通过回答一系列设置的问题,推进研究报告(同样,综合性考试比学期论文有类似的优越性)。

如果把这种问答格式用于多案例研究,那么其好处将是无限的:读者只需要考察每个案例研究中同一个问题或所有问题的答案,就可以进行跨案例比较。因为每个读者可能对不同的问题感兴趣,整个格式对具有特别兴趣的读者进行跨案例分析尤其有利(参见文本框43)。殷在《案例研究方法的应用》(2012,第2章)中收录的一个完整的案例研究,可以作为这种格式的范例。

文本框43

问答格式:没有传统陈述的案例研究报告

案例研究的证据不一定要通过传统的陈述形式表达出来。另一种表达证据的格式是以问答形式表述证据。可以提一系列问题,并给出一定长度的答案——比如,每个答案有三到四段的篇幅。每个答案可以包含所有相关证据,甚至可以用图表式的表述和引摘。

由全美社区关系委员会(1979)所做的40个社区组织的案例报告《人民,建设居民区》就采用了第三种格式。每个案例都用了这种问答形式,这样,感兴趣的读者就可以读完贯穿所有案例的同一问题,做出自己的跨案例分析。这种形式可以让一些着急的读者准确找到每个案例中的相关部分。对于那些因为没有传统陈述而感到不满的读者,每个案例都要求编撰一段总结,形式不限(但篇幅不能超过三页),让作者有空间发挥其文学才能。

仅适用于多案例研究的报告

第四种也是最后一种书面报告格式只适用于多案例研究。这种情况下,可能没有独立的章节叙述单案例。相反,不论是纯描述性的还是阐释性的问题,整个报告可能都是跨案例分析。这样的报告中,每个章节讨论的是某一个跨案例分析问题,而每个案例的信息则分散在各章节里,如果没有全部被省略(参见文本框44,以及第1章中文本框3B),就会在简短的小插图中出现。尤其是做多案例研究的口头报告时,将这些插图穿插在展示中,用于介绍跨案例问题,效果非常好。

文本框44

撰写多案例研究报告

在多案例研究中,对每一个案例的研究不一定总要在最终的报告里写出来。在某种意义上,单案例只是作为研究的例证基础,可以在跨案例分析时灵活地加以引证(另参见第1章文本框3B)。

44A. 一个没有陈述单案例的例子(单个案例不单独呈现的例子)

这种办法1981年在《联邦首脑官员的行政行为》(*The Administrative Behaviour of Federal Burea Chiefs*)中使用过,这本书是由赫伯特·考夫曼(Herbert Kaufman, 1981)对六个联邦官员所做的案例研究的成果。考夫曼在每位官员身上集中花了一段时间,以了解他们的日常生活轨迹。他与这些官员面谈,在电话上听了他们讲述,出席了一些会议,并出席首脑办公室里的员工讨论会。

但是该书的目的并不是刻画其中任何一个首脑官员。相反,它综合他们的所有信息并围绕这样的话题加以组织,如官员们如何决策,怎样接收和评价信息,如何激励他们的

下属。在每一个话题下面，考夫曼从六个案例中摘引恰当的例子，但没有一个案例被作为独立案例研究加以陈述。

44B.一个（来自其他领域的）不单独陈述单案例的例子

同考夫曼的报告类似的设计在另一个领域——历史学——的研究报告中被用到，那就是克兰·布林顿的著作《革命的剖析》。布林顿的这本书以四场革命为依据：英国、美国、法国和俄国革命。该书是各革命时期的理论剖析，从这四个"案例"中选出相关的例证。但是，和考夫曼的书一样，布林顿没有尝试对单个革命作为独立的案例研究加以描述。

最后一点需要注意的是，特定类型的案例研究报告撰写，至少需要在这四种格式中选择，应在设计案例研究的时候就定好。当然，开始的选择可能需要修正，因为可能出现一些未能预料的情况，而不同的撰写格式可能比最初选择的那种格式更切题。不过，早期的选择将有助于案例研究的设计和操作。这样的最初选择应该是案例研究方案的一部分，提醒你注意最终报告的隐含特征及其要求。

案例研究报告的例证性结构

在单个案研究中，报告的章、节、小标题及其他组成部分必须以某种方式组织起来，构成案例研究报告的写作框架。设定这种框架也是很多其他研究方法中值得注意的问题。例如，基德尔和贾德（Kidder，Judd，1986，第430—431页）所写的关于"沙漏"形态的定量研究报告。类似地，在民族志领域，约翰·范·马宁（John Van Maanen，1988）创立了一种用"小故事"形式报告实地调查结果的理念。他划分出几种不同类型的小故事：现实主义故事、忏悔型故事、印象型故事、评论型故事、正式的故事、文学性故事、混合讲述的故事。这些不同的种类可以运用于同一个报告的不同部分。

另外还有一些案例报告写作的结构类型。本节提出六种例证性结构（见表6.1），它们可用于前面所述的任何一种案例研究。这种例证主要是依据单一案例研究的写作来进行的,且对多案例研究报告的写作也同样十分适用。需要进一步说明的是,如表 6.1所示,前三种结构对描述性、探索性和解释性的案例研究都适用,第四种结构主要是适用于探索性和解释性的案例研究,第五种结构则对解释性案例研究适用,第六种结构对描述性案例研究适用。

表 6.1 六种结构及其在不同目的案例研究中的适用性

结构类型	案例研究目的		
	解释性案例	描述性案例	探索性案例
1.线性分析式	×	×	×
2.比较式	×	×	×
3.时间顺序	×	×	×
4.理论式构建	×		×
5.悬念式	×		
6.无序混合式		×	

线性分析式结构

线性分析是一种撰写研究报告的标准结构。子题目顺序遵照研究的问题或项目的顺序,且以对相关文献资料的综述开头。然后概述所使用的研究方法,从收集和分析的资料中得出了什么成果,以及这些成果的结论和意义。

与很多案例研究报告一样,实验科学的大部分期刊文章也都体现了这种结构特征。当案例研究的主要读者对象是研究同行们或者论文评审委员时,大部分研究者都觉得这种结构很好,甚至认为是最好的。需要注意的是,这种线性分析式结构对解释性、描述性和探索性案例研究适用。例如,一个探索性案例需要包含探索的问题、使用的探索方法、探索成果以及(进一步研究的)结论。

比较式结构

比较式结构把同一个案例重复两次以上,比较对相同案例的不同陈述或解释。这种结果的突出优势是能够普适于基于现实主义或相对主义要求的案例研究。

阿亚森(Graham Allison,1971)对古巴导弹危机的著名案例研究(参见第1章,文本框1)是应用于现实主义研究的一个典型例子。在该书中,作者把该案例研究中的"事实"重复叙述了三遍,每次都联系不同的理论模型。重复叙述的目的是要证明这些事实在何种程度上适合某一种模型。这些重复和解释分为三章,实际上体现了一种模式匹配技巧。

当同一个案例从不同的视角重复时,则是相对主义者的实践,适合采用相对主义或结构主义的方法,展现多种现实。费德瑞克等人(Frederic Wertz et al.,2011)在其著作中描述了一个类似情况,他们用独立的章节展示对一个单独的深入访谈的五种不同的解释。在这一访谈中,一个少妇讲述一种极为严重的疾病,以及她是如何康复的。每一种解释故意用不同的方式分析同样的访谈资料。

请注意,无论案例研究的目的是描述性的,还是解释性的,都可以采用相对主义或现实主义研究。例如,同一个案例可以从不同的视角或者用不同的叙述手法进行反复描述,以便确定该案例(如现实主义案例)如何依据描述目的采取最佳分类——无论其目的是否是为了形成一种解释。比较式结构的主要特征是把整个案例研究(或解释)用一种明显的比较方法重复两次以上。

时间顺序结构

由于案例研究通常包含一定时间跨度上的一些事件,第三种结构就是依据时间顺序陈述案例研究的例证。这时章节的顺序可以根据案例发展早期、中期和末期的时间顺序来安排。这种结构在解释性案例研究中具有重要意义,因为事件的因果顺序必须一件接一件以时间顺序展开。如果一件事的起因在其结果产生之后才发生,那么我们有理由质疑先前的因果命题。

不论是以解释还是以描述为目的,时间顺序都需要克服一个缺陷:通常对早期事件关注过多,而对后来的事件关注则不足。最常见的是,研究者会花费过多精力撰写报告的介绍部分,包括早期历史和背景介绍,而对该案例的现状则描述不足。为了避免这种情况,笔者建议采用时间顺序式结构时,采用倒叙手法起草案例报告。与案例现状有关的章节先写,写完之后再写背景介绍。一旦初稿完成后,再按时间的先后顺序编撰案例研究报告的终稿。

理论建构式结构

这种结构里,章节的顺序依照一些理论构建的逻辑来安排。所谓逻辑,取决于特定题目或理论,但每一章或每一节都应揭示出理论论证的新颖部分。如果结构处理得好,整个顺序就具备独特的表述风格,给人以深刻的印象。

这种结构适用于解释性和探索性案例研究,这两种研究都涉及理论建构。解释性案例需要研究因果论证的几个方面;探索性案例则需要论证进一步研究几种假设或命题的价值。

悬念式结构

这种结构与前面讲的线性分析式结构正好相反。案例研究的直接"答案"或结果在开头的章节里陈述。剩下的部分——最引人入胜的部分——则用于解释这种结果的形成,以及后面章节中采用的各种解释方法。

这种结构主要适用于解释性案例研究,因为描述性案例研究并没有十分重要的结果。自如运用这种解释性结构,通常会创造漂亮的行文结构。

无序(混合)结构

无序式结构中章节的顺序并不是特别重要,这种结构通常用于描述性案例研究,例如《中镇》(*Middletown*, Lynd, 1929)。通常,读者会改变那本书的章节顺序(见第 5 章),但不会改变它的叙述价值。

对机构的描述性案例研究经常表现出相同的特征。这些案例研究会用独立的章节描述某个机构的起源和历史,其隶属关系和雇员、生产线、组织模式、财政状况。安排这些章节的顺序并不特别重要,因此可能被划分为无序式结构(还有一个例子,参见文本框 45)。

文本框 45

一本章节无序的畅销书

一本畅销书吸引了普通读者也吸引了学术界,那就是彼得斯和沃特曼(Peters & Waterman, 1982)的《追寻完美》(*In Search of Excellence*)。尽管该书立足于对美国 60 多个最成功大企业的案例研究基础上,它却只包含了综合案例分析,每章都蕴含一种和企业成就相联系的有独到见解的普遍特征。但是,这些章节的顺序却是可以变动的。即便章节顺序作些调整,这本书仍然具有自己的价值。

如果运用无序结构,研究者则需要考虑一个问题:测试完整性。因此,尽管章节的顺序或许并不重要,但是总体的完整性却很重要。如果某些重要题目疏漏了,整个报告都会显得不完整。研究者必须熟知这个题目——或者能够参考相关模式——以避免此类问题。如果没有其他原因,但没对案例研究做出完整的描述,那么,读者会质疑研究者歪曲了案例的实际情况——尽管其研究只是描述性的。

案例研究报告中的方法和文献部分

前面所述的各种案例研究报告,无论是采用多种(comprehensive)形式,还是非正式形式,至少还包括另外两个主题:使用的方法和相关研究文献。因为案例研究报告一般不要求遵循任何非传统风格或形式,研究者可以参阅一般作品,查找关于这两个部分的相关建议。但是,案例研究中的下述问题值得讨论。①

研究方法描述

许多外行读者并不很了解案例研究中所采用的某种特殊研究方法。此外,有些读者不熟悉案例研究一般方法的现象也并不罕见。鉴于后面这种情况,研究方法描述不应期待通过常规性介绍,就能使读者相信方法的可靠性。因此,研究者应采用一种周全、和谐和透明的基调:在追求错误最少化、质量最大化的同时,让读者了解你所做的工作、你的认真态度以及你在研究方法方面的知识。

描述可长可短,根据读者喜好而定。如前所述,有些读者会对研究发现更感兴趣,却不怎么关心研究方法。即使这样,你也应认真对待,将方法部分作为辅助文件,写得更加清晰透彻,如果处理得当,也可以单独发表(见辅导材料 6.1)。

无论报告的长度如何,都应包括以下几个主题(见表 6.2)。每一部分中,都要突出主要的研究问题,例如:

①研究问题表述措辞精准,逻辑上表明采用案例研究方法而非其他研究方法的必要性(见表 6.2 中条目 2);

②个案的界定和选择(见条目 3);

③资料收集方案要充分说明收集的个案资料是非常贴切、深入的(条目 5);

---

①其中很多信息,源于我这些年来评阅的大量案例研究稿件,以及 2010 年以来对几十位博士生的论文的书面评论,当时这些博士生需要书写一份包含方法论和文献综述的学位论文报告。

④明确、清晰的分析策略(条目6)

表 6.2　案例研究报告方法论部分大纲

方法论主题	陈述内容
1.整体基调	• 一种周全、和谐和透明的基调;写作有条理,同时具有吸引力
2. 研究问题	• 适合案例研究:例如,主要是"怎么样""为什么"这类的问题
3. 设计	• 界定案例,以及如何选择案例 • 研究问题与欲收集资料的(逻辑)关系 • 思考到的竞争性解释
4. 方法论其他部分概括	• 对资料收集和分析方法的概括总结(避免不想阅读方法论部分的读者继续阅读该部分)
5. 资料收集	• 强调提供的资料是对个案贴切、深入的介绍 • 展示案例研究方案,以及如何实施 • 根据重要性,列出资料来源;进一步介绍每种来源的详细信息(如以图表或文档附件列表形式呈现的所参阅的受访者简介) • 如何检验资料(如三角形方法) • 预料之外的困难及其对资料收集的影响
6. 分析方法	• 描述分析方法:例如,匹配模式、解释建构等 • 确认任何一种 CAQDAS 软件,如何使用
7. 研究注意事项	• 设计和分析的内在缺陷及其对研究结果的影响

在讲述研究方法时,研究者应像是在描述研究报告中最重要的部分一样,高标准要求自己,而不是将其视为一种无聊的常规工作。此外,可读性、可信性、可确认性也都很重要。总之,研究者要刻画出研究的突出优势。比如,如果研究报告中含有插图或名人轶事,那么大部分情况下,研究方法部分不会再确认或描述这些插图或名人轶事的出处(例如,Bachor,2002)。同样,读者也会感激作者减轻了他们的阅读量,比如允许略过不想阅读的细节部分(见表6.2条目4),甚至研究中出现简化词、缩略语或专业术语(如行业术语)的词汇表。

研究文献的范围

描述相关文献的目的有两个——表明你对该主题相关研究的掌握程度,利用文献显示研究问题和案例研究的重要性。同样,描述部分的长度不限,也不需将文献综述置于重要位置,主要取决于读者的需求。

关于如何描述相关研究文献,还有另外两个建议。首先,不要将掌握相关研究等同于散漫的或者引用大量参考文献的、冗长的文献综述。相反,研究者要尽可能鉴别出重要的引文,并作客观处理。其次,在引用文献支撑研究时,不要对研究方法不同的研究犹豫不决。研究者可以分析采用其他研究方法的研究,指出只有优秀的案例研究才能弥补其研究的不足之处。

案例研究作为大型、多种方法研究的组成部分

当案例研究被有意识地设计为一项更大的、混合方法研究的组成部分之一时,与上述完全不同的情况就发生了(Yin, 2006b)。更大范围的研究将包含整个案例研究,但同时也独立报告用其他方法采集的资料得出的成果。于是,更大研究的总报告就会以这两方面的例证为依据。

对这种多方法研究的情况要给予更多的关注,从而才能了解它对自己的案例研究有何意义,即使由此撰写的报告与普通“独立”研究报告没有任何区别。至少有三种不同的理论依据,说明了更大范围的研究需要采用多种方法。

第一,更大范围的研究可能要求采用多种方法,以便考察运用不同的方法是否能够获得相同的证据(三角)(Datta, 1997)。在这种情形下,案例研究应该同样思考那些对其他方法起导向性作用的研究问题,避免没有考虑到这些而展开了独立的调查、分析和撰写(报告)。在更大范围研究的评估中,将会有一部分比较案例研究结果和其他方法得出的结果。

第二,更大范围研究可能建立在对档案资料进行调查和定量

分析的基础上，例如研究福利制度下家庭的经济情况。这一更大范围研究，可能也需要用案例研究来更好地说明单个家庭的不同情况。在这种条件下，案例研究的问题只可能在调查或档案证据分析之后产生，而且案例的选择可能在那些被档案记录调查过或包括进去的案例库中进行。这意味着，案例研究的时间安排和方向都取决于其他调查的进展和成果。

第三，更大范围研究可能需要多个案例研究来阐明一些基本过程，并用另外一些方法（如抽样调查）来解释这种过程的普遍性或频率。在这种对同一环节的相辅相成的互补中，就需要把案例研究的问题和其他方法涉及的问题协调好，互补性调查可以同时进行或即时进行，但每个调查得出的原始分析和报告编写应该独立进行（尽管最终分析需要综合所有不同方法得出的成果）。文本框46包含了这种情况下进行的两个更大范围研究的例子。

文本框46

整合案例研究与调查资料：结果的互补性

多方法研究可以编写成通过不同方法处理的互补性报告。最常见的是，案例研究用于找出过程的原因，而统计则可预测某一现象出现的频率。有两个研究说明了这种整合。

第一个是由美国教育部（Berman & Mclaughlin，1974—1978）资助的对一些教育项目的研究。该研究既包括对29个项目的案例研究，也包括对293个项目的调查研究，得出了有关教育项目实施过程及其成果的重要认识。另外一个研究（Yin，1981c）则把19个地方的案例研究同另外90个地方的调查研究结合起来。该研究发现的成果，对于认识地方公共服务中技术革新的周期有重要意义。

上述三种情况说明了案例研究及其报告应该如何与更大范围的研究背景取得一致性。假如你所做的不是独立的案例研究，那

么就要同其他研究的截止时间、技术方向等取得一致,而你的案例研究报告写作进程也可能与事先预想的不一致。此外,在做出任何承诺之前,要仔细估测自己加入较大研究团队的意愿和能力。

撰写案例研究报告的步骤

每个研究者都应有一套完整的分析社会科学资料和撰写实证性报告的步骤。本书中引用的很多教科书就如何形成自己的步骤习惯提出了良好的建议。需要注意的是,这些书籍中大多指出写作意味着反复修改——而很多学生则不以为然,在研究生涯的早期他们常低估了修改的作用(Becker,1986,第43—47页)。修改得越多,特别是根据别人的评语修改,最后写出来的报告就越好。在这种意义上,案例研究报告同其他研究报告并没有多少不同。

但是,三个重要步骤与案例研究报告关系十分密切,需要特别加以说明。第一步是开始写作的一般技巧;第二步则涉及是否需要隐匿案例名称;第三步则是强化案例研究的建构效度。

何时以及如何开始撰写报告

第一步是要在研究初期阶段就开始撰写报告。这有助于研究者撰写任何社会科学报告,尤其是案例研究报告。因为案例研究报告写作没有任何现成的模式可以模仿,作者可以自由地进行创作——比如可以从前面所述的六种结构中任选一种——但同时也有可能遭遇创作瓶颈。因此,"开始写作永远不会过早"(Wolcott,2009)这一告诫对于案例研究还是有几分道理的。

实际上,这一建议的目的是促使研究者在完成资料收集或者分析工作之前,就开始起草报告中的某些部分。尽管在开始资料收集或分析工作时,你可能尚未完成这些部分的写作,但是你已经开始撰写报告了,这也是一种成果。

下面举几个例子,说明何地、何时开始报告撰写。比如,你的研究活动开始部分是阅读文献和进行研究设计。完成这些工作之后,你就可以确定研究报告的几个部分:参考文献、研究方法、对前人研究的讨论,以及个案初步描述。

如果需要加入新的资料,随后可以进一步修改完善初期的文献目录,如果你已经阅读了相关研究,参考文献的大致内容总体上就已经确定了。这时可以将参考文献的形式正式化,确保文献的完整性,初步形成文献目录草稿。如果有些引用资料不完整,其余的细节可以随案例研究剩下部分的展开而补充完整。这将能避免那些最后拟写书目的研究者常犯的错误,即在研究快要结束时花大量时间做文员的工作,而不是集中精力完成更重要(也是更愉快)的任务,如写作、修改和编辑。

方法论部分也可以在这一阶段起草,因为资料收集和分析的主要程序已经成为案例研究设计的一部分了。在资料分析即将结束之前,你还不能完成描述工作。不过,着手起草描述部分,有助于你更精确地记住研究设计和资料收集的步骤。你还可以在获得机构审查委员会的批准之后,立即开始起草方法论部分,这取决于所在机构审查委员会的审核和批准状况。至少在开始实施研究时,你会惊讶自己竟然记得研究方法的一些细节。

可以提前起草的第三个部分是讨论研究文献,以及这些文献是怎样引出你的研究问题和研究假设的。因为你的案例研究已经选定了研究问题和假设,以便形成研究草案、收集资料,所以你一定也知道研究问题与文献资料之间存在什么关联。收集完资料后,你可能需要修改这个初步的文献综述。但是,有一个初步的草稿总无坏处。

在采集资料之后,分析开始进行之前,另外一个可以起草的章节则包括所研究案例的描述性资料。尽管方法论部分已经包含了案例选择的问题,但描述性资料应包括关于案例的定性和定量信息。在这个阶段,你可能仍然没有最终确定使用哪种案例研究模式以及使用哪种报告结构。但是描述性资料很可能会提供帮助,它们本身的编写也与研究模式和报告结构无关。此外,起草描述性章节,即便是用简略方式,可能也对整体模式和结构有所启发。

如果能在证据分析完成之前起草这三部分，那么会赢得极大的优势。另外，这些部分需要丰富的文件证据（例如，最终案例研究方案的备份），而收集这些资料的最佳时机就是这个研究阶段。如果所有的细节——摘引、参考书目、组织名称、人名和头衔的拼写——都在资料收集的过程中准确录入并加到报告中了，那么将受益无穷（Wolcott，2009，第52—53页）。

在这个阶段——也就是资料证据分析完成之前——你可以补充已经起草的方法论部分。在资料收集阶段，你会更加了解资料收集步骤，也会更加了解设计的分析策略，从而有助于提高前面起草的研究方法部分。

如果较早开始初稿写作并且在研究过程中不断调整，你会发现可以将更多的精力投入分析工作以及形成结论和新发现的工作中。也就是说，清楚研究进展有助于把握研究前进的方向。早点动手写作，也有另外一个重要的心理功能：可能会逐渐习惯这种写作过程而有机会在任务变得棘手前就已有所准备。当然，如果认为其他部分也可以在早期阶段撰写初稿，那么也应该动手去写。

案例的性质：真实的还是匿名的？

几乎每个案例都允许研究者有权选择匿名处理方式：应该精确地公布每个案例信息提供者呢，还是隐去整个案例、参与者的名字呢？需要注意，匿名问题在两个层次上存在：整个案例（或案例群）的匿名以及案例（或案例群）中个人的匿名。

在遵守受试保护规定前提下，公开案例和其中个人的身份，是最理想的选择。这么做会带来两个好处：第一，在阅读和解析案例报告时，有助于读者回忆起其之前所知道的关于同一案例的其他信息——从以前的研究或其他来源获得的信息。这种把新案例研究与以前的研究综合起来的能力非常重要，这和阅读一套新实验报告时回忆起实验结果的能力类似。第二，整个案例变得更明白易懂，在必要时还可查阅脚注和引用，同时也便于对已发表的案例材料形成恰当的评论。

但是，有些情况下必须采用匿名方式。最普遍的原因是该案例属于争议性议题，匿名就能保护实际的案例对象和参与者。另一个原因是最终案例报告的发行可能会影响研究对象将来的行动。这一原因在怀特（Whyte, 1943/1993）的著名案例研究报告《街角社会》（关于一个匿名社区 Cornweville，几年后该社区的名字被泄露）中体现出来。出于说明的目的，该案例研究可能只是描绘一种"理想模式"，这样的案例就没有必要透露其中人物的身份。林德夫妇的《中镇》（1929）也体现了这种原因，研究中的小城市、居民和产业都是匿名的（多年之后也被泄露）。

不过，即使在正当匿名的情况下，还可以找到其他一些折中办法。首先，应该确定仅仅隐去案例中个人的身份是否足够，从而准确保留案例对象的名称。

另外一种折中办法是显示个人的名字但要避免从任何角度把原因归结到个人身上或对个体发表评论，同时也让案例对象自身能被准确识别。当需要保护某个个体的隐私时，这种办法最好。但是不点名也许并非总能完全维护他人的隐私——可以去掉评论，这样案例参与者（或其他读者）都无法推测出它们的来源。

至于多案例研究，第三种折中办法是避免撰写任何单案例报告，而只写综合案例分析。这种情况大致上相当于研究过程中使用的做法，即不披露个人的情况，已发表的报告仅局限于总体资料。

只有在这些办法无法实现的情况下，研究者才应考虑隐匿整个案例研究和知情人的名字。但是，匿名并不是首选的办法。因为匿名不仅仅排除了关于案例的一些重要背景信息，还使报告的写作变得很难。需要注意的是，案例和它的组成部分应系统地从真实身份转变成虚构的身份，研究者必须努力保证更改前后的一致性。不应该低估这个程序所花费的代价。

练习 6.3　案例研究要保持匿名操作

找出一项隐匿真名的"案例"研究（或者从本书文本框材料中找一个例子）。使用这项技巧的优缺点有哪些？在报告你自己的案例研究时，你会采用什么方式？为什么？

案例研究报告初稿的检查：确认程序

　　撰写案例研究报告应该遵循的第三个步骤和研究的整体质量有关。这个步骤需要让别人评阅报告初稿，不仅仅由同行评阅（这和所有研究报告初稿的评阅一样），还应该由案例的参与者和信息提供者来评阅。如果他们的评语特别有帮助，研究者可能需要把它们作为整个案例研究报告的组成部分展示出来（见文本框47）。

文本框47

评阅案例研究——打印评语

　　提高案例研究质量的一个主要途径是，让那些曾经是研究被试者评阅案例初稿。阿尔津等人（Alkin，Daillak，White，1979）编撰的一套包含五个案例研究的报告就很好地遵循了这一步骤。

　　每个案例研究都涉及一个学区及其对学生表现所使用评估性信息的处理方法。作为分析和报告撰写过程的一部分，每个案例研究报告的初稿都由相关学区的被试评阅。通过研究者为这一目的设计的开放式问卷获得评语。在有些情况下，被试的回答很有启发性和帮助作用，因此，研究者不仅修订了他们的原始材料，还打印了回答的内容，作为报告的一部分。

　　根据这些补充的例证和评语，所有的读者都能对例证的充分性得出自己的结论——遗憾的是，这个步骤在传统案例研究中很少被采用。

　　这种评阅并非仅仅是职业礼貌。按道理，这一程序应被看作是对研究中所引用的事实和证据真实性进行确认的途径，但实际上，人们往往并不这么认为（Schatzman & Strauss，1973，第134页）。

证据提供者和参与者可能对研究者的结论和解释保留看法,但他们对案例的事实应不持异议。如果他们在评阅过程中对案例中的证据的真实性提出异议,那么研究者就应该明白,此时完成案例研究报告为时尚早,必须进一步寻找相关证据来解决评论者提出的异议。通常,评阅初稿的过程也会产生更多证据,因为证据提供者和参与者可能回忆起他们在以前资料收集阶段所遗忘的资料。

即便案例研究或者它的某些部分需要隐去身份,这类评阅工作仍然应该进行。在这种条件下,初稿必须让被调查者和参与者审阅。在他们评阅完初稿、对所有事实的分歧得到解决之后,研究者可以隐去身份,从而只有被调查者和参与者知道那些真实的身份。怀特(1943/1993)完成《街角社会》初稿时,遵循了这个步骤,把初稿给他主要的被调查者"多克"看。他写道:

> 我在写报告的时候,把几个部分拿给多克看,并和他一起阅读全文。他的评论对我的修改工作十分重要。(第341页)

从方法论的角度看,这个过程所做的更正工作将提高案例研究的准确性,从而增加研究的建构效度。这样,对一个案例做出错误结论的概率就减小了。另外,在没有客观真理存在的情况下,评阅过程有助于区别几种视角,而这些视角可能在案例报告中出现。同时,你不必对关于初稿的所有评论作出回应。比如,有权坚持自己对例证的解释,不必机械地把被调查者的解释纳入报告中。在这一点上,你有选择的权利,正如你可以有选择地回应同行评审的意见一样。

由被调查者对案例研究报告初稿进行评阅,显然会延长完成报告所需的时间。被调查者和学术评阅人不同,他们可能会把循环评阅当作开始新一轮对话的机会,谈论案例的各个方面,从而延长评阅时间。你必须预见到这些拖延情况,不要将它们作为省略评阅步骤的借口。密切关注这一过程,有助于写出高质量的案例研究报告(见文本框48)。

文本框 48

案例研究的正式评阅

和其他所有的研究成果一样,评阅过程在提高和保证最终报告的质量方面有着重要作用。对案例研究而言,这种评阅过程应该至少包含案例研究报告初稿。

有一个系列案例研究遵循了这个步骤,可以作为典范,那就是美国技术评估办公室(1980—1981)主持的一系列研究。17 个关于医疗技术的案例研究中,每个都"至少被 20 个,多则被 40 个以上的外部评阅人评审过"。另外,评阅人体现了不同的视角的意见,包括政府机构、专业社团、消费者和公众利益团体、医疗行业、医药学界、经济学和决策科学等各个角度。

其中一个案例研究的最终报告公布了一个评阅者提出的对立观点以及报告作者的回应。这种开放式交流增强了作者对案例研究结论的解释能力,提高了案例证据的整体质量。

练习 6.4 预想评阅过程中的问题

案例研究报告通常通过听取别人的意见而得以改进——那些人就是该研究的被调查对象(或参与者)。讨论一下,听取这种意见的利弊。对于质量控制目标能有什么具体的好处?有什么不利之处?总体权衡这些意见有价值吗?

示范性案例的特征有哪些?

在所有关于案例研究方法的讨论中,对示范性案例研究下定义是最具挑战性的任务。尽管没有直接的依据,但有些推论似乎可以作为本书的恰当结论。①

示范性案例研究所需要运用的远不止本书已经强调的各种方法、技术。作为案例研究者,即使已经采用了最基本的技术——设计案例研究草案、保持例证的一致性、建立案例研究资料库,等等——仍然可能难以做出示范性案例研究。掌握这些技术能使人成为一个好的技师,却不一定能成为受人尊敬的科学家。做个类比,如编年史家和历史学家的区别:虽然前者技术上正确,但却没有后者所具备的考察人类或社会进程的独特眼光。

下面介绍示范性案例研究的五大特征,希望它们对你的案例研究有长久的指导意义。

练习 6.5 界定什么是好的案例研究

选一个你认为最好的案例研究(可以从本书的文本框中选取)。让它成为一个好的案例研究的因素是什么?这些特征为何在别的案例研究中很少见?要进行一项更好的案例研究你会做出哪些努力?

案例研究必须要"有价值"

第一个普遍性特征可能超出了很多研究者的控制范围。如果一个研究者只能触及少数"研究点",或者资源非常有限,那么单就某一个问题的案例研究可能会显得意义不大。这种情形不大可能产生示范性案例研究。但是,在可以选择的情况下,优秀的案例研究很可能是这样的:

- 仅指向个人旨趣的案例或案例群并不常见,一般能够引起公众的兴趣;
- 从理论角度、政策或从实践角度看,根本性议题具有全国性

---

① 这种推论也是基于某些经验。作为早期调查的一部分,要求 21 位知名的社会科学家提出最好的案例研究的标准。这些标准也在示范性案例研究中得到了反映。

的意义；

- 或者前两种条件都得到满足。

文本框 49

研究有意义的全球事件

1989 年东欧剧变以苏联解体而结束,成为一件具有世界意义的事件,尤其是改变了主要国家之间的关系。苏联为何没有军事干预东欧革命,仍然难以解释。安德鲁·贝内特(Andrew Bennett,2010)对大部分主流解释进行了总结分析,包括后来苏联在阿富汗的军事失利、苏联经济增长率下降以及苏联统治下国内民主政治等。贝内特的报告,尽管不是正式的案例报告,却展示了如何用案例研究方法解释此类意义重大的国际事件。

例如,一项单案例研究首先可能由于案例本身具有启示性而被挑选出来——这个案例反映了某些社会科学家过去无法考察到的真实情景。这一启示性案例本身就很可能被看成一种发现,为进行一项成功的案例研究提供了机会。其次,一项重要的案例可能由于要比较两个相互对立的命题而被选定;如果命题在一个著名理论中处于核心地位——或者反映了公众观点的重大分歧——那么这种案例研究很可能具有重大意义。再次,设想一种情形,即实践发现和理论发展都蕴含在同一案例研究中,就像一项多案例研究中的每个案例都能有所发现,且案例间的综合分析对重大的理论突破也有所贡献。这种情形的确对一项示范性案例研究不无裨益。

与这些有利情形相反的是,很多学生选择的研究课题要么不具有重要性,要么只是与陈旧的理论问题有关。其实,学生只要改进现有研究体例,进而把作业完成得更好,就可以部分地避免这种情况。在选择一项案例研究之前,学生应该假设该项研究能够成功地完成,并详细叙述其研究意义。如果出现令人不满意的情况,可能就需要重新考虑是否应当进行这项案例研究。

案例研究必须"完整"

这一特征极难进行操作性描述。但是,案例研究实施过程中这种完整性非常重要,这和设定一套完整的实验室试验(或完成一部交响曲,抑或大型壁画)的完整性同样重要。从哪些方面努力是值得思考的问题,但这方面的指导性文献却很少。

对于案例研究而言,完整至少有三种表现方式。首先,在完整的案例中,该案例的边界——即被研究的现象与背景之间的区别——应得到明确而详细的说明。

样本边界可以包括指定的案例时间和地域(或组织)界线、案例研究的活动、个案之外的关于情境条件的显性符号(Baxter & Jack,2008)。如果只是机械地完成这一点——譬如,尽管也应该包括其他参与者,却将参与者范围仅限定在少数能够接触的人中——那么很可能产生一项不成功的案例研究。最好的办法就是通过逻辑论证或通过陈述证据表明,达到分析范围边缘的时候,信息和案例研究的相关性不断降低。这种对研究界限的测试,可用于整个案例研究的分析和报告阶段。

第二种方式涉及证据的收集。完整的案例研究,应令人相信研究者投入了大量精力收集相关证据。这些证据的记录不一定放在案例的文本中,否则会使正文变得繁杂、枯燥,收入脚注、附录等部分就行了。不过,总体目标是让读者确信研究者已经搜罗了限定范围内几乎所有的证据。这并不是说研究者应该收集到所有现存的证据——这是不可能完成的任务——只需保证"全面"关注了所有的重要证据。譬如,这些关键证据是那些代表竞争性观点的证据。

第三种方式涉及缺乏某些工作条件的情况。如果研究仅仅因为资源用尽,或因为研究者的时间不够(学期结束的时候),或因为面临其他非研究性限制而停止,这样的案例研究就是不完整的。

如果一开始就知道时间或资源有限,有责任心的研究者就应该设计一项能够在这些有限条件下完成的案例研究,而不是达到或超出他们的限制。这种设计要求有丰富的经验,也要求有一些机遇。不过,这些都是产生优秀案例研究的条件。不幸的是,如果在案例研究中突然出现时间或资源严重短缺的情况,那么,做出来的案例研究几乎不可能会很成功。

案例研究报告必须考虑不同的观点

对于优秀的案例研究,一个很有效的方法就是考虑对立的观点,从这些对立的角度分析资料(参见第 5 章)。在案例研究报告中也应引述竞争性解释或其他观点(Kelly & Yin,2007)。即便是探索性或描述性的案例研究,如果从不同角度考察证据,也会提高案例研究的质量。

比如,一项未能考虑各种不同角度的描述性案例研究,就可能会引起批判性意识很强的读者的怀疑。研究者可能没有收集到所有相关证据,可能只关注了支持一种观点的证据。尽管研究者并非刻意地表达某些成见,但因可能不愿意考虑不同的描述角度,从而陈述了一个片面的案例。迄今,这类问题都还在不断出现,对企业机构的研究好像总是体现管理者的角度而没有考虑工人的角度,社会集团对于性别问题和多元文化主义的问题似乎总是十分迟钝,针对青少年的项目仿佛总是代表成年人而忽略青少年的视角。

要充分体现各种来自不同角度的观点,研究者必须找出那些最能挑战案例研究设计的对立观点。这些角度可能在互补的文化观点中、不同的理论中、参与案例研究的人或决策者的不同想法中,或者一些类似的对比中找到。如果这种对立的观点非常重要,可以运用本章前面介绍过的"比较式报告写作框架",比较相同案例的不同解释。有些对立的观点不是太重要,但也很有价值,可以将其作为可供参考的观点,形成独立的一章或一部分(见文本框50)。

文本框 50

添加研究参与者的不同观点,补充案例研究

　　埃德加·施恩(Edgar Schein,2003)的单案例研究,试图解释一个全国 50 强的计算机公司为什么会最终倒闭(见第 5 章,文本框 31)。案例研究的"同时代性"特征在该研究中体现出来,即能够找到该公司的前任主管,而他们对公司的命运给出了不同解释。施恩利用大量文件和访谈资料支持他自己的观点。但其研究的独特之处却是该研究的补充性章节:每一个补充性章节都有一个主管给出不同的解释。

　　很多时候,如果研究者向一位具有批判思维的听众描述案例研究,听者会立刻提供对案例事实的不同解释。在这种情况下,研究者很可能为自己辩护,称最初的解释是唯一正确的或者切题的。实际上,优秀的案例研究能够预计到这些"显而易见的"不同意见,进而尽可能强烈地坚持自己的立场,通过实证证明这些不同意见的基础是能够被推翻的。

案例研究必须有足够的依据

　　尽管第 4 章中鼓励研究者建立一个案例研究资料库,但是案例研究报告仍然必须包括该案例研究的关键依据。优秀的案例研究会明智而有效地陈述最相关的依据,包括"如何进行调查以及如何收集和解释资料"(Bachor,2002,第 21 页)。也就是说,理想的报告能够让读者判断出该案例分析的优势和发现。

　　筛选依据不允许带有偏见的做法——比如只选择那些支持研究者的结论的证据。恰恰相反,证据应该客观地陈述出来,应既有支持性的,也有质疑性的资料。这样,读者才能自己得出结论,弄清某种分析解释是否合理。尽管如此,对证据的选择还是必要的,这有助于报告只采用最关键的证据,而避免杂乱地叙述有力但不太关键的证据。这样的选择对研究者约束很大,因为他们通常都想陈列出所有的证据材料,误以为单纯的篇幅或数量就能够左右读者的判断(事实上,纯粹的长篇累牍只会让读者感到厌倦)。

案例研究提供充实证据的另一个目标是,使读者信服研究者"熟知"其研究对象。譬如,在实地调查研究中,陈述证据应该让读者相信研究者的确到过该地,做了透彻的问卷调查,并且早已对实例中的问题十分精通了。大多数案例研究中体现了类似的目标:研究者应向读者表明其中每一件实例都是被平等看待的,还应表明综合各实例得出的结论是客观的,没有对其中某个或某几个案例投入不充分的情况。

最后,充分陈述重要证据时应做些提示,说明研究者仔细考虑过证据的效度——例如,保留了一系列证据。这并不是说所有的案例研究都需要套用方法论规则,来长篇累牍地专门论述。事实上,几个恰到好处的脚注就能解决问题,案例研究序言中的几句话就能概述保证效度的几个关键步骤,或者表格、图表的注解也能起作用。举个反面例子,没有注明证据来源的表格或图表就是研究者粗心马虎的标志,令读者会对该研究的其他方面更加挑剔和存疑。这种情况下是不可能产生典范的案例研究的。

必须以吸引读者的方式撰写案例研究报告

最后一项特征是关于案例研究报告编写的。不论用何种手段(书面报告、口头陈述或者其他形式),报告必须引人入胜。

对书面报告而言,这意味着既要有清晰的写作风格,又要能不断吸引读者读下去。一份好的报告应是那种能"诱惑"读者眼球的作品。读到这样的报告时,读者的眼睛不想离开页面,会一段接着一段、一页接着一页地读下去,直到疲倦为止。这种诱惑应该成为编写所有案例报告的目标。阅读过优秀小说的人都有这样的经历。这种吸引力同样适用于非文学类作品,也应是案例研究报告的追求目标。

写出这种文章需要才能和经验。如果一个研究者为相同的读者群写作的频率越高,沟通起来就可能越有效。不过修改得越多,报告的清晰度也会越高,这一点值得向大家积极推荐。研究者在使用电子写作工具时,没有理由省略修改这道工序。

吸引读者,引人入胜,极具诱惑力——这些都是案例研究不同寻常的特征。要编制这样一份案例报告,研究者必须对相关调查研究感兴趣,并且愿意广泛交流自己的研究成果。实际上,优秀的研究者甚至可能会认为他的案例研究要有惊天动地的结论。应把这种热情贯穿于整个研究过程,从而最终促生一项示范性的案例研究。

辅导材料 6.1
将方法论部分作为独立的研究文章进行汇报

正如第 6 章所论述,正式的案例研究报告应对研究方法进行描述。即使读者只需要简单的概述,研究者也应考虑创作一个更详细的版本,将其作为报告的附录,最好作为一篇独立的研究文章发表。这种付出,既能够为其他研究者提供帮助,也能够保留研究的详细过程,以备研究者自己将来参考。这绝不会有损研究者进行案例研究的名声。

梅耶(Christine Benedichte Meyer, 2001)在《田野研究方法》(*Field Methods*)期刊上发表了一篇这样的方法论文章。面对多种研究方法,以及对案例研究的思考,他在研究中——关于挪威金融业中两起公司合并事件的案例研究——嵌入了对其研究方法的讨论。也就是说,她用案例研究阐述重要的方法论原则,因此使这部分作为一篇独立的文章合法化。

比如,梅耶讨论了使用案例研究方法的优势:可以使其调查、探索一些问题,如合并公司之间的权力斗争、整合合并公司过程的复杂性、一段时期内的文化融合状况等。其他研究方法很难解答这些问题。她还论述了如何"界定"个案,包括排除受合并影响较小的业务部门、主要关注核心业务的决定,以及在合并公司内选择访谈人员的具体标准等。资料分析方面,梅耶阐述了如何运用分析性归纳解释研究发现的意义,并告知读者有些发现"既不能被合并或用所得文献解释,也不能从四个理论角度进行解释"(作为研究的一个部分展示)(第343页)。她没有忽略研究中遇到的问题,包括她无法获得所需要的文件这一情况。总之,文章中提到的一般性问题,以及具体的经历,都增加了文章的价值,提高了可读性。

辅导材料 6.1 参考文献简要注释

Meyer, C. B. (2001). A case in case study methodology. *Field Methods*, *13*, 329-352. Illustrates how the methods used in a case study can become the topic of a separate research article.

附录 A

在心理学中运用案例研究的注意事项

与其他领域一样,心理学中所有的案例研究源于同一显著的特点:期望近(零)距离或深度了解某一或少量"个案"。(Bromley, 1986,第 1 页)。除了近距离重点关注案例的整体性和完整性外,研究者还要将研究设定在真实情境中。因为情境条件与案例之间会以微妙的方式互动,所以优秀的案例研究应对案例以及案例的内外复杂性进行精辟的分析。

明确案例研究的利弊:三种比较

1.案例研究方法与案例研究的其他用途相比较

案例研究作为一种研究方法,不同于作为教学工具的其他常见案例。作为教学工具的案例研究本来是无价的,但是教学案例的数据可以被操纵用于教学目的,并且案例也不属于研究文献。相反,案例研究必须遵循正式的方法步骤,将所有研究发现与实证材料相联系。关于心理学中教学案例的例子,可参照戈登(Golden, 2004)和邓巴(Dunbar, 2005)的作品。关于教学案例在商业、法律和医药领域的应用,可参见加文(Garvin, 2003)的作品。

作为一种研究方法,案例研究同样有别于案例记录(case records)——有时被用作或称作"案例研究(cases studies)"——主要在服务性机构中使用。布罗姆利(1986)认为这种记录,尽管看似案例研究,但会受到服务提供者"对可信度而非实际数据的期望"的影响(第69页),因此从研究角度看,"常被意外或故意删漏和歪曲"(第90页)。

2.案例研究与其他社会科学研究方法相比较

在社会科学研究方法中,本书第一章将案例研究方法界定为包括实验法、准实验(也称为观察研究,见 Rosenbaum,2002)、调查法、档案分析法和历史研究法等一组研究方法中的一种。尽管所有的研究方法在某种程度上都有交叉,但第1章已经表明,同其他方法一样,案例研究是一种独立的方法,有其独特的设计、资料收集和分析技巧。如第2章中所讨论的那样,案例研究不应被视为其他某一研究方法——如准实验法——的一部分。

在心理学中,案例研究也常与定性研究分开——因为现实中关于定性研究的心理学教科书一般会忽略案例研究。有两本教科书均用正文的大部分篇幅讲述心理学中大量的"定性研究方法",例如话语分析、扎根理论、现象学分析和叙事研究(见 Forrester,2010;Wertz et al,2011)。尽管这两本书涵盖的内容很广泛,其中一本书即使认可案例研究在心理学研究方法史上的突出位置,但在其当代研究方法阵列中也忽略了案例研究方法;另一本书有对单个案例的轻描淡写,但是并不是指所有的案例研究。

另外两本教科书都收编了关于心理学定性研究的文章(Camic,Rhodes,& Yardley,2003;Smith,2008)。在第一本教科书中,有一篇文章认为心理分析疗法(psychoanalysis therapy)是一种案例研究,但是所有文章都没有进行讨论。在第二本教科书中,每篇文章都介绍了不同类型的一种定性研究(例如,现象学分析、扎根理论、描述心理学、会话分析、话语分析、焦点小组和行动研究)。但全书并没有提及案例研究,在索引中也没有呈现,更不用说关于案例研究的章节。

与前述四本教科书相一致,布罗姆利的关于案例研究的里程碑式著作(1986)——本附录多次引用——没有过多讨论定性研究。总之,心理学中未尝试将定性研究与案例研究结合的缺憾,似乎进一步证实了案例研究独立于其他社会科学研究方法的观点。

3.案例研究与其他三种心理学研究方法相比较

与心理学相关的还有案例研究与其他三种研究方法的对比。前两种方法的名字听起来很相似:

(1)单一受试研究法(single-subject research),一般见于神经心理学和行为学研究(比如,Barlow & Nock,2009;Kazdin,1982,2003;Kratochwill,1978;Morgan,2009),以及特殊教育研究(例如,Tawney & Gast,1984);

(2)病例对照研究法(case control studies),常用于流行病学研究(比如,参见 Schlesselman,1982);

(3)实验法,其实验组设计是心理学研究中最常用方法的基础(比如,参见 Murray,1998)。

表 A.1 描述了四种方法之间的关系,尽管包含所有研究方法,但这四种方法可以交叉使用,该表呈现了一种理想的分类。表 A.1 尝试从两个维度描述这些方法之间的关系:(1)研究是基于一组受试的数据,还是一个受试的数据,(2)研究中是否有干预——行为操作(behavioral manipulation)。

表 A.1　案例研究与其他三种行为研究的比较

	研究者施加干预	
	是	否
分组数据	传统的实验设计	病例对照研究
个体数据	单一受试研究	案例研究(单个案或多个案)

从横向看表 A.1 和侧重个体数据的两种研究方法(第 2 行),单一受试研究法与案例研究法的区别是,侧重于正式的干预,比如

使用不同刺激组合(包括没有任何刺激)的重复试验模式。研究者可以直接设计这种研究类型来干预因果关系,而案例研究却不可以。同时,单一受试研究可以包括一个或多个案例,与案例研究有相似之处,即单一受试研究也可以包括多个主体(例如 Chassan,1960)。

从纵向看表 A.1 和能够实施干预的两种研究方法(第 1 列),传统实验设计法提供的证据基础比单一受试研究法的基础更坚固——只要有足够的个体达到所需要的实验组数量(Robertson,Knight,Rafal,& Shimamura,1993)。对于研究者来说,不幸的是,一些重要的心理学现象太少,以至于不能满足所要求的实验组数量。

无干预能力的两组方法之间的比较(第 2 列),与案例研究的关系更密切。与案例研究不同,病例对照研究法含有分组数据,一般是一组已经展现出观察行为的个体(比如烟民)。然后会评估实验观察组均值与对应控制组(比如非烟民)均值之间的差别。原则上,案例研究也可以采用这种比较——如果单案例研究包括两个样本足够大的多案例小组。但是,除特殊情况外——案例研究对每个案例进行了大量"深入"的调查或耗费了广泛的、大量的资源和时间——案例的数量不大可能足以支撑两组之间进行深入地对比。

总之,鉴于表 A.1 中的两个维度,案例研究占据两个独特的单元,即侧重于个体(而非分组的个体)数据并且没有实施干预的能力。

案例研究:导致变量多于数据点的情境

假设每一个案例是一个数据点,当研究的变量数远远超出可获得的数据点数时,案例研究的定义在本书第 1 章中已经给出。在任何既定的案例研究中,导致出现大量研究变量的三种情况为:

进行深度探究(making an in-depth inquiry),调查随时间变化的情境(studing conditions over time),以及包含语境的情境(covering contextual conditions)。心理学案例研究恰如其分地阐述了这三种情境。

深度探究

首先,案例研究需要对研究对象进行深度探究,案例的多样化特征转化为大量的研究变量。

在心理学中,案例很可能是关注某些个体的行为。在心理学研究早期,这些研究个体可能既是调查者,又是研究的对象,就如艾宾浩斯(Ebbinghaus)、斯特拉顿(Straton)、高尔顿(Galton)分别在记忆力、知觉和学习力方面开展的著名研究(见 Garmezy,1982),以及医学中的第一期安全性试验所创造的成果——在这期间,医学科学家首次在自己身上试验新创的医药配方。这些研究中,实验个体要么是研究者,要么是他们的医学研究同事(Jadad,1998,第14页),同样也是应用语言学案例研究历史中不可分割的一部分(Duff,2008,第37页)。

在当代,研究个体所处的情境非常广泛,包括临床案例、皮亚杰认知发展研究中的个人发展或学习研究,以及比较心理学中的单一实验动物制备(single animal preparation)。[1] 在最有名的神经学案例研究中,有一项研究被分析家称为"世界上最著名的神经学案例"(Rolls,2005,第51页),该研究涉及一个名为"H.M."的个案,仅在1957年至1968年间,关于这个案例的论文就已发表了30余篇(Scoville & Milner,1957;Sidman,Soddard,& Mohr,1968)——也可见文本框 A1。

---

[1] 在比较心理学中,大量变量也是单一受试研究的特点。比如,在动物生命周期的不同年龄段刻意操纵自变量(Denenberg,1982)。不同自变量相互作用,产生更多的变量,挑战变量的独立性,研究者常在这一过程中得出重要发现,因而需要"更加复杂的模式而非解释(某)研究结论的因果框架"(Denenberg,1982,第22页)。

文本框 A1
心理学中的经典案例研究

多年以来,心理学家一直研究众多不同寻常的个体。有些人因为严重的脑损伤导致行为异常(例如,H.M.和菲尼亚斯·盖奇(Phineas Gage)的案例)。另一些人患有诸如《三面夏娃》中的多重人格障碍等精神疾病。然而还有一些人不幸遭受到奇怪的环境或社会条件的影响,比如纽约皇后区中的吉蒂·吉诺维斯(Kitty Genovese)案例,或者法国所谓的阿韦龙野孩(wild boy of Aveyron)。这些案例都曾是规范的心理学研究主题,有些吸引了大众媒体的关注,因而也闻名于心理学领域之外。

一本名为《心理学经典案例研究》(*Classic Case Studies in Psychology*, Geoff Rolls, 2005)的精编书中,汇编了16个该类案例,整理成一系列单案例研究。每一个案例研究使用了最小数量的专业术语,但附有相关研究的重要参考文献。如果读者想进一步了解案例,可以通过参考文献找到研究文献。

或者,心理学中的亚领域(如社会、教育、管理、职业、环境和社区心理学)以及心理学之外的相关领域,会重点研究组织或实体单位,而非个体(见文本框 A2)。对这些实体的深入调查也要转化为大量的研究变量。

文本框 A2
心理学中的组织实体案例研究

心理学内外的案例研究可以重点研究组织、决策等事件以及实体——不仅仅是个人。医院、诊所或心理学家的办公室等临床情境可以作为案例研究中的案例。

一种应对整合精神卫生和基本保健服务挑战的合作医疗诊所,可以作为例子。因此,这种诊所成为一本30余篇研究论文集的研究对象,这些文章旨在促进卫生保健的再设计,尝试创造"效果更明显、效率更高、病人参与、成本合理的医疗保健"(Kessler & Stafford,2008,第4页)。有几篇文章呈现了对具体诊所的案例研究。有一篇描述了一项始于1994年的长期项目,采用了质性和量化数据——后者以测量病人在研究中的作用以及对病人满意度调查进行反馈的方式呈现(Kates,2008)。

随时间变化的情境

第二种常见情境源于这一事实——案例的观察对象(interest)常常包括多种随时间变化的情况。分析观察对象的时空变化(temporal pattern)可以在展开关键事件的过程中解释某个最终事件——或者在发展性案例研究中,用来追踪人类或动物在特定时期的行为(比如,Denenberg,1982),因此可以作为案例研究的明确主题(explicit subject)。

即使观察对象的时空变化不是调查的直接主题或者非常短暂(比如,Bromley,1986,第5页),但仍能制造一种相互关联的、不被忽略的持续性变量流(flow of variables)。如此一来,即使时间短暂,案例研究也可以避免成为文字快照——仿佛一切都是同时发生的。重要的事件,包括看似一样(但不完全相似)的重复行为,是发生在不同的时间点的。这些事件产生一大组变量,是理解案例的重要部分。

语境

第三种情境来自于案例外部。因此,除了深入、随着时间推移探讨案例外,还包括对与案例相关语境资料的研究。实际上,案例研究的一个优点是可以全面调查看似相关的语境条件。比如,如果案例是个人,关于个人家庭、工作、同辈环境的数据是一个完整案例研究的常见组成部分。如果案例是一个小组或组织,关于文化、经济、社会和政治环境以及发展趋势的数据则是相应的组成部分。

此外,由于现实事务不会完全划入明确的种类,因此,案例与情境之间的界限可能不是很明显。允许将这种模糊作为案例的一部分,是案例研究的一个优势。语境条件甚至可以引导研究者对案例产生全新的理解——这种理解在案例研究之初并没有预料到。

而其他研究方法,充其量会将研究重点与情境条件之间的模糊不清作为研究的困扰因素。事实上,其他研究方法不能轻松地应对情境条件。比如,在实验法中,除了少量协变量(covariates),研究者试图通过排除语境条件,将其影响最小化。类似地,由于自由度的类似限制,调查法也不能排除与情境条件相关的许多问题。这些方法中,充分的自由度是数据分析的基本条件——所有既定变量有多个数据点。

对三种情况的总结

总而言之,这三种情况有助于解释为什么案例研究中变量的数量可能会很大。相反,如单案例所呈现的那样,数据点的数量有可能很少。实际上,没有一项单案例研究,即使包括多个案例,能找到足够的案例匹配变量数量,更不用说超出几倍。

这种情况对案例研究的设计和分析影响深远。这种研究设计为该方法体系所独有,不能归入其他方法设计的范畴,比如准实验或定性研究设计。同样,案例研究不能采用其他研究方法惯用的数据分析方法,因为案例研究的数据点不多、甚至没有方差(variance)。

心理学中采用案例研究的动机

鉴于上述种种限制,案例研究起初看似价值有限。然而,实际上,案例研究早已成为心理学及相关领域研究的常见组成部分。为什么呢?

探索

一种迅速却过于狭隘的回答认为,案例研究只是为了探索——比如,收集资料确定某个话题是否值得进一步调查,如果值得,则研究问题或资料收集步骤在后续研究中最为重要。在这种探索模式中,案例仅仅是研究的前奏,因为后续研究可能会采用一种不同的方法,比如调查法或实验法。

这种过时的研究方法等级制看法,肯定是不正确的(比如,Bromley,1986,第 15 页)。研究方法等级观点的诸多问题之一是,调查法和实验法也有探索模式这一事实。相反,除了探索模式,案例研究在描述、解释和评价模式研究中也可以使用。因此,无须借助其他研究方法,案例研究也可以得出研究发现和结论。

描述和解释

描述性案例研究可以满足多种研究目的,比如呈现一种罕见的或者一般情况下研究者难以获得的情境。再以临床和神经学研究为例,文献中常见的一种描述性案例研究侧重于症状奇特或者行为显著、值得继续研究的个案(见文本框 A3)。

文本框 A3
关于无法识别人脸的个体的描述性案例研究

心理学中对患有罕见病症的个体的案例研究尤其珍贵,比如面孔失认症(prosopagnosia)——由严重的脑部损伤诱发,个体无法辨认或区分不同个体的面部。过去几十年间出版的案例研究中,患有面部失认症的受试不超过 20 人(Busigny,Graf,Mayer,& Rossion,2010)。

证明面部失认症是一种具体的疾病,或者属于视觉识别缺陷的一部分,一直是案例研究的一个挑战。尽管是描述性研究,案例研究最常见的发现是证明面部失认症患者同样不能执行其他识别任务(比如 Busigny & Rossion,2011)。这些案例研究，与现代脑成像研究（McKone, Kanwisher & Duchaine, 2007）中对健康成人和患有穿透性脑损伤病人的其他实验研究（Yin, 1978），以及猴子等非人类受试研究，开始证实是一种基于神经的面部具体识别能力，而不是更大范围综合征中的一种。同时，研究者尚未解释面部识别如何进行，以及为什么会存在这种特殊能力。

对于案例研究的解释模式，一个常见的例子来自教育心理学。这个例子也指明了不同研究方法之间的互补关系（见文本框 A4）。

文本框 A4
解释模式中的案例研究

在 K-12 教育系统中，利用实验（或准实验）设计在处理和对照条件下比较两组学生，可以研究课程的有效性。成功完成此类研究可以解释两组学生之间显著的数据差异。然而，数据并不会解释实验处理如何、为何导致所观察到的结果。寻求这样的解释，需要进行案例研究（美国国家研究委员会，2004，第 167—168 页）。

理想的案例研究会仔细调查在现实教室情境中实验处理是如何发生作用的。研究涵盖相关的事件包括实验处理的实施、实验处理如何改变教室的教和学。如此宽泛的话题需要多种基于现场的证据，比如教室观察、对教师教学策略的访谈、对学生学习策略的访谈，以及与学校和社区具有潜在关系的数据。这些解释对后期复制原始实验研究或者将课程推广至其他学校非常宝贵。

还可以引用、列举许多其他的描述性和解释性案例研究，无论研究的主体是个人、小组、组织，或者更抽象的主体，比如"决策"。

评价

评价可以说是心理学中进行案例研究的第四个动机(也可见本书附录 B)。有一项案例研究是,对某种特殊类型残疾儿童的教学策略进行评价。该研究由多个案例组成,因此是一个多案例研究(见文本框 A5)。

文本框 A5

基于多案例研究的评估性案例研究

一项心理学多案例研究通过调查七对教师和学生,对教学策略的有效性进行评价(Miyahara & Wafer, 2004)。教学策略的目的是应对学生的一种行为状况——发展性合作障碍,每一组师生是一个单独的案例。研究采用组间复制逻辑来确定系统性改变教学策略与学生表现之间的关系。随着时间的变化,采用多种心理测量方法,以量化方式评价学生的表现。

另一种情况是,在评价学术环境时,常模仿案例研究方法,尽管这些做法不是正式组织的,或者不能严格称之为案例研究(例如Wilson, 1982)。这些案例研究采用评价的形式,由认证小组和国家统筹委员会等视察委员会(visiting committees)实施,并定期审查各学术部门。视察委员会重点审查各部门的状况和成绩,收集多种证据(观察、访谈、审查部门出版物等有关文件),最终形成正式的、总结性评价。

前面的讨论说明在探索性、描述性、解释性或评价性模式中使用案例研究方法时,研究者如何突显案例研究作为全部研究方法技能重要组成部分的潜在价值。

进行案例研究的注意事项

尽管案例研究在研究与现实相关的情境、解释重要研究问题方面的适用性显而易见，但是作为一种可选性方法，案例研究在心理学领域尚未获得广泛认可。有人将案例研究作为一种不得已而为之的方法。为什么会这样？

这一差评，部分源于人们不信任案例研究过程的低信度。人们对案例研究的步骤存在偏见，认为研究者只会搜寻起初设定的研究发现（或结论），而且案例研究的实施程序似乎不足以对抗这种偏见。比如，研究者可能在某种设计的基础上启动案例研究，遵循最初的某种数据收集方式，却发现研究设计要么不适用，要么不如起初所想的那样有效。在实验室中，研究者会通过停止按照原先的设计收集数据，并改进实验设计，然后重新收集数据。不幸的是，人们常常批判案例研究不会舍弃先前数据，而是重新使用，从而招致不必要的偏见和缺陷。

人们对案例研究评价不高的另一个原因是，认为研究所用的质性资料收集方法没有量化数据的收集方法可靠。质性资料通常是叙事性而非数值信息，由于对叙述性资料的收集和评价程序不了解，很多人感觉数据别扭，比如本书第 5 章正文部分的讨论。

人们对案例研究的另一个不满是，认为研究的发现不能推广到更广泛的层面。案例研究归纳面临的挑战在本书正文中也已讨论过，我们需要用批判的眼光辨别分析性归纳（analytic generalization）和统计性归纳（statistical generalization）（见本书第 2 章）。

如果案例研究完成得不好，前面所警告的问题都会暴露出来，导致人们对案例研究产生新的偏见。相反，如果更系统、认真地使用案例研究，即使不能消除，也可以克服这些忧虑。比如，就像本书第 4 章所讲，案例研究应当依靠多来源的证据材料，以三角方式尽力克服任何资料来源的不足。第4章还讨论了其他有助于提高数据可靠性的技巧——比如建立案例研究数据库、证据链。

　　这些建议可以消除对案例研究方法的担忧,但仅仅是所有措施中的几个例子。本书两个章节中介绍的方法步骤,包括研究设计、数据收集、数据分析、实施研究中理论的作用,都是为了巩固案例研究在心理学中的作用,将注意事项中提到的风险最小化。

在评价学中使用案例研究的注意事项

　　评价学教科书对案例研究的关注较为混乱。一本使用多年的教科书,在其七个版本中,对案例研究始终置之不理(Rossi, Lipsey & Freeman,2004)。这本书没有提及案例研究评价或案例研究,在词汇表或索引中也没有出现"案例研究"这个词。第二本广泛使用的教科书(Mertens,2010)在初步评审评价模型的数量和过程中省略了案例研究评价(第 47—87 页)。这本书认可案例研究,但却将案例研究贬至最低位置——服务于七种质性研究模式中的一种(第 230 页)以及六种数据收集模式中的一种(第 352 页表 12.1)。

　　与前面两种对待方式相反,第三本教科书(第一作者同样是一位有影响力的评价学者)非常重视案例研究评价的作用(Stufflebeam & Shinkfield,2007)。首先,该教科书认可案例研究评价是 26 种评价方法之一(第 181—184 页)。其次,根据美国评价协会标准对所有方法进行正式排序后,在八种最优秀的评价设计与实施方法中,将案例研究排在第五位(第 242—243 页)。

　　尽管现有的教科书对其认识参差不齐,但案例研究在评价中有其功能和合法化地位。在已出版的评价书籍中,案例研究常见的主要用途有三种。第一,一个或多个案例研究可以是更高水平评价的一部分(Cronbach & Associates,1980,第 222—223 页;Datta,1997,第 348—351 页)。第二,案例研究可以作为主要的评价方法

(比如,Yin,2000a)。第三,案例研究可以作为双层评价(dual-level evaluation)中的一部分。第一种用途最常见,应用时间最长,但第二种和第三种更具有挑战性。

下述讨论的目的是重新简要阐述案例研究在评价中的作用,然后进一步详细描述三种用途。

案例研究作为一种评价方法

在评价研究中采用案例研究法源于本书第一章所强调的案例研究的特色定义:深入(近距离)研究真实情景中的"案例"。与其他评价方法相比,如调查法、实验法、准实验法,案例研究评价可以:(1)捕捉案例的复杂性,包括随时间发生的相关变化;(2)充分了解情境,包括与案例相互作用的潜在条件。尽管有这些优势,案例研究评价方法的早期参考资料遭受严重的误导性对待,包括最初被混淆为准实验中的"后测"(posttest-only)设计——是与案例研究的不恰当联系,后来被原作者撤回(见本书第2章)。

用于评价时,案例研究也具有其他类型案例研究的特征。在本书正文中有所介绍,现总结如下。

第一,若要介绍一个案例及其情境的复杂性,案例研究评价需要依靠多种资料来源,包括访谈、文件、田野观察、档案记录、实物和参与观察。案例研究评价应将这些多种来源的证据直接三角形化,以便确认、证实研究发现。

第二,多样化证据可以包括质性或量化数据(或都有),也可以采用现实主义或相对主义(或解释学)视角。比如,案例研究评价的量化部分可能会是一种现实主义取向(比如呈现研究者关于研究案例的问题和解释),而质性部分相反,假定是相对主义(或解释学)取向(比如,呈现参与者的多种视角和意义——包括挑战研究者原始假设这种可能)。

第三,一个关于案例的初步、试探性(a initial though tentative)理论,对案例研究评价也有好处。初始理论可以是描述性的(例如推测所期待的案例特点)或者解释性的(比如,揣测关于案例的"如何"和"为什么"问题)。如果是解释性的,案例研究评价应明确将竞争性解释作为研究设计和资料收集过程的重要组成部分(见本书唐纳德·坎贝尔所作的前言以及第 2 章。)

案例研究的这些特点都与案例研究评价相关,以下将要讨论三种典型用途。

案例研究作为较高层次评价的一部分

在第一种用途中,一个或多个案例研究为一个较高层次评价的组成部分。较高层次的评价重点关注一项新方案(initiative)——无论是有计划的行为,还是正在实施的项目——有可能是通过实验设计或准实验设计评估方案的有效性。作为设计的一部分,有些评价甚至会随机将各主体分配到实验和对照情境。

作为其中一部分,案例研究将更密切地观察实验和对照情境中的一个或多个实体。案例研究通过以下方式补充更高层次的评价研究:实验或准实验部分通过确定行为与结果之间关系的强度来评估行为的有效性,而案例研究部分为这种关系提供解释,表明行为如何(不能)产生相关结果。就像一个权威性机构在评审无数 K-12 数学课程及其学生成就评价时所说(美国国家研究委员会[National Research Council],2004,第 167 页):

通过比较学生成就(比如学习结果),案例研究促进了对隐藏的现行机制的了解……而大规模(实验)研究中实际的实验处理常常定义不清。

比如,较高层次的评价可能包括涉及大量教室的创新课程。评价的实验设计会将各组教室分为不同的实验组和对照组,在分析时,依据某种共同的措施对比两种情境下学生的学习结果——比如学生的分数。然后一系列案例研究直接聚焦于从各实验情境中选出的一些教室,研究这些少量教室的教学过程。这样一来,案例研究为了解创新课程的有(无)效运作发挥了重要作用。

较高层次评价中案例研究部分的发现,可以以案例为单位单独呈现,或者整合为跨案例分析。但是案例研究结论报告属于较高层次评价研究报告的一部分——前面例子中,学生成绩的分析跨越不同的教室组。

你可以想象类似上述示例的其他例子。在公共卫生领域,评价一项新医疗项目会呈现不同诊所治疗结果的临床数据,然后采用案例研究总结个别诊所的经验。在社区发展研究中,房地产项目评价涉及经济学研究,可以利用案例研究分析这些住房单元的少量住户,调查新方案与住房单元价格之间的关系。在商业研究中,可能对一项旨在培养未来领导人的行政管理项目进行评价:较高层次的评价通过调查,对参与项目的小组和未参与的项目小组进行比较,采用案例研究重点分析从两组中挑选出来的、数量较少的一些人。

多种示例充分表明了为什么案例研究的第一种用途在评价中如此常见,并可能依然如此。将较高层次的评价研究设计与部分案例研究或多个案例研究结合,可以视为一种采用混合方法进行研究的例子(Datta,1997;Yin,2006b)。

同时,这种用途也有需要注意的地方。关于案例研究评价较早的一个注意事项是,由于田野调查的劳动密度大、时间长,案例研究的成本可能较高(比如,美国政府问责办公室[US. Government Accountability Office],1990,第10页)。然而,当代评价研究倾向于采用实验设计,目前成本好像已经超过案例研究。同样,案例研究需要投入的精力也比较大。

评价团队及其性质是另一个需要注意的事项。由于案例研究是评价研究的附加研究,而非主体部分,研究的设计和实施可能得不到足够重视。案例研究实施者也可能缺乏案例研究经验,导致案例研究做得很一般,没有多少独到的发现。相反,如果研究者经验丰富,赋予案例研究独特的性质,也不符合较高层次的评价研究。而在其他情境中,案例研究的实施者与较高层次评价的实施者之间交流不够密切,案例研究有可能会被(不希望)视为一个独立的评价。

案例研究作为一种主要的评价方法

在第二种用途中,需要评价的方案是案例研究评价的主要案例。附属案例研究从较小分析单元(比如个人或小组)中获得的数据,或者通过其他质性或量化研究方法获得的数据,可以用来补充对主案例的研究。第二种用途至少与三种情形有关——侧重于①要评价的方案,②方案的结果,或者③方案与结果。

侧重于方案

由于案例研究具有捕捉案例的复杂性及其变化的优势,因而是进行过程或实施评价的常规方式。案例研究评价遵循方案付诸实践时所有事件的先后顺序,尤其是当该方案具有复杂的协调或组织特点时,这种方式非常有益。相反,诸如新药品测试等方案,药品在病人身上只是一次性使用;这种情况下,方案的实施非常直接,研究过程信息量不大。

借助方案实施期间的田野工作,案例研究评价可以追踪研究方案的实施过程。另外,评价研究的数据资料可以通过对受访者的开放性调查以及对早期文件的检索获得,从而案例研究可以建立一个研究日历(calendar period),突破实地工作实施时间的限制。

案例研究评价从揭示方案的复杂性开始,关注主要的与所有的附属分析单位,以及实施项目的个人、团体或组织。然后调查和解释实施过程中的“如何”和“为什么”——追踪随着时间推移采取的行动,并深入了解方案的潜在优势、时机和保真度。

如果对结果的跟踪还为时尚早,案例研究评价就可能是全部评价。这种情况下,案例研究评价是形成性(formative)研究,其研究结论有助于改进或重新指导创新项目。比如,一个重大方案的实施可能需要一年或多年。这样,在第一年内完成的案例研究评价,可以提供有效的形成性反馈。

另外,如果评价的主要目的是确认几个名称类似的方案实际就是同一项实验,或者仅仅是相关的类型(见文本框 B1),那么案例评价可以作为评价研究的全部内容。这种案例评价研究促使待评估方案的类型明确化,从而为后续的评价研究奠定基础。

文本框 B1

将案例研究评价作为后续评价研究的前奏

干预措施具有类似的标签或者看起来非常相似,但实际上不同,是评价研究中一个常见的问题。研究者不应稀里糊涂地将这些措施混淆。比如,许多社区的居民自发组织起来,开展正式的公民巡逻以预防犯罪。理解这种自愿的巡逻工作是如何运作的,以及这些组织自身是否会产生问题,比如演变成"治安维持会"(vigilante groups),是多种社区情境中该类巡逻队评价研究的主题(见第 7 章文本框 27)。

对 32 个此类巡逻队进行案例研究,发现尽管这些巡逻队的名称相近,但可以分为三种不同的类型:仅限于建筑物或居民小区的巡逻队(建筑物巡逻队),社区街道巡逻队(社区巡逻队),提供护送、搬运或其他社区服务的巡逻队(服务巡逻队)。其中社区巡逻队成员不能很好地将社区居民与非社区居民区分开来,因此最容易被指控为治安维持会(vigilantism)(见 Yin,2012,第 59—66 页)。研究发现为之后的巡逻队评价研究奠定了重要基础,提醒评价研究者在选择巡逻队时,注意区分巡逻队类型。

侧重结果

第二种情况中,案例研究评价只重点关注方案假定的结果。比如在确定某个公共机构服务绩效评价的措施和指标时,案例研究评价的任务是公开所有的结果(Wholey,1997,第 131—132 页)。

在研究结果确定后,案例研究结果评价也非常有用。此时研究面临的更大挑战是收集结果的数据,总结指导意见的结论或者结果发展趋势的幅度（magnitude）（比如，Schwandt，2009，第 202 页）。例如，对公立学校选择方案的评价研究——允许学生选择自己的学校，而不是为学生分配学校——评价了两种结果：学生成就趋势和方案是否增加了所有家长和学生的教育机会，而不仅仅是选定的一组家长和学生（Teske，Schneider，Roch，& Marschall，2000）[①]——见文本框 B2。

文本框 B2
量化分析结果作为案例研究评价的一部分

对公立学校选择方案（即"案例"）的评价非常依赖统计分析，即在 22 年期间每年调查一个学区十年级学生的成绩得分（Teske et al.，2000）。数据分析将该学区学生的分数与该城市中其他 32 个学区学生的分数进行比较，发现与全市平均分数相比，该学区学生的数学和阅读分数上升非常明显。

其他学区均未实行该类型学校选择方案。因为，所有评价不仅分析了学生成绩数据，还分析了学区官员的访谈数据，并检索了文件资料。这些数据为详细描述方案（包括完全实施的时间）提供了支持，从而确定相对于其他学区，本学区中十年级学生的分数最有望得到提高的年份。

除了揭示结果或收集、诠释假定结果发展趋势的数据外，案例研究可以尝试对结果进行解释。比如，在另一项教育评价中，一个重要的发现是父母不会充分协助子女完成在家中执行的任务（Yin，2011，第 188—192 页）。对该结果的一个重要解释是，无论是因为工作、需要照顾其他子女，还是因为家务太多，父母们太忙或者精力太分散。但是，对案例研究田野调查数据的大量分析表明，还有另外一种解释。这一发现是在分析家庭外部更大的情境

[①] 原文的长篇节选见教育案例研究文集（Yin，2005，第 227—304 页）。

时得出的——恰好是一个连续几十年经济、人口和就业衰退的农村:父母担心如果子女在学校表现优秀,很有可能获得社会流动能力,在完成学业后离开社区。因此,父母不想帮助子女完成学校作业。

侧重方案和结果

在第三种情况中,案例研究评价尝试解释方案与结果之间的联系(Marks,2008,第125页;Shavelson & Towne,2002,第99—110页)。

在这方面,案例研究评价的作用与采用实验设计的评价相反——包括含有随机对照组的实验(RCTs)。RCT的主要优势是,可以对方案的有效性进行因果干预(比如Bickman & Reich,2009)。但是,RCT仍然是"黑箱"评价(Labin,2008,第101页),因为它不能解释项目产生结果的过程或机制(比如,Julnes & Rog,2009,第102—103页)。案例研究评价可以填补这一缺陷。

这种情况下,在设计所需案例研究评价时,逻辑模型(见本书第5章)的作用非常重要。实施评价时,可以用假设语句(hypothetical terms)将逻辑模型具体化——界定概念上相连接(linked)的关系,其中某项目(输入)可能导致某种直接的观察结果(输出),反过来这个结果产生研究想要的结果(影响)。尽管逻辑模型基本上被描述为线性,实际上,随着时间的推移,相关输入、输出和影响之间的关系会更加复杂和密切。因此,研究应该绘制一个递推和更加动态的、而非线性的模型,并将其作为数据收集和分析的对象(比如见Dyehouse,Bennett,Harbor,Childress,& Dark,2009;也可见本书辅导材料5.2)。

相关逻辑模型应将这些连接操作化——即将行为"如何"产生直接的观察目标等具体化,而不是仅将它们命名为相关因素。[1] 即使是逻辑性更强的模型也会存在竞争性解释与最初界定的连接关

---

[1] 逻辑模型常以图形方式呈现为一系列由箭头连接的文本框。尽管评价通常界定文本框的内容(一般是变量),但很少将箭头——解释性连接——操作化(见Yin,2000a)。因此,箭头代表不同输入产生输出、输出导致结果等的机制或者过程。因此,案例研究评价面临的挑战是界定这些机制和过程(同见本书第5章的图5.4)。

系相冲突。这些竞争性解释非常重要,因为如果"干预与所测结果变化之间潜在的关系越大,就越难以排除其他因果解释"(Julnes & Rog,2009,第110页)。

尽管案例研究评价在解释方案实施中如何产生结果方面比较困难,一些优秀的例子也可以提供参考,包括:

- 军事基地关闭对小型社区产生的影响(Bradshaw,1999);
- 住宅区振兴方案的结果(Galster et al.,2006);
- 综合性儿童精神保健系统的实施结果(Bickman & Mulvaney,2005);
- 大城市校区教育改革方案中学生成就变化趋势(Supovitz & Taylor,2005)。[①]

其他例子可见殷2012年著作中的第13—15章,其中有社区毒品预防联合行动、法律实施方案、HIV/AIDS技术援助项目。

案例研究作为双层评价设计的一部分

案例研究的前两个用途均可用于双层评价研究设计——该设计中每个评价研究包括一个或多个子评价。最常见的一种是,在一个广泛却单一的纲领性方案(broad but single programmatic initiative)(在健康促进、教育、精神健康服务、社区复兴或社区服务协同等政策或实践领域)中有一组接受单独资助的项目,每个项目在不同的区域展开。此外,每个项目甚至可以由两个或更多合作组织共同实施。这些组织负责各自范围内的几个方案,并通过合作创建一个多方面的方案。

---

① 社区复兴和儿童精神健康评价的作者都没有将他们的研究认定为案例研究评价。但是,在这两个研究以及其他两个例子中,评价收集了主要项目(将其作为主要的观察"案例")的田野数据,并都从这一层次作出总结。因为四个研究在一个较低的、子单元层面上进行了大量的统计分析(军事基地研究中的经济指标、社区复兴研究中的住宅区划分、精神健康服务研究中顾客的行为,以及教育改革研究中的学生成就),这些较低层次采用的方法是作者报告的一大部分。

较大的纲领性方案需要一个单独的方案评价（program evaluation），然而较窄但相关的项目则需要多个项目评价（project evaluation）。方案评价和项目评价相结合是一种典型的双层或多层次设计（比如 Chaskin，2003）。在这种设计中，单个项目评价很可能就是案例研究。这种设计的一种形式是，案例研究评价审查、整合多个项目评价的工作（见文本框 B3）。在其他的形式中，每个项目评价仍采用各自的方法——案例研究或其他方法——分析、处理各自收集的全部数据，案例研究评价则汇总、分析所有项目评价的样本数据，将方案作为一个整体进行总结。换句话说，方案评价可以结合项目评价，共同界定项目评价中的数据收集方法和工具。

文本框 B3
双层评价

1999 年英国启动了一个新的法律项目——"确保开端"（Sure Start）（见 Allen & Black，2006）。这项复杂的社区项目要求地方服务采取协同改革——为有 4 岁以下儿童的家庭提供更好的演讲、医疗和社会支持，使儿童、家庭和社区收益。从评价角度看，该项目的重要特征是，它最终在英格兰设立了约 500 个 Sure Start 项目。结果，"国家"层次的案例研究评价审查了 56 个"地方"评价的研究设计和结果。在其他的评价结果中，国家级评价显示，虽然地方评价的结果认为各地成功地实施了该项目，但只有一半的地方评价收集了结果数据，收集比较数据的地方评价更少。

双层或多层设计更为复杂的一种模式是采用阶段性方法（phased approach），在第一个阶段用一组项目评价评估实施的过程，而在第二个阶段则采取结果取向的项目评价（比如 Rog & Randolph，2002）。在这种设计中，只有方案评价研究收集结果数据，并且只收集方案实施优秀的项目的数据。因此，单独的方案评价研究在评估整个方案有效性和长远影响方面尤为关键。这种设计在 20 世纪八九十年代美国卫生和公共服务部中药物滥用和精神健康服务管理局赞助的项目中尤为多见。

小　结

前面所述展示了在不同情境中如何使用案例研究评价。事实上,多样化的情境意味着判断案例研究评价的有用性、相关性和质量,必须仔细辨别各种情境。例如,当仅作为较大评价的一小部分时,案例研究评价可能不会受到重视。相反,当案例研究是主要的评价方法时,很有可能会提供实际和可用的信息。因此,无论各种教科书对案例研究评价的认识如何,它仍然是评价方法组合中不可分割的一部分。

附录 C

文本框索引

附录 D

案例研究相关术语词汇简表

分析性归纳（analytic geralization）：基于相似理论概念或原则之间的关联，将案例研究发现拓展至原始研究之外的一种逻辑。也可见外部效度（external validity）。与统计性归纳（statistic generalization）相对。

案例（case）：案例研究的主要对象———一般为一个具体的实体（比如，一个人、组织、社区、项目、过程、时间、机构或决定等）；完全抽象的"案例"（比如，争论、宣告或提议）涉及所有的社会科学研究方法，稍微区别于案例研究中的案例。

案例界限（case boundaries）：时间段、社会群体、组织、地理位置以及其他属于案例研究中案例范围的情境，这些界限比较模糊。

案例记录（case record）：一种管理文档，一般用于医疗、社会工作、法律和其他实践，但不用于案例研究本身。

案例研究（case study）：对现实情境中一种暂时的现象进行深入调查的研究。

案例研究数据库（case study database）：见数据库（data base）。

案例研究设计（case study designs）：案例研究的四种类型，形成一种 2×2 矩阵（typology）（无论是单案例研究还是多案例研究，无论是整体性研究还是含有嵌入分析单元的研究）。

案例研究访谈（case study interview）：见访谈（interview）。

案例研究草案（case study protocol）：见草案（protocol）。

证据链（chain of evidence）：能够增强案例过程信度的连接——显示如何从收集的数据中产生结论，以及如何根据案例研究草案中的指导原则和主要的研究问题收集数据。

计算机辅助质性数据分析工具（computer-assisted qualitative data analysis（CAQDAS）tools）：支持质性（如描述性）数据编码和分析的计算机软件，包括案例研究数据在内。

建构效度（construct validity）：案例研究措施能够准确测量研究概念的程度。

跨案例聚类分析（cross-case synthesis）：通过调查各个案例的结果，并观察不同案例研究结果的模式，将多案例研究的数据进行汇总；比较有效的聚类分析会有足量的数据，从而形成合理的竞争性跨案例分析模式。

数据库（database）：一项案例研究中所有数据（现场笔记、文件、档案记录等）的系统化档案，如需要，在汇集数据后可以检索具体的证据材料，并将数据充分组织化，从而供项目组外人员在必要时可以查阅所有的档案。可参照现场笔记（field notes）。

描述性案例研究（descriptive case study）：旨在描述现实生活中一种现象（即"案例"）的案例研究。也可参照解释性案例研究（explanatory case study）和探索性案例研究（exploratory case study）。

嵌入分析单元（embedded unit of analysis）：小于主分析单元，是案例研究数据的来源（比如，社区案例中的住房数据、组织案例中的雇员数据、改革计划案例中的项目数据）。可参照分析单元（unit of analysis）。

解释建构（explanation building）：利用数据解释案例中出现的事件，从而对案例研究数据进行分析；较深入地分析需要有充分的数据作支撑,从而应对合理的竞争性解释。

解释性案例研究(explanation case study):研究的目的是解释情境产生的原因和过程(比如,一系列事件如何以及为什么(不)会出现)。也可参照描述性案例研究(descriptive case study)和探索性案例研究(exploratory case study)。

探索性案例研究(exploratory case study):研究的目的是确认用于后续研究的研究问题或步骤,但后续研究不一定是案例研究。也可参照描述性案例研究(descriptive case study)和解释性案例研究(explanation case study)。

外部效度(external validity):指案例研究的结论可以被分析归纳为普遍结论,并推广到其他不同研究的程度。也可参照分析性归纳(analytic geralization)。

现场笔记(field notes):研究者在现场调查中所做的笔记;笔记的形式变化多样,可以是随笔,也可以是正式的叙述,甚至包括研究者所做的的图画和其他非叙述性材料。也可参照数据库(database)和田野调查(fieldwork)。

田野调查(fieldwork):一种常见的案例研究数据收集模式,是指在所研究案例的真实情境中综合运用访谈、文件材料和直接观察等方法收集数据。

知情人(informant):案例研究的参与者是研究的对象,但也是案例重要信息或解释的提供者,可能会为研究者提供其他可调查的资料源。也可参照参与者(participant)。

内部效度(internal validity):案例研究中因果联系的强度,没有虚假关系并拒绝竞争性解释在某种程度上可以判断外部效度。

访谈(interview):一种数据收集模式,主要是从案例研究参与者那里收集言语信息;访谈一般是研究者心理议程指导下自然情境中的对话,对每一个访谈对象的提问不必使用完全相同的语言。案例研究访谈也称为"深度访谈"或"非结构式访谈"。也可参照心理线索调查(mental line of inquiry)和言语线索调查(verbal line of inquiry）。

逐项复制（literal replication）：在多案例研究中选择预计能产生相同结果的两个（或以上）案例。也可参照复制逻辑（replication logic）与理论复制（theoretical replication）。

逻辑模型（logic models）：通过对比实证基础上的概念性方案（即逻辑模型）与数据收集之前制订的概念性方案，分析案例研究的数据；更深入的分析应有充足的数据作支持，以应对竞争性概念方案。

心理线索调查（mental line of inquiry）：帮助研究者在研究过程中思考（或"心理议程"）的草案问题和话题。与言语线索调查（verbal line of inquiry）相对。

混合方法研究（mixed methods study）：指在一个单独的研究中采用质性和量化研究方法，案例研究是其中潜在的一部分。

多案例研究（multiple-case study）：对两个或多个案例进行调查分析的研究。也可见单案例研究（single-case study）。

多种证据来源（multiple sources of evidence）：指数据来自不同的收集源（比如访谈、文件、直接观察、档案与参与式观察），主要目的是利用数据融合或数据三角形巩固研究的结论。

参与者（participant）：从这些人那里收集案例研究的数据，一般情况下通过访谈获得；后期会请一个或多个参与者审阅案例研究报告的草稿。

参与观察（participant-observation）：一种数据收集模式，案例研究者会参与所调查案例的活动。

模式匹配（model matching）：指利用收集数据之前预设的模式比对或匹配实际的数据收集模式，从而分析案例研究的数据；更深入的分析需要有充足的数据，从而应对合理的竞争性匹配。

先行案例研究（pilot case study）：一项初步的案例研究，目的是制订、测试或完善后面用于正式案例研究的研究问题和研究步骤；先行案例研究中的数据不应继续用于正式的案例研究。

草案(protocol)：案例研究数据收集步骤指南，包括研究者提出的一系列现场调查问题，代表研究者的"心理议程"。也可参照心理线索调查(mental line of inquiry)。

信度(reliability)：案例研究中研究草案的一致性和可重复性。

复制逻辑(replication logic)：多案例研究中选择两个或多个案例所遵循的逻辑。也可参照逐项复制(literal replication)和理论复制(theoretical replication)

研究设计(research design)：是一个研究计划，在逻辑上连接研究问题与要收集、分析的证据，最终限定研究中可能出现的所有结果的类型。

研究问题(research question)：大部分实证研究的驱动力量；对于案例研究，最恰当的研究问题很可能以"如何"和"为什么"发问。

竞争性解释(rival explanation)：一种用于阐释案例数据和发现的合理选择——不同于最初设定的研究假设。

单案例研究(single-case study)：围绕一个案例开展的研究；之所以选择某个案例是因为它是一个批判性、典型的、不同寻常、启示性或纵向的案例。也可参照多案例研究(multiple-case study)。

统计性归纳(statistical generalization)：将样本的结论用于同类群体的一种逻辑，通常涉及一些统计推断；一般与案例研究分析无关。与归纳性分析(analytic generalization)相对。

表壳(table shell)：图表的展示图，确定了表的行和列，但是单元格中没有(数值或陈述性)数据；用于确认案例研究中待收集的数据。

教学案例研究(teaching case study)：用于教学的案例研究，不能与用于研究的案例研究混淆。

理论复制(theoretical replication):在多案例研究中选择两个(及以上)案例,是因为研究预测这些案例会得出相反的结论,而不是由于不可预见的原因。也可参照复制逻辑(replication logic)。与逐项复制(literal replication)相反。

时序分析(time-series analysis):一种案例研究数据分析模式,按照时间标志陈列数据,并将研究的发展趋势与数据收集前设定的趋势进行对比;更深入的分析应有足够的数据,从而应对合理的竞争性发展趋势。

(为进行案例研究而接受的)培训(training to do a case study):为理解所计划的案例研究的关键概念和方法而作准备——获得一定的专业知识,可以自由裁决数据收集过程中以及其他研究阶段中出现的问题。

三角形化(triangulation):将不同来源的数据汇总,以确定研究结论的一致性。

分析单元(unit of analysis):案例研究中的案例。也可参照嵌入分析单位(embedded unit of analysis)。

言语线索调查(verbal line of inquiry):案例研究中询问一个人时使用的语言。与心理线索调查(mental line of inquiry)相反。

参考文献

Abercrombie, N., Hill, S., & Turner, B. S. (2006). *The Penguin dictionary of sociology* (5th ed.). London: Penguin.

Agranoff, R., & Radin, B. A. (1991). The comparative case study approach in public administration. *Research in Public Administration*, 1, 203-231.

Alkin, M., Daillak, R., & White, P. (1979). *Using evaluations: Does evaluation make a difference?* Beverly Hills, CA: Sage.

Allen, M., & Black, M. (2006). Dual level evaluation and complex community initiatives: The local evaluation of Sure Start. *Evaluation*, 12, 237-249.

Allison, G. T. (1971). *Essence of decision. Explaining the Cuban missile crisis*. Boston: Little, Brown.

Allison, G. T., & Zelikow, P. (1999). *Essence of decision: Explaining the Cuban missile crisis* (2nd ed.) New York: Addison Wesley Longman.

American Anthropological Association. (1998). *Code of ethics of the American Anthropological Association*. Washington, DC: Author.

American Association of University Professors. (2006). *Research on human subjects: Academic freedom and the institutional review board*. Washington, DC: Author.

American Educational Research Association. (2000). *Ethical standards of the American Educational Research Association*. Washington, DC: Author.

American Evaluation Association. (2004). *Guiding principles for evaluators*. Washington, DC: Author.

American Political Science Association Committee on Professional Ethics, Rights, and Freedom. (2008). *A guide to professional ethics in political science* (2nd ed.). Washington, DC: Author.

American Psychological Association. (2010). *Ethical principles of psychologists and code of conduct*. Washington, DC: Author.

American Sociological Association. (1999). *Code of ethics and policies and procedures of the ASA committee on professional ethics*. Washington, DC: Author.

Anaf, S., Drummon, C., & Sheppard, L. A. (2007). Combining case study research and systems theory as a heuristic model. *Qualitative Health Research*, 17, 1309-1315.

Anderson, R., Crabtree, B. F., Steele, D. J., & McDaniel, R. R., Jr. (2005). Case study research: The view from complexity science. *Qualitative Health Research*, 15, 669-685.

Auerbach, C. F., & Silverstein, L. B. (2003). *Qualitative data: An introduction to coding and analysis*. New York: New York University Press.

Bachor, D. G. (2002). Increasing the believability of case study reports. *The Alberta Journal of Educational Research*, XLVIII, 20-29.

Barlow, D. H., & Nock, M. (2009). Why can't we be more idiographic in our research? *Perspectives on Psychological Science*, 4, 19-21.

Barzun, J., & Graff, H. (1985). *The modern researcher* (4th ed.). New York: Harcourt Brace Jovanovich.

Basu, O. N., Dirsmith, M. W., & Gupta, P. P. (1999). The coupling of the symbolic and the technical in an institutionalized context. *American Sociological Review*, 64, 506-526.

Baxter, P., & Jack, S. (2008). Qualitative case study methodology: Study design and implementation for novice researchers. *The Qualitative Report*, 13, 544-559.

Becker, H. S. (1958). Problems of inference and proof in participant observation. *American Sociological Review*, 23, 652-660.

Becker, H. S. (1967). Whose side are we on? *Social Problems*, 14, 239-247.

Becker, H. S. (1986). *Writing for social scientists: How to start and finish your thesis, book, or article*. Chicago: University of Chicago Press.

Becker, H. S. (1998). *Tricks of the trade: How to think about your research while you're doing it*. Chicago: University of Chicago Press.

Bennett, A. (2010). Process tracing and causal inference. In H. Brady & D. Collier (Eds.), *Rethinking social inquiry: Diverse tools, shared standards* (2nd ed., pp. 207-219). Lanham, MD: Rowman & Littlefield.

Berends, M., & Garet, M. S. (2002). In (re)search of evidence-based school practices: Possibilities for integrating nationally representative surveys and randomized field trials to inform educational policy. *Peabody Journal of Education*, 77(4), 28-58.

Berman, P., & McLaughlin, M. (1974—1978). *Federal programs supporting educational change* (8 vols.). Santa Monica, CA: RAND.

Beverland, M., & Lindgreen, A. (2010). What makes a good case study? A positivist review of qualitative case research published in *Industrial Marketing Management*, 1971—2006. Industrial Marketing Management, 39(1), 59-63.

Bickman, L. (1987). The functions of program theory. In L. Bickman (Ed.), *Using program theory in evaluation* (pp. 5-18). San Francisco: Jossey-Bass.

Bickman, L., & Mulvaney, S. (2005). Large scale evaluation of children's mental health services: The Ft. Bragg and Stark County studies. In R. Steele & M. Roberts (Eds.), *Handbook of mental health services for children, adolescents, and families* (pp. 371-386). New York: Kluwer Academic/Plenum.

Bickman, L., & Rog, D. J. (Eds.). (2009). *The Sage handbook of applied research methods*. (2nd ed.). Thousand Oaks, CA: Sage.

Blau, P. M. (1955). *The dynamics of bureaucracy*. Chicago: University of Chicago Press.

Boruch, R. (2007, October 12). *The flight of error: Scientific questions, evidential answers, and STEM education research*. Presentation at workshop on STEM Education Research Designs: Conceptual and Practical Considerations for Planning Experimental Studies, Arlington, VA, sponsored by the University of California, Irvine.

Boruch, R., & Foley, E. (2000). The honestly experimental society. In L. Bickman (Ed.), *Validity & social experimentation: Donald Campbell's legacy* (pp. 193-238). Thousand Oaks, CA: Sage.

Bouchard, T. J., Jr. (1976). Field research methods. In M. D. Dunnette (Ed.), *Industrial and organizational psychology* (pp. 363-413). Chicago: Rand McNally.

Bourgois, P. (2003). *In search of respect: Selling crack in El Barrio* (2nd ed.). Cambridge, England: Cambridge University Press.

Bradshaw, T. K. (1999). Communities not fazed: Why military base closures may not be catastrophic. *Journal of the American Planning Association*, 65, 193-206.

Brinton, C. (1938). *The anatomy of a revolution*. Englewood Cliffs, NJ: Prentice Hall.

Bromley, D. B. (1986). *The case-study method in psychology and related disciplines*. Chichester, England: Wiley.

Bruns, W. J., Jr. (1989). A review of Robert K. Yin's 'Case Study Research: Design and Methods.' *Journal of Management Accounting Research*, 1, 157-163.

Bryk, A. S., Bebring, P. B., Kerbow, D., Rollow, S., & Easton, J. Q. (1998). *Charting Chicago school reform: Democratic localism as a lever for change*. Boulder, CO: Westview.

Burawoy, M. (1991). The extended case method. In M. Burawoy, A. Burton, A. A. Ferguson, K. J. Fox, J. Gamson, N. Gartrell, et al. (Eds.), *Ethnography unbound: Power and resistance in the modern metropolis* (pp. 271-287). Berkeley: University of California Press.

Burke, W. W. (2007). *Organizational change: Theory and practice* (3rd ed.). Thousand Oaks, CA:

Sage.

Busigny, T., Graf, M., Mayer, E., & Rossion, B. (2010). Acquired prosopagnosia as a face-specific disorder: Ruling out the general visual similarity account. *Neuropsychologia*, 48, 2051-2067.

Busigny, T., & Rossion, B. (2011). Holistic processing impairment can be restricted to faces in acquired prosopagnosia: Evidence from the global/local Navon effect. *Journal of Neuropsychology*, 5, 1-14.

Camic, P., Rhodes, J. E., & Yardley, L. (Eds.). (2003). *Qualitative research in psychology: Expanding perspectives in methodology and design*. Washington, DC: American Psychological Association.

Campbell, D. T. (1969). Reforms as experiments. *American Psychologist*, 24, 409-429.

Campbell, D. T. (1975). Degrees of freedom and the case study. *Comparative Political Studies*, 8, 178-193.

Campbell, D. T., & Stanley, J. (1966). *Experimental and quasi-experimental designs for research.* Chicago: Rand McNally.

Campbell, J. P., Daft, R. L., & Hulin, C. L. (1982). *What to study: Generating and developing research questions*. Beverly Hills, CA: Sage.

Carroll, J., & Johnson, E. (1992). Decision research: A field guide. *Journal of the Operational Research Society*, 43, 71-72.

Caulley, D. N. (2008). Making qualitative research reports less boring: The techniques of writing creative nonfiction. *Qualitative Inquiry*, 14, 424-449.

Caulley, D. N., & Dowdy, I. (1987). Evaluation case histories as a parallel to legal case histories. *Evaluation and Program Planning*, 10, 359-372.

Chaskin, R. J. (2001). Building community capacity: A definitional framework and case studies from a comprehensive community initiative. *Urban Affairs Review*, 36, 291-323.

Chaskin, R. J. (2003). The challenge of two-tiered evaluation in community initiatives. *Journal of Community Practices*, 11, 61-83.

Chassan, J. B. (1960). Statistical inference and the single case in clinical design. *Psychiatry*, 23, 173-184.

Cochran, W. G., & Cox, G. M. (1957). *Experimental designs* (2nd ed.). New York: John Wiley.

Cook, T. D., & Campbell, D. T. (1979). *Quasi-experimentation: Design and analysis issues for field settings*. Chicago: Rand McNally.

Cook, T. D., & Foray, D. (2007). Building the capacity to experiment in schools: A case study of the Institute of Educational Sciences in the US Department of Education. *Economics of Innovation and New Technology*, 16(5), 385-402.

Cook, T. D., & Payne, M. R. (2002). Objecting to the objections to using random assignment in educational research. In F. Mosteller & R. Boruch (Eds.), *Evidence matters: Randomized trials in education research* (pp. 150-178). Washington, DC: Brookings Institution Press.

Cooper, C. A., McCord, D. M., & Socha, A. (2011). Evaluating the college sophomore problem: The case of personality and politics. *Journal of Psychology*, 145, 23-37.

Cooper, H. M. (1984). *The integrative research review*. Beverly Hills, CA: Sage.

Cooper, H. M., & Hedges, L. V. (Eds.). (1994). *The handbook of research synthesis*. New York: Russell Sage Foundation.

Corbin, J., & Strauss, A. (2007). *Basics of qualitative research: Techniques and procedures for developing grounded theory* (3rd ed.). Thousand Oaks, CA: Sage.

COSMOS Corporation. (1983). *Case studies and organizational innovation: Strengthening the connection*. Bethesda, MD: Author.

COSMOS Corporation. (1998). *Evaluation of MEP-SBDC partnerships: Final report*. Report prepared for the National Institute of Standards and Technology, U.S. Department of Commerce, Gaithersburg, MD.

Crabtree, B. F., & Miller, W. L. (Eds.). (1999). *Doing qualitative research* (2nd ed.). Thousand Oaks, CA: Sage.

Crane, J. (Ed.). (1998). *Social programs that work*. New York: Russell Sage Foundation.

Creswell, J. W. (2007). *Qualitative inquiry & research design: Choosing among five approaches* (2nd ed.). Thousand Oaks, CA: Sage.

Creswell, J. W. (2012). *Qualitative inquiry & research design: Choosing among five approaches* (3rd ed.). Thousand Oaks, CA: Sage.

Crewe, K. (2001). The quality of participatory design: The effects of citizen input on the design of the Boston Southwest Corridor. *APA Journal*, 67, 437-455.

Cronbach, L. J. (1975). Beyond the two disciplines of scientific psychology. *American Psychologist*, 30, 116-127.

Cronbach, L. J., & Associates. (1980). *Toward reform of program evaluation: Aims, methods, and institutional arrangements*. San Francisco: Jossey-Bass.

Dabbs, J. M., Jr. (1982). Making things visible. In J. Van Maanen, J. M. Dabbs Jr., & R. R. Faulkner (Eds.), *Varieties of qualitative research* (pp. 31-63). Beverly Hills, CA: Sage.

Datta, L. (1997). Multimethod evaluations. In E. Chelimsky & W. R. Shadish (Eds.), *Evaluation for the 21st century* (pp. 344-359). Thousand Oaks, CA: Sage.

David, M. (Ed.). (2006a). *Case study research* (4 vols.). London: Sage.

David, M. (2006b). Editor's introduction. In M. David (Ed.), *Case study research* (pp. xxiii-xlii). London: Sage.

Denenberg, V. H. (1982). Comparative psychology and single-subject research. In A. E. Kazdin & A. H. Tuma (Eds.), *Single-case research designs* (No. 13, pp. 19-31). San Francisco: Jossey-Bass.

Denzin, N. K. (1978). The logic of naturalistic inquiry. In N. K. Denzin (Ed.), *Sociological methods: A sourcebook*. New York: McGraw-Hill.

Derthick, M. (1972). *New towns in-town: Why a federal program failed*. Washington, DC: The Urban Institute.

DeWalt, K. M., & DeWalt, B. (2011). *Participant observation: A guide for fieldworkers* (2nd ed.). Lanham, MD: Alamira Press.

Dion, D. (1998). Evidence and inference in the comparative case study. *Comparative Politics*, 30, 127-145.

Donmoyer, R. (1990). Generalizability and the single-case study. In E. W. Eisner & A. Peshkin (Eds.), *Qualitative inquiry in education: The continuing debate* (pp. 175-200). New York: Teachers College Press.

Drucker, P. F. (1986). The changed world economy. In P. F. Drucker (Ed.), *The frontiers of management* (pp. 21-49). New York: Dutton.

Dubois, A., & Gadde, L.-E. (2002). Systematic combining: An abductive approach to case research. *Journal of Business Research*, 55, 553-560.

Duff, P. A. (2008). *Case study research in applied linguistics*. New York: Routledge.

Dul, J., & Hak, T. (2008). *Case study methodology in business research*. Oxford, England: Butterworth-Heinemann.

Dunbar, G. (2005). *Evaluating research methods in psychology: A case study approach*. Malden, MA: Blackwell.

Duneier, M. (1999). *Sidewalk*. New York: Farrar, Straus, & Giroux.

Dyehouse, M., Bennett, D., Harbor, J., Childress, A., & Dark, M. (2009). A comparison of linear and systems thinking approaches for program evaluation illustrated using the Indiana Interdisciplinary GK-12. *Evaluation and Program Planning*, 32, 187-196.

Eckstein, H. (1975). Case study and theory in political science. In F. I. Greenstein & N. W. Polsby (Eds.), *Strategies of inquiry* (pp. 79-137). Reading, MA: Addison-Wesley.

Eilbert, K. W., & Lafronza, V. (2005). Working together for community health—a model and case studies. *Evaluation and Program Planning*, 28, 185-199.

Eisenhardt, K. M. (1989). Building theories from case study research. *Academy of Management Review*, 14, 532-550.

Ellet, W. (2007). *The case study handbook: How to read, discuss, and write persuasively about cases*. Boston: Harvard Business School Press.

Elmore, R. F., Abelmann, C. H., & Fuhrman, S. H. (1997). The new accountability in state education reform: From process to performance. In H. F. Ladd (Ed.), *Holding schools accountable* (pp. 65-98). Washington, DC: Brookings Institution.

Ericksen, J., & Dyer, L. (2004). Right from the start: Exploring the effects of early team events on subsequent project team development and performance. *Administrative Science Quarterly*, 49, 438-471.

Eriksson, P., & Kovalainen, A. (2008). *Qualitative methods in business research*. London: Sage.

Feagin, J. R., Orum, A. M., & Sjoberg, G. (Eds.). (1991). *A case for the case study*. Chapel Hill: University of North Carolina Press.

Fiedler, J. (1978). *Field research: A manual for logistics and management of scientific studies in natural settings*. San Francisco: Jossey-Bass.

Fielding, N., & Warnes, R. (2009). Computer-based qualitative methods in case study research. In D. Byrne & C. C. Ragin (Eds.), *The Sage handbook of case-based methods* (pp. 270-288). London: Sage.

Fielding, N. G., & Lee, R. M. (1998). *Computer analysis and qualitative research.* Thousand Oaks, CA: Sage.

Flyvberg, B. (2006). Five misunderstandings about case-study research. *Qualitative Inquiry*, 12, 219-245.

Forrester, M. (2010). Introduction. In M. Forrester (Ed.), *Doing qualitative research in psychology: A practical guide.* London: Sage.

Fowler, F. J., Jr. (1988). *Survey research methods* (Rev. ed.). Newbury Park, CA: Sage.

Friese, S. (2012). *Qualitative data analysis with ATLAS.ti.* London: Sage.

Funnell, S. C., & Rogers, P. J. (2011). *Purposeful program theory: Effective use of theories of change and logic models.* San Francisco: Jossey-Bass.

Galster, G., Tatian, P., & Accordino, J. (2006). Targeting investments for neighborhood revitalization. *Journal of the American Planning Association*, 72, 457-474.

Gans, H. J. (1962). *The urban villagers: Group and class in the life of Italian-Americans.* New York: Free Press.

Garmezy, N. (1982). The case for the single case in research. In A. E. Kazdin & A. H. Tuma (Eds.), *Single-case research designs* (No. 13, pp. 5-17). San Francisco: Jossey-Bass.

Garvin, D. A. (2003, September-October). Making the case: Professional education for the world of practice. *Harvard Magazine*, 106(1), 56-107.

Geertz, C. (1973). *The interpretation of cultures.* New York: Basic Books.

George, A. L., & Bennett, A. (2004). *Case studies and theory development in the social sciences.* Cambridge: MIT Press.

Gerring, J. (2004). What is a case study and what is it good for? *American Political Science Review*, 98, 341-354.

Gibbert, M., Ruigrok, W., & Wicki, B. (2008). What passes as a rigorous case study? *Strategic Management Journal*, 29, 1465-1474.

Gilgun, J. F. (1994). A case for case studies in social work research. *Social Work*, 39, 371-380.

Glaser, R., & Strauss, A. (1967). *The discovery of grounded theory: Strategies for qualitative research.* Chicago: Aldine.

Golden, L. B. (2004). *Case studies in marriage and family therapy* (2nd ed.). Upper Saddle River, NJ: Pearson.

Gomm, R., Hammersley, M., & Foster, P. (2000). Case study and generalization. In R. Gomm, M. Hammersley, & P. Foster (Eds.), *Case study method* (pp. 98-115). London: Sage.

Gordon, M. E., Slade, L. A., & Schmitt, N. (1986). The 'science of the sophomore' revisited: From conjecture to empiricism. *Academy of Management Review*, 11, 191-207.

Gottschalk, L. (1968). *Understanding history: A primer of historical method.* New York: Knopf.

Grinnell, R. M., & Unrau, Y. A. (Eds.). (2008). *Social work research and evaluation: Foundations of evidence-based practice.* New York: Oxford University Press.

Gross, N., Bernstein, M., & Giacquinta, J. B. (1971). *Implementing organizational innovations: A sociological analysis of planned educational change.* New York: Basic Books.

Hahn, C. (2008). *Doing qualitative research using your computer: A practical guide.* Thousand Oaks, CA: Sage.

Hamel, J. (Ed.). (1992). The case study method in sociology [Whole issue]. *Current Sociology*, 40.

Hammond, P. E. (1968). *Sociologists at work: Essays on the craft of social research.* Garden City, NY: Doubleday.

Hanna, K. S. (2000). The paradox of participation and the hidden role of information. *Journal of the American Planning Association*, 66, 398-410.

Hanna, K. S. (2005). Planning for sustainability. *Journal of the American Planning Association*, 71, 27-40.

Hedrick, T., Bickman, L., & Rog, D. J. (1993). *Applied research design.* Newbury Park, CA: Sage.

Henrich, J., Heine, S. J., & Norenzayan, A. (2010). The weirdest people in the world? *Behavioral and Brain Sciences*, 33, 61-83.

Herriott, R. E., & Firestone, W. A. (1983). Multisite qualitative policy research: Optimizing description and generalizability. *Educational Researcher*, 12, 14-19.

Hersen, M., & Barlow, D. H. (1976). *Single-case experimental designs: Strategies for studying behavior.*

New York: Pergamon.

Hipp, J. R. (2007). Block, tract, and levels of aggregation: Neighborhood structure and crime and disorder as a case in point. *American Sociological Review*, 72, 659-680.

Hoaglin, D. C., Light, R. J., McPeek, B., Mosteller, F., & Stoto, M. A. (1982). *Data for decisions: Information strategies for policymakers.* Cambridge, MA: Abt Books.

Hooks, G. (1990). The rise of the Pentagon and U.S. state building: The defense program as industrial policy. *American Journal of Sociology*, 96, 358-404.

Jacobs, J. (1961). *The death and life of great American cities.* New York: Random House.

Jacobs, R. N. (1996). Civil society and crisis: Culture, discourse, and the Rodney King beating. *American Journal of Sociology*, 101, 1238-1272.

Jadad, A. (1998). *Randomised controlled trials.* London: BMJ Books.

Janesick, V. J. (2010). *Oral history for the qualitative researcher: Choreographing the story.* New York: Guilford.

Johnson, R. B., & Onwuegbuzie, A. J. (2004). Mixed methods research: A research paradigm whose time has come. *Educational Researcher*, 33, 14-26.

Johnston, W. J., Leach, M. P., & Liu, A. H. (2000). Using case studies for theory testing in business-to-business research: The development of a more rigorous case study methodology. *Advances in Business Marketing and Purchasing*, 9, 215-241.

Joint Committee on Standards for Educational Evaluation. (1981). *Standards for evaluations of educational programs, projects, and materials.* New York: McGraw-Hill.

Jorgensen, D. (1989). *Participant observation: A methodology for human studies.* Newbury Park, CA: Sage.

Julnes, G., & Rog, D. (2009). Evaluation methods for producing actionable evidence: Contextual influences on adequacy and appropriateness of method choice. In S. I. Donaldson, C. A. Christie, & M. M. Mark (Eds.), *What counts as credible evidence in applied research and evaluation practice?* (pp. 96-131). Thousand Oaks, CA: Sage.

Kates, N. (2008). Integrating mental health services into primary care: The Hamilton FHT mental health program. In R. Kessler & D. Stafford (Eds.), *Collaborative medicine case studies: Evidence in practice* (pp. 71-82). New York: Springer.

Kaufman, H. (1981). *The administrative behavior of federal bureau chiefs.* Washington, DC: Brookings Institution.

Kazdin, A. E. (1982). *Single-case research designs: Methods for clinical and applied settings.* New York: Oxford University Press.

Kazdin, A. E. (2003). Drawing valid inferences from case studies. In A. E. Kazdin (Ed.), *Methodological issues and strategies in clinical research* (3rd ed., pp. 655-669). Washington, DC: American Psychological Association.

Keating, W. D., & Krumholz, N. (Eds.). (1999). *Rebuilding urban neighborhoods: Achievements, opportunities, and limits.* Thousand Oaks, CA: Sage.

Kelling, G. L., & Coles, C. M. (1997). *Fixing broken windows: Restoring order and reducing crime in our communities.* New York: Simon & Schuster.

Kelly, A. E., & Yin, R. K. (2007). Strengthening structured abstracts for education research: The need for claim-based structured abstracts. *Educational Researcher*, 36, 133-138.

Kennedy, M. M. (1976). Generalizing from single case studies. *Evaluation Quarterly*, 3, 661-678.

Kessler, R., & Stafford, D. (Eds.). (2008). *Collaborative medicine case studies: Evidence in practice.* New York: Springer.

Kidder, L., & Judd, C. M. (1986). *Research methods in social relations* (5th ed.). New York: Holt, Rinehart & Winston.

Kidder, T. (1981). *The soul of a new machine.* Boston: Little, Brown.

Knowlton, L. W., & Phillips, C. C. (2009). *The logic model guidebook: Better strategies for great results.* Thousand Oaks, CA: Sage.

Kratochwill, T. R. (1978). *Single subject research.* New York: Academic Press.

Krueger, R. A., & Casey, M. A. (2009). *Focus groups: A practical guide for applied research* (4th ed.). Thousand Oaks, CA: Sage.

Labin, S. N. (2008). Research syntheses: Toward broad-based evidence. In N. L. Smith & P. R. Brandon (Eds.), *Fundamental issues in evaluation* (pp. 89-110). New York: Guilford.

Lavrakas, P. J. (1987). *Telephone survey methods.* Newbury Park, CA: Sage.

Lawrence-Lightfoot, S., & Davis, J. H. (1997). *The art and science of portraiture.* San Francisco: Jossey-Bass.

Lee, E., Mishna, F., & Brennenstuhl, S. (2010). How to critically evaluate case studies in social work. *Research on Social Work Practice*, 20, 682-689.

Lempert, L. B. (2011). Asking questions of the data: Memo writing in the grounded theory tradition. In A. Bryant & K. Charmaz (Eds.), *The Sage handbook of grounded theory* (pp. 245-264). Thousand Oaks, CA: Sage.

Leopold, D. A., Bondar, I. V., & Giese, M. A. (2006). Norm-based face encoding by single neurons in the monkey inferotemporal cortex. *Nature*, 442, 572-575.

Lewins, A., & Silver, C. (2007). *Using software in qualitative research: A step-by-step guide.* London: Sage.

Liebow, E. (1967). *Tally's corner.* Boston: Little, Brown.

Lijphart, A. (1975). The comparable-cases strategy in comparative research. *Comparative Political Studies*, 8, 158-177.

Lincoln, Y. S., & Guba, E. G. (1985). But is it rigorous? Trustworthiness and authenticity in naturalistic evaluation. In D. D. Williams (Ed.), *Naturalistic evaluation* (pp. 73-84). San Francisco: Jossey-Bass.

Lipset, S. M., Trow, M., & Coleman, J. (1956). *Union democracy: The inside politics of the International Typographical Union.* New York: Free Press.

Lipsey, M. W. (1990). *Design sensitivity: Statistical power for experimental research.* Thousand Oaks, CA: Sage.

Lipsey, M. W. (1992). Meta-analysis in evaluation research: Moving from description to explanation. In H. T. Chen & P. Rossi (Eds.), *Using theory to improve program and policy evaluations* (pp. 229-241). New York: Greenwood.

Llewellyn, K. N. (1948). Case method. In E. Seligman & A. Johnson (Eds.), *Encyclopedia of the social sciences.* New York: Macmillan.

Lynd, R. S., & Lynd, H. M. (1929). *Middletown: A study in modern American culture.* New York: Harcourt Brace Jovanovich.

Lynd, R. S., & Lynd, H. M. (1937). *Middletown in transition: A study in cultural conflicts.* New York: Harcourt Brace Jovanovich.

Magaziner, I. C., & Patinkin, M. (1989). *The silent war: Inside the global business battles shaping America's future.* New York: Random House.

Mark, M. M. (2008). Building a better evidence base for evaluation theory. In N. L. Smith & P. R. Brandon (Eds.), *Fundamental issues in evaluation* (pp. 111-134). New York: Guilford.

Markus, M. L. (1983). Power, politics, and MIS implementation. *Communications of the ACM*, 26, 430-444.

Marshall, C., & Rossman, G. B. (2011). *Designing qualitative research* (5th ed.). Newbury Park, CA: Sage.

Marwell, N. P. (2007). *Bargaining for Brooklyn: Community organizations in the entrepreneurial city.* Chicago: University of Chicago Press.

McAdams, D. R. (2000). *Fighting to save our urban schools ... and winning! Lessons from Houston.* New York: Teachers College Press.

McClintock, C. (1985). Process sampling: A method for case study research on administrative behavior. *Educational Administration Quarterly*, 21, 205-222.

McKone, E., Kanwisher, N., & Duchaine, B. C. (2007). Can generic expertise explain special processing for faces? *Trends in Cognitive Science*, 11, 8-15.

McNemar, Q. (1946). Opinion-attitude methodology. *Psychological Bulletin*, 43, 289-374.

Mertens, D. (2010). *Research and evaluation in education and psychology* (3rd ed.). Thousand Oaks, CA: Sage.

Merton, R. K., Fiske, M., & Kendall, P. L. (1990). *The focused interview: A manual of problems and procedures* (2nd ed.). New York: Free Press.

Meyer, C. B. (2001). A case in case study methodology. *Field Methods*, 13, 329-352.

Michel, J.-B., Shen, Y. K., Aiden, A. P., Veres, A., Gray, M. K., The Google Books Team, et al. (2010). Quantitative analysis of culture using millions of digitized books. *Science*, 331, 176-182.

Miles, M. B., & Huberman, A. M. (1994). *Qualitative data analysis: An expanded sourcebook.* Thousand

Oaks, CA: Sage.

Mills, A. J., Durepos, G., & Wiebe, E. (Eds.). (2010a). *Encyclopedia of case study research* (2 vols.). Los Angeles: Sage.

Mills, A. J., Durepos, G., & Wiebe, E. (2010b). Introduction. In A. J. Mills, G. Durepos, & E. Wiebe (Eds.), *Encyclopedia of case study research* (pp. xxxi-xxxvi). Thousand Oaks, CA: Sage.

Mitchell, J. C. (1983). Case and situation analysis. *Sociological Review*, 31, 187-211.

Miyahara, M., & Wafer, A. (2004). Clinical intervention for children with developmental coordination disorder: A multiple case study. *Adapted Physical Activity Quarterly*, 21, 281-300.

Moore, B., Jr. (1966). *Social origins of dictatorship and democracy: Lord and peasant in the making of the modern world*. Boston: Beacon.

Morgan, D. L., & Morgan, R. K. (2009). *Single-case research methods for the behavioral and health sciences*. Thousand Oaks, CA: Sage.

Morris, L. L., Fitz-Gibbon, C. T., & Freeman, M. E. (1987). *How to communicate evaluation findings*. Beverly Hills, CA: Sage.

Mosteller, F., & Wallace, D. L. (1984). *Applied Bayesian and classical inference: The case of "The Federalist" papers* (2nd ed.). New York: Springer Verlag.

Mulroy, E. A., & Lauber, H. (2004). A user-friendly approach to program evaluation and effective community interventions for families at risk of homelessness. *Social Work*, 49, 573-586.

Murphy, J. T. (1980). *Getting the facts: A fieldwork guide for evaluators and policy analysts*. Santa Monica, CA: Goodyear.

Murray, D. M. (1998). *Design and analysis of group-randomized trials*. New York: Oxford University Press.

Nachmias, D., & Nachmias, C. (1992). *Research methods in the social sciences*. New York: St. Martin's.

Nathan, I., Lund, J. F., Gausset, Q., & Andersen, S. K. (2007). On the promise of devolution: Overcoming the constraints of natural resource management in a village in Tanzania. *Journal of Transdisciplinary Environmental Studies*, 6, 1-20.

National Research Council. (2003). *Protecting participants and facilitating social and behavioral sciences research*. Washington, DC: National Academies Press.

National Research Council. (2004). *On evaluating curricular effectiveness: Judging the quality of K-12 mathematics evaluations*. Washington, DC: National Academies Press.

Naumes, W., & Naumes, M. J. (1999). *The art & craft of case writing*. Thousand Oaks, CA: Sage.

Nesman, T. M., Batsche, C., & Hernandez, M. (2007). Theory-based evaluation of a comprehensive Latino education initiative: An interactive evaluation approach. *Evaluation and Program Planning*, 30, 267-281.

Neuman, S. B., & Celano, D. (2001). Access to print in low-income and middle-income communities: An ecological study of four neighborhoods. *Reading Research Quarterly*, 36, 8-26.

Neustadt, R. E., & Fineberg, H. (1983). *The epidemic that never was: Policy-making and the swine flu affair*. New York: Vintage.

O'Reilly, K. (2005). *Ethnographic methods*. London: Routledge.

Patton, M. Q. (2002). *Qualitative research and evaluation methods* (3rd ed.). Thousand Oaks, CA: Sage.

Peters, T. J., & Waterman, R. H., Jr. (1982). *In search of excellence*. New York: Harper & Row.

Peterson, K. A., & Bickman, L. (1992). Using program theory in quality assessments of children's mental health services. In H. T. Chen & P. Rossi (Eds.), *Using theory to improve program and policy evaluations* (pp. 165-176). New York: Greenwood.

Peterson, R. K. (2001). On the use of college students in social science research: Insights from a second-order meta-analysis. *Journal of Consumer Research*, 28, 450-461.

Philliber, S. G., Schwab, M. R., & Samsloss, G. (1980). *Social research: Guides to a decision-making process*. Itasca, IL: Peacock.

Phillips, R., & Pittman, R. H. (2009). A framework for community and economic development. In R. Phillips & R. H. Pittman (Eds.), *An introduction to community development* (pp 3-19). Abingdon, England: Routledge.

Piekkari, R., Welch, C., & Paavilainen, E. (2009). The case study as disciplinary convention: Evidence from international business journals. *Organizational Research Methods*, 12, 567-589.

Platt, J. (1992). "Case study" in American methodological thought. *Current Sociology*, 40, 17-48.

Prescott, H. M. (2002). Using the student body: College and university students as research subjects in the United States during the twentieth century. *Journal of the History of Medicine*, 57, 3-38.

Pressman, J. L., & Wildavsky, A. (1973). *Implementation: How great expectations in Washington are dashed in Oakland*. Berkeley: University of California Press.

Ragin, C. C. (1987). *The comparative method: Moving beyond qualitative and quantitative strategies*. Berkeley: University of California Press.

Ragin, C. C., & Becker, H. S. (Eds.). (1992). *What is a case? Exploring the foundations of social inquiry*. New York: Cambridge University Press.

Raizen, S. A., & Britton, E. D. (Eds.). (1997). *Bold ventures* (3 vols.). Dordrecht, The Netherlands: Kluwer Academic.

Randolph, J. J., & Eronen, P. J. (2007). Developing the Learner Door: A case study in youth participatory program planning. *Evaluation and Program Planning*, 30, 55-65.

Redman, E. (1973). *The dance of legislation*. New York: Simon & Schuster.

Rihoux, B., & Lobe, B. (2009). The case for qualitative comparative analysis (QCA): Adding leverage for thick cross-case comparison. In D. Byrne & C. C. Ragin (Eds.), *The Sage handbook of case-based methods* (pp. 222-242). London: Sage.

Rivera, L. A. (2008). Managing "spoiled" national identity: War, tourism, and memory in Croatia. *American Sociological Review*, 73, 613-634.

Robben, A. C. G. M., & Sluka, J. A. (Eds.). (2007). *Ethnographic fieldwork: An anthropological reader*. Malden, MA: Blackwell.

Robertson, L. C., Knight, R. T., Rafal, R., & Shimamura, A. P. (1993). Cognitive psychology is more than single-case studies. *Journal of Experimental Psychology*, 19, 710-717.

Rog, D. J., & Huebner, R. B. (1992). Using research and theory in developing innovative programs for homeless individuals. In H. T. Chen & P. Rossi (Eds.), *Using theory to improve program and policy evaluations* (pp. 129-144). New York: Greenwood.

Rog, D. J., & Randolph, F. I. (2002). A multisite evaluation of supported housing: Lessons from cross-site collaboration. *New Directions for Evaluation*, 94, 61-72.

Rogers, E. M., & Larsen, J. K. (1984). *Silicon Valley fever: Growth of high-technology culture*. New York: Basic Books.

Rogers, P. J. (2000). Program theory: Not whether programs work but how they work. In D. L. Stufflebeam, G. F. Madaus, & T. Kelleghan (Eds.), *Evaluation models: Viewpoints on educational and human services evaluation* (2nd ed., pp. 209-232). Boston: Kluwer.

Rogowski, R. (2010). How inference in the social (but not the physical) sciences neglects theoretical anomaly. In H. Brady & D. Collier (Eds.), *Rethinking social inquiry: Diverse tools, shared standards* (2nd ed., pp. 89-97). Lanham, MD: Rowman & Littlefield.

Rolls, G. (2005). *Classic case studies in psychology*. Abingdon, England: Hodder Education.

Rosenbaum, D. P. (Ed.). (1986). *Community crime prevention: Does it work?* Thousand Oaks, CA: Sage.

Rosenbaum, P. R. (2002). *Observational studies* (2nd ed.). New York: Springer.

Rosenthal, R. (1966). *Experimenter effects in behavioral research*. New York: Appleton-Century-Crofts.

Rossi, P., Lipsey, M. W., & Freeman, H. E. (2004). *Evaluation: A systematic approach* (7th ed.). Thousand Oaks, CA: Sage.

Rubin, A., & Babbie, E. (1993). *Research methods for social work*. Pacific Grove, CA: Brooks/Cole.

Rubin, H. J., & Rubin, I. S. (2011). *Qualitative interviewing: The art of hearing data* (3rd ed.). Thousand Oaks, CA: Sage.

Ruddin, L. P. (2006). You can generalize stupid! Social scientists, Bent Flyvbjerg, and case study methodology. *Qualitative Inquiry*, 12, 797-812.

Saldaña, J. (2009). *The coding manual for qualitative researchers*. London: Sage.

Schatzman, L., & Strauss, A. (1973). *Field research*. Englewood Cliffs, NJ: Prentice Hall.

Schein, E. (2003). *DEC is dead, long live DEC: Lessons on innovation, technology, and the business gene*. San Francisco: Berrett-Koehler.

Schlesselman, J. J. (1982). *Case-control studies: Design, conduct, analysis*. New York: Oxford University Press.

Schorr, L. B. (1997). *Common purpose: Strengthening families and neighborhoods to rebuild America*. New York: Anchor.

Schramm, W. (1971, December). *Notes on case studies of instructional media projects*. Working paper for the Academy for Educational Development, Washington, DC.

Schwandt, T. A. (2007). *The Sage dictionary of qualitative inquiry* (3rd ed.). Los Angeles: Sage.

Schwandt, T. A. (2009). Toward a practical theory of evidence for evaluation. In S. I. Donaldson, C. A. Christie, & M. M. Mark (Eds.), *What counts as credible evidence in applied research and evaluation practice?* (pp. 197-212). Thousand Oaks, CA: Sage.

Scoville, W. B., & Milner, B. (1957). Loss of recent memory in bilateral hippocampal lesions. *Journal of Neurology, Neurosurgery, and Psychiatry*, 20, 11-22.

Scriven, M. (2009). Demythologizing causation and evidence. In S. I. Donaldson, C. A. Christie, & M. M. Mark (Eds.), *What counts as credible evidence in applied research and evaluation practice?* (pp. 134-152). Thousand Oaks, CA: Sage.

Sears, D. O. (1986). College sophomores in the laboratory: Influences of a narrow database on social psychology's view of human nature. *Journal of Personality and Social Psychology*, 51, 515-530.

Selznick, P. (1980). *TVA and the grass roots: A study of politics and organization.* Berkeley: University of California Press. (Original work published 1949)

Shavelson, R., & Towne, L. (Eds.). (2002). *Scientific research in education.* Washington, DC: National Academies Press.

Sidman, M., Soddard, L. T., & Mohr, J. P. (1968). Some additional quantitative observations of immediate memory in a patient with bilateral hippocampal lesions. *Neuropsychologia*, 6, 245-254.

Sidowski, J. B. (Ed.). (1966). *Experimental methods and instrumentation in psychology.* New York: Holt, Rinehart & Winston.

Silverman, D. (2010). *Doing qualitative research: A practical handbook* (3rd ed.). Thousand Oaks, CA: Sage.

Small, M. L. (2004). *Villa Victoria: The transformation of social capital in a Boston barrio.* Chicago: University of Chicago Press.

Small, M. L. (2009). "How many cases do I need?" On science and the logic of case selection in field-based research. *Ethnography*, 10, 5-38.

Smith, J. (Ed.). (2008). *Qualitative psychology: A practical guide to research methods* (2nd ed.). London: Sage.

Speiglman, R., & Spear, P. (2009). The role of institutional review boards: Ethics: Now you see them, now you don't. In D. M. Mertens & P. E. Ginsberg (Eds.), *The handbook of social research ethics* (pp. 121-134). Thousand Oaks, CA: Sage.

Spilerman, S. (1971). The causes of racial disturbances: Tests of an explanation. *American Sociological Review*, 36, 427-442.

Stake, R. E. (2005). Qualitative case studies. In N. K. Denzin & Y. S. Lincoln (Eds.), *The Sage handbook of qualitative research* (3rd ed., pp. 443-466). Thousand Oaks, CA: Sage.

Stake, R. E. (2006). *Multiple case study analysis.* New York: Guilford.

Standerfer, N. R., & Rider, J. (1983). The politics of automating a planning office. *Planning*, 49, 18-21.

Stein, H. (1952). Case method and the analysis of public administration. In H. Stein (Ed.), *Public administration and policy development* (pp. xx-xxx). New York: Harcourt Brace Jovanovich.

Stoecker, R. (1991). Evaluating and rethinking the case study. *The Sociological Review*, 39, 88-112.

Stufflebeam, D. L., & Shinkfield, A. J. (2007). *Evaluation theory, models, and applications.* San Francisco: Jossey-Bass.

Sudman, S., & Bradburn, N. M. (1982). *Asking questions: A practical guide to questionnaire design.* San Francisco: Jossey-Bass.

Supovitz, J. A., & Taylor, B. S. (2005). Systemic education evaluation: Evaluating the impact of systemwide reform in education. *American Journal of Evaluation*, 26, 204-230.

Sutton, R. I., & Staw, B. M. (1995). What theory is not. *Administrative Science Quarterly*, 40, 371-384.

Szanton, P. (1981). *Not well advised.* New York: Russell Sage Foundation and The Ford Foundation.

Tawney, J. W., & Gast, D. L. (1984). *Single subject research in special education.* Columbus, OH: Merrill.

Teske, P., Schneider, M., Roch, C., & Marschall, M. (2000). Public school choice: A status report. In D. Ravitch & J. P. Viteritti (Eds.), *Lessons from New York City schools* (pp. 313-338). Baltimore: Johns Hopkins University Press.

Thacher, D. (2006). The normative case study. *American Journal of Sociology*, 111, 1631-1676.

Towl, A. R. (1969). *To study administrations by cases.* Boston: Harvard University Business School.

Trochim, W. (1989). Outcome pattern matching and program theory. *Evaluation and Program Planning*, 12, 355-366.

United Nations Development Programme. (2010). *Evaluation of UNDP contribution to strengthening national capacities.* New York: Evaluation Office.

U.S. Government Accountability Office, Program Evaluation and Methodology Division. (1990). *Case study evaluations.* Washington, DC: Government Printing Office.

U.S. National Commission on Neighborhoods. (1979). *People, building neighborhoods.* Washington, DC: Government Printing Office.

U.S. Office of Technology Assessment. (1980-1981). *The implications of cost-effectiveness analysis of medical technology: Case studies of medical technologies.* Washington, DC: Government Printing Office.

Van Maanen, J. (1988). *Tales of the field: On writing ethnography.* Chicago: University of Chicago Press.

Vaughan, D. (1992). Theory elaboration: The heuristics of case analysis. In C. C. Ragin & H. D. Becker (Eds.), *What is a case? Exploring the foundations of social inquiry* (pp. 173-202). Cambridge, England: Cambridge University Press.

Vaughan, D. (1996). *The Challenger launch decision: Risky technology, culture, and deviance at NASA.* Chicago: University of Chicago Press.

Veerman, J. W., & van Yperen, T. A. (2007). Degrees of freedom and degrees of certainty: A developmental model for the establishment of evidence-based youth care. *Evaluation and Program Planning*, 30, 212-221.

Vertue, F. M. (2011). Applying case study methodology to child custody evaluations. *Family Court Review*, 49, 336-347.

Vissak, T. (2010). Recommendations for using the case study method in international business research. *The Qualitative Report*, 15, 370-388.

Warner, W. L., & Lunt, P. S. (1941). *The social life of a modern community.* New Haven, CT: Yale University Press.

Wax, R. (1971). *Doing field work.* Chicago: University of Chicago Press.

Weiss, R. S. (1994). *Learning from strangers: The art and method of qualitative interview studies.* New York: The Free Press.

Wertz, F. J., Charmaz, K., McMullen, L. M., Josselson, R., Anderson, R., & McSpadden, E. (2011). *Five ways of doing qualitative analysis: Phenomenological psychology, grounded theory, discourse analysis, narrative research, and intuitive inquiry.* New York: Guilford.

Wholey, J. (1979). *Evaluation: Performance and promise.* Washington, DC: The Urban Institute.

Whyte, W. F. (1993). *Street corner society: The social structure of an Italian slum* (4th ed.). Chicago: University of Chicago Press. (Original work published 1943)

Wilford, J. N. (1992). *The mysterious history of Columbus.* New York: Vintage.

Wilson, R. F. (Ed.). (1982). *Designing academic program reviews* (New Directions for Higher Education, No. 37). San Francisco: Jossey-Bass.

Windsor, D., & Greanias, G. (1983). The public policy and management program for case/course development. *Public Administration Review*, 26, 370-378.

Wolcott, H. F. (2009). *Writing up qualitative research* (3rd ed.). Thousand Oaks, CA: Sage.

Wolf, P. (1997). Why must we reinvent the federal government? Putting historical developmental claims to the test. *Journal of Public Administration Research and Theory*, 3, 358-388.

Yardley, L. (2009). Demonstrating validity in qualitative psychology. In J. A. Smith (Ed.), *Qualitative psychology: A practical guide to research method* (pp. 235-251). Los Angeles: Sage.

Yin, R. K. (1978). Face perception: A review of experiments with infants, normal adults, and brain-injured persons. In R. Held, H. Liebowitz, & H.-L. Teuber (Eds.), *Handbook of sensory physiology: Vol. VIII. Perception* (pp. 593-608). New York: Springer-Verlag.

Yin, R. K. (1980). Creeping federalism: The federal impact on the structure and function of local government. In N. J. Glickman (Ed.), *The urban impacts of federal policies* (pp. 595-618). Baltimore: Johns Hopkins University Press.

Yin, R. K. (1981a). The case study as a serious research strategy. *Knowledge: Creation, Diffusion, Utilization*, 3, 97-114.

Yin, R. K. (1981b). The case study crisis: Some answers. *Administrative Science Quarterly*, 26, 58-65.

Yin, R. K. (1981c). Life histories of innovations: How new practices become routinized. *Public Administration Review*, 41, 21-28.

Yin, R. K. (1982a). *Conserving America's neighborhoods*. New York: Plenum.

Yin, R. K. (1982b). Studying the implementation of public programs. In W. Williams, R. F. Elmore, J. S. Hall, R. Jung, M. Kirst, S. A. MacManus, et al. (Eds.), *Studying implementation: Methodological and administrative issues* (pp. 36-72). Chatham, NJ: Chatham House.

Yin, R. K. (1986). Community crime prevention: A synthesis of eleven evaluations. In D. P. Rosenbaum (Ed.), *Community crime prevention: Does it work?* (pp. 294-308). Thousand Oaks, CA: Sage.

Yin, R. K. (1994a). Discovering the future of the case study method in evaluation research. *Evaluation Practice*, 15, 283-290.

Yin, R. K. (1994b). Evaluation: A singular craft. In C. Reichardt & S. Rallis (Eds.), *New directions in program evaluation* (pp. 71-84). San Francisco: Jossey-Bass.

Yin, R. K. (1997). Case study evaluations: A decade of progress? *New Directions for Evaluation*, 76, 69-78.

Yin, R. K. (1999). Enhancing the quality of case studies in health services research. *Health Services Research*, 34, 1209-1224.

Yin, R. K. (2000a). Case study evaluations: A decade of progress? In D. L. Stufflebeam, G. F. Madaus, & T. Kelleghan (Eds.), *Evaluation models: Viewpoints on educational and human services evaluation* (2nd ed., pp. 185-193). Boston: Kluwer.

Yin, R. K. (2000b). Rival explanations as an alternative to "reforms as experiments." In L. Bickman (Ed.), *Validity & social experimentation: Donald Campbell's legacy* (pp. 239-266). Thousand Oaks, CA: Sage.

Yin, R. K. (2003). *Applications of case study research* (2nd ed.). Thousand Oaks, CA: Sage.

Yin, R. K. (Ed.). (2004). *The case study anthology*. Thousand Oaks, CA: Sage.

Yin, R. K. (Ed.). (2005). *Introducing the world of education: A case study reader*. Thousand Oaks, CA: Sage.

Yin, R. K. (2006a). Case study methods. In J. Green, G. Camilli, & P. Elmore (Eds.), *Handbook of complementary methods in education research* (3rd ed., pp. 111-122). Washington, DC: American Educational Research Association.

Yin, R. K. (2006b). Mixed methods research: Are the methods genuinely integrated or merely parallel? *Research in the Schools*, 13, 41-47.

Yin, R. K. (2011). *Qualitative research from start to finish*. New York: Guilford.

Yin, R. K. (2012). *Applications of case study research* (3rd ed.). Thousand Oaks, CA: Sage.

Yin, R. K., Bingham, E., & Heald, K. (1976). The difference that quality makes. *Sociological Methods and Research*, 5, 139-156.

Yin, R. K., & Davis, D. (2006). State-level education reform: Putting all the pieces together. In K. Wong & S. Rutledge (Eds.), *Systemwide efforts to improve student achievement* (pp. 1-33). Greenwich, CT: Information Age Publishing.

Yin, R. K., & Davis, D. (2007). Adding new dimensions to case study evaluations: The case of evaluating comprehensive reforms. In G. Julnes & D. J. Rog (Eds.), *Informing federal policies for evaluation methodology* (New Directions in Program Evaluation, No. 113, pp. 75-93). San Francisco: Jossey-Bass.

Yin, R. K., & Heald, K. (1975). Using the case survey method to analyze policy studies. *Administrative Science Quarterly*, 20, 371-381.

Yin, R. K., & Oldsman, E. (1995). *Logic model for evaluating changes in manufacturing firms*. Unpublished paper prepared for the National Institute of Standards and Technology, U.S. Department of Commerce, Gaithersburg, MD.

Yin, R. K., Schmidt, R. J., & Besag, F. (2006). Aggregating student achievement trends across states with different tests: Using standardized slopes as effect sizes. *Peabody Journal of Education*, 81(2), 47-61.

Yin, R. K., & Yates, D. T. (1975). *Street-level governments: Assessing decentralization and urban services*. Lexington, MA: Lexington Books.

Zigler, E., & Muenchow, S. (1992). *Head Start: The inside story of America's most successful educational experiment*. New York: Basic Books.